Barbara Tóth

Karl von Schwarzenberg

DIE BIOGRAFIE

UEBERREUTER

ISBN 3-8000-7119-3

Covergestaltung: Martin Gubo
Coverfoto: Arnulf Rainer: Portraitübermalung Fürst Schwarzenberg, 2004, Mischtechnik auf Laserkopie, 42 x 29,5 cm © Arnulf Rainer, 2005. Courtesy Galerie Ulysses Wien

Druck: Druckerei Theiss GmbH, A-9431 St. Stefan
1 3 5 7 6 4 2

Ueberreuter im Internet: www.ueberreuter.at

Für einen tollen Kerl

INHALT

VORWORT

Biografien sind entweder indiskret oder langweilig – mit diesen Worten begrüßte mich Karl Schwarzenberg in seinem Prager Domizil, als ich mein erstes längeres Gespräch mit ihm für dieses Buch führen wollte.

Er hat nicht Unrecht. Seine Karriere basiert vor allem darauf, dass sich viele Zeitgenossen darauf verlassen konnten, dass er »das Maul« hielt, wie er es selbst in seiner kalkuliert burschikosen Art ausdrückt. Als Berater ist sein Platz jener hinter den Kulissen, nicht im Rampenlicht. Schwarzenberg hat außerdem zeit seines Lebens nie Tagebuch geführt. Zuerst war es ihm zu mühsam, später, als er bereits für die Internationale Helsinki-Föderation arbeitete, schlicht zu gefährlich. Jedes Schriftstück, jede Notiz hätte andere Menschen in Gefahr bringen können. Gleichzeitig ist Schwarzenberg – auch aufgrund seiner Herkunft und Erziehung – ein Mensch, der geschichtsbewusst wie kein anderer lebt. Wenn er aus seinem Leben erzählt, verwebt sich Erlebtes mit Historischem, Brücken zwischen 1989 und 1918 werden ebenso mühelos geschlagen wie zwischen Mittelalter und Neuzeit. Über seine Vorfahren, die er zeitlos stets beim Vornamen nennt, erzählt er, als wären sie eben kurz hinausgegangen. Er fühle sich wie der Direktor des Museums, dessen Inhalt er selbst sei, sagte Schwarzenberg einmal über sich. Viele berühmte Ahnen stehen in diesem Museum. Dass er einmal selbst einen Ehrenplatz darin beanspruchen kann, würde Schwarzenberg nie einfallen – oder es zumindest nicht laut sagen.

Dieses Buch erzählt das Leben eines Mannes, der für eine Welt erzogen wurde, die es zu dem Zeitpunkt, als er alt genug war, sie zu betreten, nicht mehr gab. Es schildert damit auch die Geschichte einer Dynastie, deren jahrhundertealte materielle wie immaterielle Tradition Privileg und Ballast zugleich ist. Es berichtet über eine politische Karriere, die abseits der üblichen Parteikader verlief und deshalb – manche meinen, nur deshalb – erfolgreicher und interessanter war als jene anderer Zeitgenossen. Karl Schwarzenbergs Geschichte ist eine des 20. Jahrhunderts. Die Wendepunkte des letzten Jahrhunderts sind eng mit seiner eigenen Biografie verwoben. Und es ist auch eine sehr europäische Geschichte. Die ideologischen Grenzen Mitteleuropas bestimmten seine Jugend, sein Erwachsenenleben war geprägt vom Bestreben, diese Grenzen wieder zu Fall zu bringen. Schwarzenberg war nie ein Karrierist, es gab sogar Phasen in seinem Leben, wo er sich treiben ließ. Was ihn aber über die Maßen prägt, ist das Selbstverständnis, bereitzustehen, wenn gesellschaftliche Aufgaben zu übernehmen sind. Er ist damit ein Aristokrat im besten Sinne, wie der österreichische Bundespräsident Heinz Fischer es formuliert: Einer, der seine Herkunft nicht als Privileg, sondern als Verantwortung versteht. Einer, der über die – bisweilen eng gesteckten – Grenzen seiner Herkunft hinausgewachsen ist und eine geistige Offenheit lebt, die gerade in konservativen Kreisen alles andere als selbstverständlich ist. Um all das zu schildern, bedurfte es der einen oder anderen Indiskretion. Eines war Schwarzenbergs Leben aber mit Sicherheit nie: langweilig.

EINLEITUNG

Die Tschechen haben in den zahlreichen Wahlkämpfen seit der Wende im Jahr 1989 schon viel gesehen, das aber war auch für sie ungewöhnlich: Am 24. Oktober 2004 rumpelte der Kandidat mit einem der wohl klingendsten Namen im Land auf einem rosarot angemalten tschechischen Radpanzer des Typs OT-65 durch die schmalen kopfsteingepflasterten Gassen der Prager Kleinseite zu Füßen des Hradschin. Er hatte festes Schuhwerk angezogen und war leger gekleidet. Zu den beigen Schnürlsamthosen trug er einen weinroten Wollpullover und darunter ein weißes Hemd.

Tags darauf bat der Kandidat zu einem Konzert des tschechischen Barden Ivan Hlas in eine der typischen Prager Bierstuben, in der die Wände gegerbt sind vom Zigarettenrauch und die Holzbänke auch noch nach Bier riechen, wenn gerade frisch geputzt wurde. Im ehemaligen Veranstaltungszimmer der Wirtschaft »Na Slamníku« im sechsten Prager Bezirk sang Hlas durch seine langhaarige Mähne hindurch von der Kraft der Liebe und dem Wunsch nach Freiheit, der Kandidat, umringt von Unterstützern, schwang mit, in der Hand ein großes Glas Hausbräu. Er war nicht, wie für wahlwerbende Politiker üblich, in Anzug und Krawatte gekommen, sondern hatte ein knallrotes T-Shirt an. Am Rücken zeigte es die Ziffer Fünf und seinen Namen – es war ein Oberkleid, wie tschechische Eishockeystars es am Feld über ihre Schulterschützer ziehen.

Und das war sicher ganz gut so, denn ansonsten hätten diejenigen, die die Bilder von dieser Wahlkampfveranstaltung am nächsten Tag in den Medien sahen, ihren Augen nicht getraut: Denn der Kandidat mit den buschigen Höcker-Augenbrauen unter der zerfurchten Stirn und der kurz geschorenen und dennoch unbändigen Frisur, der da mit den Langhaarigen im Bierdunst rockte, war »pan Kniže«, der

»Herr Fürst«, wie die Tschechen Karel Schwarzenberg auf der Straße trotz Abschaffung der Adelstitel nach wie vor rufen, mit vollem Namen: Johannes Nepomuk Norbert Friedrich Antonius Wratislaw Mena Fürst zu Schwarzenberg, Graf zu Sulz, gefürsteter Landgraf im Kleggau, Herzog von Krumau.

Den ganzen Herbst 2004 widmete Karl Schwarzenberg seinem Kampf um einen Platz im tschechischen Senat, dem parlamentarischen Oberhaus. Selbst langjährige Weggefährten bezeichneten dieses Vorhaben als aussichtslos und – hinter vorgehaltener Hand – als ein wenig verrückt. Es war nicht das erste Mal, dass sich Schwarzenberg in der tschechischen Politik versuchte. 1996 hatte er zum ersten Mal mit einer Kandidatur für den Senat geliebäugelt. Die Bürgerliche Allianz (ODA) wäre auch bereit gewesen ihn in Prag aufzustellen. Dort hätte er aber in fast jedem Wahlbezirk um die Gunst der Wähler mit einem der Bürgerrechtler streiten müssen. »Im Senat soll nur sitzen, wer schon einmal saß«, meinte er in Anspielung auf die Gefängnisstrafen der ehemaligen Dissidenten und räumte ihnen den Vorrang ein. 2002 kandidierte er dann tatsächlich, nicht aber in einem durchwegs bürgerlichen und eher wohlhabenden Prager Stadtbezirk wie diesmal, sondern im südböhmischen Wahlkreis Strakonice, in der Nähe jener Gegend rund um Pisek, in der er aufgewachsen ist. 1937 in Prag geboren hatte er dort die ersten elf Jahre seines Lebens in der Tschechoslowakei verbracht, bevor seine Familie 1948 von den Kommunisten vertrieben wurde. Er klapperte Dorfwirtshäuser ab und besuchte Jahrmärkte, am Ende reichte es nur für den dritten Platz.

Im Jahr 2004 legte er seinen Wahlkampf als Guerillaaktion an. Spaß sollte er machen, ein bisschen verrückt sollte er sein – und vor allem auffallen. Denn auch die Tschechen sind nach 15 Jahren Wende demokratiemüde geworden. Die Senatswahlen – alle zwei Jahre wird ein Drittel des Oberhauses neu gewählt – interessieren sie meist noch weniger als die Parlamentswahlen. Unterhalten und Aufmerksamkeit erregen ist daher keine schlechte Strategie, vor allem wenn man gegen die Kandidaten der beiden Großparteien antreten muss – und genau das plante Schwarzenberg mit seiner jungen Werbeagentur.

So konnten die Prager ihrem ehrwürdigen »pan Kníže« im goldenen Prager Herbst des Jahres 2004 dabei zusehen, wie er im Wahlkampf Plastikenten durch die malerischen Gassen zerrte und bei Auftritten Aufkleber verteilte, auf denen er als Karikatur mit einer diesmal gelben Ente auf Rollen zu sehen war. Dazu der Schriftzug: »Aus manchen Sachen bin ich schon herausgewachsen ...« Ein andermal verteilten seine Helfer kleine Blumenzwiebeln als Symbol, dass die Kandidatur erfolgreich sprießen möge. Dann wieder besuchte ihn eine als Magdalena Novotná verkleidete Frau. Novotná ist der Name einer der bekanntesten literarischen Figuren Böhmens, jener der Babička, Großmutter, im gleichnamigen Roman der tschechischen Schriftstellerin Božena Nemcová.

Es ist nicht das erste Mal, dass Nemcová einen Schwarzenberg besucht. Ihr verdankt die Familie Schwarzenberg eine lebhafte Schilderung einer Liebschaft einer ihrer Vorfahren, des Lanzknechts Friedrich. Im Jahre 1799 in Wien geboren wuchs Friedrich ganz in der Stimmung der Romantik auf und ließ sich, gerade zwanzig Jahre alt, bei einem Besuch in Böhmen auf einen leidenschaftlichen Flirt mit Emilie von Gerschau ein, einer überaus reizenden jungen Frau, die damals ebenfalls in Orlík (auf Deutsch Worlik) zu Gast war. Nemcová nahm Emilie als Vorbild für die kokette Figur der Komtesse Hortensie in ihrem Babička-Roman. Auch Emilie setzte Friedrich, Karl Schwarzenbergs Urururgroßonkel, der unvermählt blieb, ein literarisches Denkmal: Sie verewigte ihre Herbstliebelei später in ihren »Erzählungen«. Wie überhaupt die Familie Schwarzenberg die tschechische Literatur recht zahlreich bevölkert, was ihren einstmaligen Einfluss in Böhmen widerspiegelt. Jarosláv Hašek lässt einen Schafhirten in den »Abenteuern des braven Soldaten Schwejk« jammern, dass der alte Fürst Schwarzenberg nur in Kutschen fährt, der junge dagegen nach Benzin stinkt. Das beruht auf Tatsachen: Der kleine Stinker war Karl Schwarzenbergs Onkel Adolph, ein großer Autofan.

Kaum zu glauben, dass dieser humorvolle Wahlkämpfer der gleiche »pan Knize« war, der nach der Samtenen Revolution im Jahr 1989 vom neuen Staatspräsidenten Václav Havel von Wien auf den Prager Hradschin berufen wurde und als dessen Kabinettschef – in der Tschechischen Republik heißt diese Position ihrem Einfluss entsprechend Kanzler – die ersten zwei entscheidenden Jahre der jungen demokratischen tschechoslowakischen Republik maßgeblich mitbestimmte.

Schwarzenberg leistete Entwicklungshilfe in Sachen Demokratie. Als die Revolutionäre in Gestalt des einst inoffiziellen, nun auch amtlichen Helden der Dissidentenkultur Havel die Präsidentschaftskanzlei auf der Prager Burg übernahmen, fanden sie diese verwahrlost vor. Der letzte kommunistische Präsident Gustav Husák hatte die Parteizentrale dem prächtigen Amtssitz oberhalb der Moldau vorgezogen. Es existierten bloß eine Amtsstelle zur Erhaltung des Gebäudes, die ihrer Aufgabe in den Jahrzehnten davor aber nicht gerecht geworden war, und eine Protokollabteilung, die unter den Kommunisten für die Einhaltung des Begrüßungszeremoniells unter den Bruderstaaten zu sorgen hatte. »Man schmierte dort Brötchen«, meinte Havel einmal im Scherz. Schwarzenberg mit seinem hervorragenden Netzwerk an internationalen Kontakten sorgte nicht nur dafür, dass die junge Republik nach 1989 das richtige Entree am Weltparkett bekam, er bemühte sich auch, eine funktionierende Kanzlei aufzubauen – mit versierten Fachreferenten, spracherfahrenen Diplomaten und persönlichen Vertrauensleuten. Auf Bildern von Empfängen oder internationalen Besuchen aus der damaligen Zeit sieht man Schwarzenberg meist im Hintergrund stehen, stets einen Schritt hinter Havel. Eine Diskretion, die nicht leicht fällt, wenn man den schmächtigen Staatspräsidenten körperlich überragt und auch sonst aufgrund der eigenen stattlichen Figur eher wie sein Leibwächter denn einer seiner wichtigsten Berater wirkt. Spätestens aus dieser Zeit verbinden viele Tschechen den Namen Schwarzenberg nicht nur mit Adel, Schlössern und Reichtum, sondern mit Václav Havel – was einen Wahlkampf nicht unbedingt leichter macht.

Denn Havel, wiewohl international angesehen, spaltet die Tschechen bis heute. Die einen sehen in ihm nach wie vor das mittlerweile abgedankte, aber dennoch unerlässliche moralische Gewissen einer Nation, welche die Suche nach ihren Wurzeln in der jüngeren Geschichte gleich mehrmals aufnehmen musste und noch lange nicht mit dem, was war, fertig geworden ist. Die anderen halten ihn für einen Moralisierer aus der Vergangenheit, für den Chefprediger jener Dissidentenkultur der 1968er-Generation, deren Höhepunkt in ihren Augen nach der Wende im Jahr 1989 zurecht überschritten war. Ihre Lebensphilosophie gossen die Widerständler in berühmte Sinnbilder wie jenes Havels vom »Leben in Wahrheit«, wohlklingende Dichterworte, denen viele in der Tschechischen Republik für das Überleben im Kapitalismus aber nur mehr begrenzte Bedeutung schenken wollen. Dass Schwarzenberg als Havelianer gilt, lud seine Senatskandidatur zudem symbolisch auf. Denn mit ihm stellte sich, ausgerechnet 15 Jahre nach der Wende, einer jener Akteure der Samtenen Revolution zur Wahl, die zuletzt politisch marginalisiert worden waren. Anstelle der Repräsentanten des 1989-Jahres waren farblose Technokraten aus der Bürgerpartei und von den Sozialdemokraten an die Schaltstellen der Macht gerückt.

Schwarzenberg machte im Wahlkampf keinen Hehl aus seiner politischen Herkunft. Abseits von geschicktem politischem Aktionismus vertrat er in unzähligen Interviews und Auftritten Ideen, die für manche Tschechen wie aus dem Gefrierfach der Politik wirken mussten: Es waren die Ideale des Jahres 1989, die er einmal mehr heraufbeschwor. Die Förderung einer mündigen, pluralistischen Gesellschaft etwa oder der Aufbau einer sozialen Marktwirtschaft. Dazu kamen Forderungen, die auf die aktuelle tschechische Politik gemünzt waren: Er versprach, sich gegen die ausufernde Bürokratie, weit verbreitete Korruption und Machtkumulation einzusetzen – also genau gegen jene Begleitgeräusche der »Modernisierung«, die auch nach 15 Jahren Demokratie und Freiheit nicht verstummen wollen.

In Österreich war Schwarzenbergs Antreten zu den tschechischen Senatswahlen den Zeitungen gerade einmal eine Kurzmeldung wert.

Nicht nur weil österreichische Medien fast alles, was in der Tschechischen Republik vor sich geht, durch genau zwei Filter rastern: Was nicht mit dem grenznahen Atomkraftwerk Temelín zu tun hat, dessentwegen die österreichische Regierung sogar den tschechischen EU-Beitritt verzögern wollte, oder mit den so genannten Beneš-Dekreten, für die es, anders als zwischen Berlin und Prag, zwischen der Goldenen Stadt und Wien immer noch keinen gemeinsamen Weg der Bewältigung gibt, wird im Regelfall negiert. Schwarzenberg, der öffentliche Auftritte gerne mit Pfeife, undeutlicher Aussprache (auf Wienerisch »nuscheln«) und leicht verschlafenem Blick absolviert – hinter dem sich, von seinem Visavis oft unterschätzt, aber ein äußerst aufmerksamer Beobachter verschanzt –, wird in Österreich nicht als klassischer Politiker wahrgenommen. Er gilt als kluger Kommentator des Zeitgeschehens, als erste Adresse, wenn es darum geht, das Verhältnis zwischen Österreichern oder Deutschen und Tschechen zu analysieren, als eine Art Handlungsreisender in Sachen Politik. Als solcher sorgte er etwa im Mai 2005 auch in Östereich für Schlagzeilen, als er von Fidel Castros kommunistischer Regierung aus Cuba ausgewiesen wurde. Schwarzenberg war als Tourist eingereist und wollte an einem Treffen von Menschenrechtsaktivisten teilnehmen. Am Tag vor Beginn des Treffens holten ihn zwei Polizisten in seinem Hotel ab (»Ich wollte gerade duschen und war in Adams Gewande«, scherzte er später), geleiteten ihn zum Flughafen und setzen ihn in ein Flugzeug nach Paris.

Zuletzt hatte das Haus Schwarzenberg, neben den Habsburgern sicher das bekannteste Adelsgeschlecht und zweitgrößer privater Waldbesitzer (die Mayr-Melnhofs haben noch mehr), aber auch mit privaten Kalamitäten auf sich aufmerksam gemacht: dem so genannten Erbstreit zwischen Karl und seiner Adoptivschwester Elisabeth von Pezold, die ihm vorwirft, zu wenig für die Restitution der böhmischen Güter getan zu haben, und deshalb sein Erbrecht anfechtet.

Die Regenbogenpresse hatte auch genüsslich über seine Liaison mit der um 33 Jahre jüngeren ungarischen Markgräfin Zita Pallavicini berichtet und darüber, dass der daraufhin von ihr geborene Sohn Eduard nicht vom Fürsten stammt – wie ein Vaterschaftstest bewies. Mit Erstaunen notierte sie sodann, dass der Fürst dennoch zur Taufe des Kindes in Budapest erschien. Dieselben Magazine berichteten auch groß, als bekannt wurde, dass Karl Schwarzenbergs jüngster Sohn »Witti«, 1979 geboren, nicht von ihm, sondern aus einer langjährigen Beziehung seiner Frau Therese mit dem Papierindustriellen Thomas Prinzhorn stammt. Prinzhorn adoptierte ihn 1988, wenige Monate später folgte die Scheidung der Schwarzenbergs.

Als eine Art illustrer Lebemann mit Lebensliebe zur Politik ist Karl Schwarzenberg den Österreichern ein Begriff, auch als Aristokrat mit dem Hang zu Merkwürdigkeiten, aber als klassischer Politiker? Vielleicht liegt das daran, dass sein politischer Horizont der eines Mitteleuropäers ist und damit eindeutig eine Nummer zu groß für das Land, das sich zwar gerne als im Herzen Europas gelegen verkauft, sich im Grunde genommen aber eher als Alpenfestung sieht. Wohl auch, weil er stets das internationale Parkett als politische Bühne wählte und damit fast automatisch aus dem nach wie vor sehr auf sich selbst konzentrierten Fokus Österreichs fiel. Mit gängigen gesellschaftlichen Schablonen lässt sich Schwarzenberg schwer fassen. In Österreich agierte er, wenn, dann nur im Hintergrund. Notgedrungen. »Mit dem Namen – nie!«, meinte der von 1975 bis 1977 als ÖVP-Chef am Ruder stehende Josef Taus, als man ihn fragte, ob seine Partei nicht gut daran täte, Schwarzenberg für die Außenpolitik in Betracht zu ziehen. »Du bist ein Aristokrat, der mit der Republik viel anzufangen weiß. Von ihr, der Republik, kann man das umgekehrt nicht behaupten – sonst würde sie dir seit Jahr und Tag jene Aufgaben antragen, die von unsäglichen Ohnmachthabern nicht wahrgenommen werden«, klagte der ehemalige österreichische ORF-Generalintendant Gerd Bacher in seiner Laudatio zu Schwarzenbergs 50. Geburtstag.

Es scheint, als habe Österreich für einen Mann seiner Abstammung kein rechtes Betätigungsfeld gehabt – also schuf Schwarzenberg es sich selbst. Lange bevor er vom österreichischen sozialdemokratischen Bundeskanzler Bruno Kreisky im Jahr 1985 für den Vorsitz der Internationalen Helsinki-Föderation zur Wahrung der Menschen- und Bürgerrechte vorgeschlagen wurde, knüpfte er Kontakte zu Dissidenten in Osteuropa und legte damit den Grundstein für seine spätere politische Tätigkeit an der Seite Havels.

Von Wien aus baute sich Schwarzenberg das Fundament für seine politische Karriere, in seinem Vaterland Böhmen löste er es ein. Das ist symptomatisch für das Leben des 1937 in Prag Geborenen, der immer schon zwischen mehreren Welten pendelte. Als Kind mit seiner Familie aus Südböhmen vertrieben, verbrachte er sein gesamtes Erwachsenenleben in Österreich. Zuerst als unkonventioneller »Aristoplayboy« (Hans Rauscher) in der aufgeheizten Wiener Szene der 1950er-Jahre, nach der Adoption durch seinen Onkel Heinrich im Jahr 1960 und dessen frühem Tod als junger Familienpatriarch und Herrscher über das Fürstenhaus auf Schloss Murau in der Steiermark, zwischendurch und in den späteren Jahren vor allem im Palais Schwarzenberg in Wien, das neben dem Luxushotel immer noch einen Trakt mit Familienwohnungen beherbergt. Erst nach dem Fall des Eisernen Vorhangs konnte er die so lange gekappten Bande zu seiner Geburtsheimat wieder aufnehmen. Und obwohl Wien nach wie vor der Mittelpunkt der Schwarzenberg'schen wirtschaftlichen Aktivitäten ist, die mittlerweile von seinem Sohn Johannes, gerufen »Aki«, übernommen wurden, hat Karl Schwarzenberg nie einen österreichischen Pass besessen, sehr wohl hingegen einen tschechischen – durch ein, wie er es selbst ausdrückt, »Versehen« der dortigen Behörden – und, wie alle Schwarzenberg seit dem 17. Jahrhundert, das Zürcher Bürgerrecht und somit seit 1926 auch einen Schweizer Pass. Aufgrund dieses alemannischen Dokuments darf er seinen Adelstitel auch zu Recht tragen. Die Konsequenzen der Adoption hingegen beschäftigen bis heute die österreichischen Juristen: Schwarzenbergs Adoptivschwester Elisabeth will sich mit der männlichen Erbfolge nicht abfinden und kämpft seit Jahren um ihr Erbteil.

Die Schweizer Staatsbürgerschaft war immer so etwas wie eine Lebensversicherungspolizze für die Schwarzenbergs, als Heimat im engeren Sinne sahen sie die Eidgenossenschaft nie. Heimat war dort, wo sie lebten – in Österreich, Böhmen und Deutschland. Das Leben als Adelsspross aus einer der reichsten Familien Mitteleuropas lässt sich ebenso wenig in nationale und berufliche Schubladen pressen wie Schwarzenberg selbst. Einer seiner Vorfahren, der Bruder seines Vaters, Onkel Franz, pflegte auf die Frage, was er denn mache, stets zu antworten: »Mein Hauptberuf war und ist es, ein Orlíker Schwarzenberg zu sein.« Und als sein anderer Onkel, Adolph, bei seiner Emigration im Jahr 1940 von den US-Einwanderungsbehörden nach seinem Beruf gefragt wurde, antwortete dieser: »Schwarzenberg auf Frauenberg. Das ist mein Wohnsitz und das ist mein Beruf.« Noch vor hundert Jahren erklärte sich das von selbst, mittlerweile liegt es an den Repräsentanten des Hauses, diesen in Jahrhunderten gewachsenen gesellschaftspolitischen Anspruch einer Dynastie zeitgemäß zu interpretieren.

Schwarzenberg tat dies unter anderem auch, indem er beschloss, sich in seiner alten Heimat politisch zu engagieren – gegen erheblichen Widerstand, denn der Umgang mit dem Adel ist sowohl in der Tschechischen Republik als auch in Österreich nach wie vor ein schwieriger. Diesseits wie jenseits der Grenze weckt der Adel eine Fülle an Assoziationen – viele davon negativ. Über 40 Jahre kommunistische Indoktrinierung tun ein Übriges dazu, dass Menschen, die kraft ihrer Herkunft viel besitzen, Misstrauen entgegengebracht wird. Warum etwa, musste sich Schwarzenberg in seinem Wahlkampf fragen lassen, hatte er Anfang der 1990er-Jahre so bald so viele seiner Besitztümer vom Staat restituiert bekommen? Er bekam in Wahrheit zwar nur einen Bruchteil des ehemaligen südböhmischen Familienvermögens zurück, dennoch kursierten Verleumdungen. Er habe seine Position bei Havel dazu benutzt, um schneller an sein altes Vermögen zu kommen. Er habe rund um den alten Familiensitz im südböhmischen Orlík einen Wald einzäunen lassen und ein Schild aufgehängt: »Privatgrund. Betreten verboten.« – »Völliger Blödsinn. Ich möchte meine Wälder nicht einzäunen, abgesehen davon dass ich nicht genug Zaun habe«, antwortete er im Jahr 1993 einer tschechischen Journalistin. Was bei diesen Befürchtungen mitschwang, ist wohl die in Epochen der Fronarbeit eingeprägte Angst vor jenen Herrscherfamilien, die in der Neuzeit jene Stellung einnahmen, die heute multinationalen Unternehmen in den Augen der Globalisierungskritiker zukommt: uneingeschränkt mächtig, die nicht mobilen Bevölkerungsschichten ausbeutend, über nationale wie Standesgrenzen hinweg agierend.

Schwarzenbergs Vorfahren verfügten zu Zeiten der Monarchie über einen der größten Besitze und ein grenzüberschreitendes Wirtschaftsimperium, dessen Glanz und Reichtum heute fast nur noch in den Archiven und Schlossmuseen fortlebt – und auf jenen Ortstafeln, Straßenschildern und Namenstafeln in Österreich, der Tschechischen Republik und Deutschland, die den Namen »Schwarzenberg« als historische Reminiszenz tragen. In Wien zeugen das Palais Schwarzenberg – ein erstes Hauptwerk des großen Wiener Barockarchitekten Lucas von Hildebrandt – und der Schwarzenberg-Platz von der Stellung, die diese Familie einst innehatte. Auf dem Schwarzenbergplatz stehen das Schwarzenbergdenkmal – ein kolossales Reiterstandbild aus Bronze für Feldmarschall Karl Philipp Fürst Schwarzenberg, einen der Sieger der Schlacht von Leipzig gegen Napoleon –, ein Hochstrahlbrunnen und das Befreiungsdenkmal, im Volksmund »Erbsenkönig« genannt, die Statute eines Rotgardisten mit Fahne in der Hand, 32 Meter hoch, im stalinistischen Monumentalstil. Von den Sowjets auf dem kurzfristig »Stalinplatz« genannten Gelände erbaut, soll dieses Denkmal an die Befreiung Wiens durch die Rote Armee im April 1945 erinnern. »Wo sonst findet man heutzutage noch Personal, das strammsteht?«, ist Karl Schwarzenbergs Lieblingsaperçu, wenn er auf das Denkmal vor seinem Palais angesprochen wird. Sein Onkel Josef pflegte sich mit dem Satz zu verabschieden: »Ich geh jetzt nach Haus, auf den nach mir benannten Stalinplatz.«

Wie an einer Schmuckkette aufgefädelt lagen die Burgen, Schlösser und Sommerpalais der Familie in der böhmischen Landschaft. So wohlhabend waren die Schwarzenberg, dass darüber in den 1950er-

Jahren folgender Witz kursierte: Der amerikanische Präsident Harry Truman, der russische Staatslenker Josef Stalin und der tschechische Staatspräsident Klement Gottwald treffen sich auf einer Konferenz. In der Rauchpause holt Truman eine silberne Zigarrendose hervor. Auf ihr steht eine Widmung eingraviert: »Dem großen Präsidenten – das amerikanische Volk.« Auch Stalin hat eine Zigarrendose, sie ist aus Gold und trägt die Inschrift: »Flaggenführer des Friedens und Führer des Weltproletariats – die Arbeiterschaft der ganzen Welt.« Schließlich holt Gottwald seine Dose hervor, sie ist ungleich wertvoller, aus Platin gefertigt und mit Brillanten besetzt, und auch sie trägt eine Dankgravur: »Dem treuen Förster von Fürst Schwarzenberg.«

Diese Anekdote trägt dem riesigen Waldbesitz der Schwarzenberg Rechnung. Zur Zeit des Zusammenbruchs der Österreichisch-Ungarischen Monarchie umfassten die böhmischen Besitzungen eine Fläche von 176 146 Hektar, wovon auf die Forste rund 110 000 Hektar, die Teichwirtschaft 10 000 Hektar, die Landwirtschaft 29 000 Hektar und auf Kleinpachten 25 000 Hektar entfielen. Sie gaben 1600 Angestellten und Zehntausenden von Arbeitern und Gewerbetreibenden ein sicheres Brot. Auf 150 Meierhöfen wurden alle erdenklichen Bodenfrüchte angebaut; Saatzuchtbetriebe und eine »agrikulturchemische Versuchsanstalt« sorgten für Innovationen. Die Schwarzenberg besaßen 1350 Pferde, 9000 Rinder, 13 500 Schafe und 2200 Schweine. Die Schwarzenberg – oder wie Karls Vater altmodisch zu sagen pflegte: die »Schwarzenberge« – waren eine durch und durch grenzüberschreitende Dynastie, wirtschaftlich gesprochen ein multinationales Familienunternehmen mit Schwerpunkt im Donauraum, politisch gesehen Mitteleuropäer im besten Sinne, zu einem Zeitpunkt, als die Idee einer europäischen Kernregion noch Zukunftsmusik war. Heute verfügt die Familie Schwarzenberg, trotz der mittlerweile erfolgten teilweisen Restitution jener Güter, die nach der Machtergreifung der Kommunisten in der ČSSR im Jahr 1948 konfisziert wurden, weniger als ein Viertel ihres einstigen Besitzes: rund 23 000 Hektar in Österreich, 11 000 Hektar in der Tschechischen Republik und 2000 Hektar in Deutschland.

Geblieben ist, zumindest bis in die Generation Karl Schwarzenbergs, der ideologische Überbau: das Selbstverständnis als mitteleuropäische Familie mit Hang zur Politik und mit Verantwortungsgefühl für das Gemeinwesen. Nicht nur sentimentale Anhänger des untergegangenen Vielvölkerstaates des Kaisertums Österreich wollen in der Figur Schwarzenbergs einen Repräsentanten für ein Europa der Zukunft erkennen, in der regionale Verbundenheit und vielschichtige nationale Identitäten kein Widerspruch sind. Die Schwarzenberg waren schließlich immer zweisprachig: deutsch und tschechisch. Sie haben sich zu den Tschechen stets anständig verhalten – und sie waren gegen die Nazis.

Auf dem rosaroten Panzer zog also ein Kandidat in den Wahlkampf, der aus dem gängigen politischen Schema der nationalen Zuschreibung herausfiel, der sich in Wien ebenso verwurzelt fühlt wie in Prag. Ein Kandidat, mit dessen Familiennamen die einen die Ruhmesgeschichte einer der angesehensten und erfolgreichsten Dynastien Mitteleuropas assoziieren, die anderen bloß ererbten Wohlstand aufgrund von jahrhundertelanger Unterdrückung von Untergebenen. Ein Kandidat, der ein geradezu altmodisches Verständnis von Politik vertritt, das für die einen ein wenig zu sehr nach adeligem Mäzenatentum schmeckt, für die anderen zu sehr nach den brüchigen Idealen der Zeit der Samtenen Revolution.

Nicht von ungefähr fuhr Schwarzenberg an jenem sonnigen Herbsttag mit einem rosarot lackierten Rollpanzer am Waldsteinplatz vor. Der tschechische Aktionist David Černý hatte am 28. April 1991 einen als Denkmal auf einem Podest ausgestellten Rollpanzer gleichen Typs über Nacht rosa angemalt – als Zeichen des Protests gegen die Kommunisten und als Aufschrei für Freiheit für sein Land. Drei Tage später war der Panzer erneut armeegrün gestrichen und der Künstler übermalte ihn noch einmal. Černý war unter den Zuschauern, die Schwarzenberg am Waldsteinplatz empfingen. Vor dem Haupteingang zum tschechischen Senat, an der Frontseite des Platzes gelegen, machte Schwarzenberg Halt. Hier kommt jemand, der die Ideale der Revolution hochhält und sie in den Senat tragen will, lautete die unmissverständliche Botschaft.

Schwarzenberg repräsentiert aber nicht nur die Generation der Dissidenten, jener Menschen, die im Jahr 1968 politisch geprägt wurden durch die Aufbruchstimmung in der ČSSR, durch den Glauben an einen eigenen Weg innerhalb des kommunistischen Ostens, versinnbildlicht im Prager Frühling und in Alexander Dubčeks »Sozialismus mit menschlichem Antlitz«, und die dieses Versprechen spät, aber doch im Jahr 1989 einlösen konnten. Schwarzenberg steht mindestens genauso für die anderen historischen Krisendaten in der tschechoslowakischen Geschichte: 1938 und 1948, das Münchner Abkommen und die Übernahme durch die Kommunisten. Anhand seiner persönlichen Geschichte, die, wie bei adeligen Familien üblich, eng verwoben ist mit der seiner Vorfahren, lassen sich die Wirrungen und Schrecken Deutscher wie Tschechen des 20. Jahrhunderts nachvollziehen. Schwarzenberg kann somit auch so etwas wie das lebende – mitunter schlechte – Gewissen für beide Seiten sein, aber auch deren Vermittler.

Beim ersten Wahlgang am 5. und 6. November schaffte er es überraschend deutlich in die Stichwahl, die er schließlich eine Woche darauf gewann. Am Wahlabend stieß Schwarzenberg mit früheren Dissidenten und Ex-Präsident Vacláv Havel auf seinen Sieg an. Für Schwarzenberg ist der Einzug in den Senat nicht nur eine Genugtuung und schöner Höhepunkt eines Lebens, das im Grunde genommen immer der Politik gewidmet war, auch wenn er zuvor nie eine gewählte politische Funktion innehatte; für ihn schließt sich damit auch ein Lebenskreis, der 56 Jahre zuvor mit der Flucht vor den Kommunisten im Jahr 1948 brutal unterbrochen worden war. Wenn man so will, ist Schwarzenberg an diesem Abend gleich doppelt angekommen: in seiner Lebensheimat Politik und seiner Geburtsheimat Böhmen.

1. FLUCHT AUS DER KINDHEIT

Es gibt Momente im Leben jedes Menschen, die sich für immer einprägen. Man kann sie so präzise wieder aufrufen, als hätten sie sich ins Gehirn eingebrannt, so als wären sie ein Standbild im unendlichen Rauschen der Lebenseindrücke. Oft weiß man gar nicht, welches Datum dieser Moment genau trug, aber man ist dafür in der Lage, den Lichteinfall, den Geruch im Vorzimmer und den unvergesslichen emotionalen Charakter dieses Tages wiederzugeben.

Im Leben von Karl Schwarzenberg, das am 10. Dezember 1937 nach einer schnellen Geburt im Prager Krankenhaus im Stadtteil Bubenec begann – die Gebete der Mutter kurz zuvor in der Klosterkirche des Emmausklosters zu Füßen der dunklen Festung Vyšehrad waren offenbar erhört worden –, gab es mehrere solcher Momente. Der früheste markiert das jähe Ende einer, trotz Kriegswirren, durchaus privilegierten Kindheit und er ereignete sich am späten Vormittag im August des Jahres 1947 kurz vor Schulbeginn auf Schloss Čimelic, dem Sommersitz der Familie Schwarzenberg. Die Blätter im Park des Barockschlosses, das wie eine kostbare Preziose italienischer Lebenslust in der südböhmischen Landschaft liegt, hatten sich noch nicht verfärbt, aber abends konnte es schon empfindlich kühl werden. Der neunjährige Karl hatte den Tag, wie immer in den Sommerferien, mit einem einfachen Frühstück begonnen und war dann in den weitläufigen Schlosspark spielen gegangen. Kurz vor dem Mittagessen holte Karls Mutter Antonie ihn zu sich.

In Čimelic verbrachten Karl, sein Bruder Friedrich, seine älteste Schwester Marie Eleonore und Anna Maria die sorgloseste Zeit des Jahres. Gerufen wurden sie Kary, Beda, Amia und Anina. Der Adel pflegt seinen Kindern oft jenes Wort als lebenslangen Spitznamen zu geben, das sie als Kleinkind selbst besonders häufig verwenden. Bei Maria Eleonore war es »Amia«, weil sie das »Ave Maria« nicht korrekt aussprechen konnte. »Beda« leitet sich von »Bedřich«, der tschechischen Form für Friedrich, ab.

Einmal im Jahr kam der herrschaftliche »Zirkus« der Familie Schwarzenberg, wie die Angestellten das Ritual des Von-einem-Wohnsitz-zum-anderen-Ziehens scherzhaft schimpften, für die Zeit der Sommermonate in Čimelic zur Ruhe. Im Herbst ging es zurück auf das gut eine Stunde Kutschenfahrt entfernte Familienstammschloss Orlík. Orlík ist ein eigenwillig auf einem Felsvorsprung über dem Moldautal liegendes Anwesen, das mit seinen übermütig eingesetzten Zinnen und runden Türmen wie eine Ritterfestung wirkt, die den romantischen Anwandlungen ihrer Herren nachgeben musste. Die Wochen von Weihnachten bis Ostern schließlich verbrachten die Schwarzenberg stets in Prag in ihrem Stadtpalais in der Voršilská-Straße in der Altstadt. Nur wenige Schritte entfernt liegt das prächtige und ganz das Selbstbewusstein des tschechischen Volkes ausstrahlende Nationaltheater, dessen Grundsteinlegung im Mai 1868 auch Karls Ururgroßvater beiwohnte. Er hatte maßgeblich gespendet.

Die Gewohnheit, das Jahr nicht an einem, sondern an drei verschiedenen Orten zu verbringen, hatten Karl Schwarzenbergs Eltern, so wie vieles andere, aus der Zeit ihrer Vorfahren übernommen. In vielem, was sie dachten und wie sie lebten, waren Karl Schwarzenberg VI. und seine österreichische Frau, eine geborene Prinzessin Fürstenberg, Menschen des 19. Jahrhunderts geblieben. Karl Schwarzenberg setzt diese Eigenart übrigens auf seine Art und mit den Mitteln der heutigen Fortbewegungsmöglichkeiten beschleunigt fort. Nie länger als 36 Stunden an einem Ort sei er, wird ihm nachgesagt. »48 Stunden sind es schon«, meint er selbst. Mit dem Wechsel zwischen urbanem und ruralem Lebensstil, den seine Vorfahren kultivierten, hat Karl Schwarzenbergs Reisetätigkeit kaum etwas gemeinsam. Für seine Eltern war das Stadtleben ohne die gesellschaftlichen Verpflichtungen des Adels, den Soireen, Abendessen, Theaterbesuchen und Konzerten, nicht denkbar. Zum Aufenthalt am

Land wiederum gehörten die Jagd, Spaziergänge, Gartenpflege und das heute nur mehr schwer nachvollziehbare Gefühl, einfach privat sein zu können.

Als seine Mutter Karl nun zu sich in ihr Zimmer rief und ihn bat sich einen Moment hinzusetzen, weil sie ihm etwas Wichtiges sagen müsse, hatte Karl eine düstere Vorahnung. Seine Erinnerungen an den vor zwei Jahren zu Ende gegangenen Zweiten Weltkrieg und das Protektorat, die Besetzung durch die Nazis, waren lebhaft. Sie hatten den ohnehin ernsthaften ältesten Sohn der Familie zu einem frühreifen, fast ein bisschen altklugen Jungen werden lassen. 1942 war das Stammschloss Orlík von der Gestapo beschlagnahmt worden, die Familie verbrachte die Kriegszeit auf dem Sommersitz Čimelic. Orlík war unter Zwangsverwaltung gestellt worden, nur seine Mutter durfte noch hin. Die Prager Stadtwohnung musste auf Befehl der Gestapo einem Funktionär der Nazi-Industrieverwaltung zur Verfügung gestellt werden. Sie war von Karls Mutter im englischen Stil eingerichtet, nicht prunkvoll, aber gediegen. Dennoch fand sie der deutsche ungebetene Gast nicht entsprechend und befahl sie besser auszustatten. Karls Vater ließ also üppigere Möbel anschleppen – und erlaubte sich einen kleinen Scherz: Er dekorierte den Salon mit einer Serie prachtvoller Stiche von Napoleons Russlandfeldzug. Eine feine Anspielung auf die bereits in vollem Gang befindliche Ostexpansion Hitlers und ihr baldiges unrühmliches Ende.

Karls Erinnerungen an die Zeit des Krieges zeigen die Perspektive eines Kindes, das beobachtet, dass Seltsames geschieht, es aber noch nicht in den historischen Zusammenhang stellen kann. Den sollte er erst später erfahren. Karl hatte gesehen, wie die Spielkameraden aus dem Dorf in Uniformen der Hitlerjugend mit prächtigen Trommeln, Pfeifen und Fahrtenmessern durch die Straßen marschierten, und als er seinem Vater sagte, so möchte er auch werden, spürte er, wie er neben ihm erstarrte. Warum, verstand er erst im Nachhinein. Erst als Erwachsener sollte er erfahren, dass seine Mutter damals heimlich mit der Nagelschere das gestickte Monogramm aus den feinen Leintüchern schnipselte, damit die Bettwäsche, nun anonymisiert, an Familien im Ort verschenkt werden konnte, die Juden versteckt hatten. Später, zu Kriegsende, sah Karl andere Männer durchs Dorf marschieren: zuerst amerikanische Soldaten, dann russische. Er begann schon damals die Zeitung, die auch sein Vater abonnierte, zu lesen. Die sozialdemokratische *Pravo Lidu* und die *Lidova Demokracie*, das Blatt der katholischen Volkspartei. Er verstand nicht alles, was politisch vor sich ging, aber er ahnte, dass die Kommunisten, die ständig an Macht gewannen, für seine Familie nichts Gutes wollten. Und er konnte die Namen und die Funktionen der Mitglieder der Regierung Klement Gottwalds auswendig aufsagen – und er kann es bis heute.

Karl wusste also, dass die Situation für seine Familie nicht einfach war; wie prekär sie tatsächlich war, sollte ihm seine Mutter gleich beibringen – auf die behutsame, aber dennoch bestimmte Art, die sie im Umgang mit ihren Kindern auszeichnete. »Du wirst heuer zehn, du bist also kein Kind mehr, sondern ein Teenager, wie man auf Englisch sagt«, hob seine Mutter an. Ihre Großmutter war Schottin und Englisch stand ihr immer näher als das Tschechische. Karl konnte sich unter dem Wort Teenager etwas vorstellen, Englisch gehörte zu seinen Unterrichtsgegenständen und es war die Sprache, in die seine Mutter fiel, wenn sie nervös war. Jetzt aber sprach sie Deutsch. »Ich habe genau beobachtet und ich weiß, wie sehr du das alles hier liebst und wie du mit dem hier lebst, aber du solltest wissen, in welcher Situation wir sind.«

In welcher Situation? Karl dachte an das, was er in den Zeitungen der vergangenen Wochen immer wieder gelesen hatte. Er hatte die Artikel nicht genau verstanden, aber doch gesehen, dass mit seinem Familiennamen Schlagzeilen gemacht wurden. »Kampf um vier Milliarden« und »Lex Schwarzenberg« stand dort. Es ging um das Vermögen seines Onkels Adolph, des Fürsten der Frauenberger Linie, der ungleich vermögenderen Schwarzenberger Primogenitur. Die Schwarzenberg sahen sich im Sommer 1947 mit der Tatsache konfrontiert, dass ihr Besitz in der ČSSR zum zweiten Mal binnen eines Jahrzehnts in großer Gefahr war. Große Verluste hatte bereits die Bodenreform nach dem Ersten Weltkrieg gebracht. Dann hatten zuerst die Nationalsozialisten ihren Anspruch auf Schwarzenberg'schen Grund und Boden angemeldet, nun waren es die immer stärker werdenden Kommunisten, die an einer der wohlhabendsten Adelsfamilien ein öffentlichkeitswirksames Exempel statuieren wollten.

Im Herbst des Jahres 1938 – Karl war damals nicht einmal ein Jahr alt – hatte sein Onkel Adolph das Erbe seines Vaters angetreten – unter äußerst schwierigen politischen Bedingungen. Seit dem Anschluss Österreichs im März 1938 war die Tschechoslowakei eingezwängt zwischen Berlin und Wien, ein keilförmiger slawischer Fremdkörper, der Adolf Hitlers Wahntraum von einem einheitlichen deutschen Reich massiv störte. Aber die gerade erst zwanzig Jahre alte Erste Tschechoslowakische Republik war kein solider, selbstbewusster Staat, sondern ein von Nationalitätenkonflikten geschwächtes Gebilde. Ständig kam es zu Auseinandersetzungen zwischen den rund drei Millionen Sudetendeutschen, die sich benachteiligt fühlten, und den Tschechen. Hitler heizte die Querelen geschickt von außen wie innen an. Er brachte Konrad Henlein, den Führer der Sudetendeutschen Partei (SdP), dazu, überzogene Autonomieforderungen zu stellen, gleichzeitig beanspruchte er das Sudetengebiet für sich – angeblich als letzten territorialen Happen für sein Arierreich. Hitlers Parolen fielen nicht nur bei den Sudetendeutschen auf fruchtbaren Boden. Auch Großbritanniens Premierminister Arthur Neville Chamberlain spielte mit dem Gedanken, Hitler ein letztes Zugeständnis zu machen – und dafür Frieden für Europa zu erhalten.

Die Schwarzenberg beobachteten die politische Situation genau – und mit zunehmender Sorge. Karl Schwarzenbergs Mutter hatte schon zuvor für Aufregung innerhalb der Familie gesorgt, als sie von einer zufälligen Begegnung mit dem britischen Kriegsminister Duff Cooper in Paris erzählte. Als Enkelin einer schottischen Grande Dame und Diplomatentochter von höchstem Rang kannte sie ihn natürlich; dies war zu einer Zeit, als Hochadel und Diplomatie noch eng verwoben waren und eine eingeschworene Kaste bildeten, deren informelles Informationsnetzwerk sich über ganz Europa spannte.

»So, Sie kommen gerade aus Prag«, meinte Cooper zu ihr sehr nachdenklich. »Ich hoffe, dass man sich in die politische Situation dort nicht einmischt, wir können noch nicht, wir brauchen mindestens ein Jahr Zeit.«

Seine Sorge war begründet. Hitler gab sich mit dem tschechoslowakischen Sudetenland nicht zufrieden und kündigte stattdessen den Einmarsch der Wehrmacht und eine Volksabstimmung über die staatliche Zugehörigkeit an; wie zuvor auch schon in Österreich wollte er die erzwungene Okkupation durch ein pseudodemokratisches Ritual legalisieren. Daraufhin baten die Briten den italienischen Diktator Benito Mussolini um Hilfe. Hitler, Mussolini, Chamberlain und der französische Premierminister Edouard Daladier trafen sich am 29. September in München und beschlossen die Filetierung der Tschechoslowakei – weder Vertreter der Tschechoslowakei noch von deren Bündnispartner Sowjetunion durften teilnehmen. Dieses Septemberdatum symbolisiert ein Trauma im kollektiven Gedächtnis der Tschechen und erklärt, warum die Mächte des Westens für sie nach dem Zweiten Weltkrieg viel weniger Attraktivität haben sollten als jene des Ostens. Dass die Kommunisten nach 1945 relativ leicht die Vorherrschaft in der Tschechoslowakei erringen konnten, hat in diesem Münchner Abkommen seine Ursachen.

Für Onkel Adolph bedeutete das Münchner Abkommen empfindliche Einbußen bei den böhmischen Herrschaften, die weit größer waren als jene auf österreichischem Gebiet. Das Unternehmen Schwarzenberg hatte sich immer als nationenübergreifend verstanden. Angestellte mussten nachweisen, dass sie sowohl das Deutsche wie auch das Tschechische beherrschten – zumindest zum Dienstgebrauch ausreichend. Die von Hitler durchgesetzten Gebietsansprüche liefen quer durch die Schwarzenberg'schen Ländereien. Drei Forstdirektionen befanden sich nun im Böhmerwald (Krumau, Oberplan und Winterberg), drei weitere im Protektorat (Frauenberg I und II, Cheynow), je eine in Murau und Schwarzenberg, wie Zentralforstdirektor Stefan Duschek in der ersten Ausgabe der mit einem Hakenkreuz geschmückten »Schwarz-Grünen Frontmitteilung« festhielt.

Aber es kam noch schlimmer: Onkel Adolph, wie alle Schwarzenberg kein Freund der Nazis, hatte schon 1938 keinen Hehl aus seinen Gefühlen für Hitlers Erfolge gemacht. Am Park seines Wiener Palais hatte er eine Tafel mit der Inschrift »Dieser Park ist öffentlich zugänglich« anbringen lassen – ein Hinweis, dessen Tragweite einem bewusst wird, wenn man weiß, dass zeitgleich an anderen Parks »Juden ist der Eintritt verboten« affichiert wurde. Adolph lehnte es auch ab, dem Führer und Reichskanzler seine Treue zu geloben, wie er dies als Reserveoffizier eigentlich hätte tun müssen. Im Jahre 1939 verschärfte sich die Lage. Adolph blieb nur mehr die Flucht. Mit Hilfe seines Vetters Heinrich, der in Wien lebte und – Ironie der Geschichte – als einjährig-freiwilliger Soldat noch den Einmarsch in die Tschechoslowakei mitgemacht und als Österreicher und nunmehr Reichsangehöriger gewisse Vorteile hatte, gelang Adolph im Herbst 1939 schließlich die Emigration mit seiner Frau nach Bordighera in Italien, wo er seit den 1920er-Jahren eine Villa namens »La Cava« (die Grotte) besaß. Heinrich übernahm als Generalbevollmächtigter die Geschäfte Adolphs. Es gelang ihm, durch Aussprachen mit Reichsprotektor Konstantin Freiherr von Neurath in Prag und Gauleiter August Eigruber in Linz Ansprüche der Nazis abzuwenden – Etappensiege, die nicht von Dauer sein sollten.

In dieser Zeit übte die Gestapo auch massiven Druck auf Karls Mutter aus, was sie ihm aber erst Jahre später erzählen sollte. Im Unterschied zu Karls Vater, ein Böhme, war seine Mutter eine geborene Österreicherin, die zwar Tschechisch lernte und es während der Nazibesetzung auch demonstrativ sprach, ihren harten Akzent aber nie ablegte. Für diesen genierten sich die Kinder, die von ihrem Vater ein fehlerfreies Tschechisch beigebracht bekommen hatten, unendlich. Die Gestapo appellierte ganz bewusst an die deutsche Herkunft der Mutter. »Ihr Mann ist hoffnungslos, aber Sie sind doch Ostmärkerin. Sie sollten sich als deutsche Staatsbürgerin bekennen. Nach dem Endsieg wird das alles hier deutscher Raum. Ansonsten werden Sie und Ihre Kinder in der Ukraine landen.« Diese Drohung verfehlte ihre Wirkung nicht, Karls Mutter schwankte. Sollte sie alleine ausreisen? Weiter ausharren? Sie beriet sich mit ihrem Vater Karl Emil. Der war als glühender Legitimist alles andere als ein Freund der Tschechoslowakischen Republik, gleichwohl kannte er das Land, hatte es gern und sprach hervorragend Tschechisch, schließlich war er im Palais Fürstenberg in Prag geboren worden. Wenn er nervös wurde, sang er zur Beruhigung alte böhmische Volksweisen und sein Lebensmotto wird in der Familie Schwarzenberg noch heute hochgehalten. »Wer A sagt, muss auch Ř sagen«. Wer einmal versucht hat, das tschechische Ř, ein Laut, der zwischen einem gerollten Zungen-R und einem schmatzigen SCH liegt, korrekt auszusprechen, kann nachvollziehen, dass die Erfüllung dieses Leitsatzes auch mit viel Mühe verbunden ist. Großvater Fürstenberg jedenfalls schärfte der besorgten Mutter ein, zu ihrem Mann zu halten und den Nazidrohungen zu widerstehen. »Wie bitte? In dieser Situation kannst du nur zu deinem Mann stehen. Es gibt keine andere Möglichkeit.«

Die Lage verschlechterte sich kurz darauf weiter. Am 17. August 1940 wurde der gesamte Besitz der Primogenitur von der Gestapo beschlagnahmt. Onkel Adolph erfuhr davon beim Frühstückstisch auf der Terrasse seiner Villa in Bordighera. Onkel Heinrich hatte ihm das Schreiben mit der amtlichen Bezeichnung II 1 174/39 geschickt, kurz darauf reiste er nach Italien und versuchte von dort aus Rechtsmittel gegen die Enteignung zu ergreifen – freilich erfolglos. Adolph floh im Jahr 1941 in die USA, Heinrich blieb und wurde am 28. Oktober 1943 auf persönlichen Befehl des SS-Reichsführers Himmler von der Gestapo verhaftet. Er landete zuerst in Gefängnissen in Genua, Mailand und Verona, war sechs Tage in Innsbruck und siebeneinhalb Monate im Polizeigefängnis Linz inhaftiert, um nach einem Verhör mit dem SS-General Ernst Kaltenbrunner schließlich in das Konzentrationslager Buchenwald überstellt zu werden. Von dort wurde er, wieder auf persönlichen Befehl Himmlers, abgemagert auf 45 Kilo, am 21. Juli 1944 entlassen und als »Dienstverpflichteter« der Fabrik elektrischer Apparate Voigt und Häffner in Linz zugeteilt, wo er bis Kriegsende arbeitete und sich der lokalen Widerstandsgruppe anschloss. Nach Kriegsende, im Mai 1945, gelang es Heinrich, der wie alle Schwarzenberg Schweizer Staatsbürger war, auf Bitte des von den Amerikanern und Russen ernannten oberösterreichischen Landeshauptmanns Adolf Eigl Lastwägen voll Medikamente der Firma Hofmann-La Roche und Vitaminpräparate zu organisieren.

Rund um Onkel Adolphs und Heinrichs vergeblichen Kampf gegen die Nazis werden im Haus Schwarzenberg bis heute Geschichten erzählt, die nicht nur die korrekte Haltung des Hauses gegenüber Hitlers Terrorregime dokumentieren, sondern auch einem anderen berühmten tschechischen Schlitzohr alle Ehre machen würden: Jaroslav Hašeks Schwejk. Außerdem huldigen sie jener aristokratischen Vorliebe für Überlieferungen, die davon künden, wie ein Standesgenosse noch in Todesgefahr zu einem drolligen, unsterblichen Aperçu ansetzte. Überliefert wird etwa folgende Begebenheit: Eines Tages kündigte sich SA-Stabschef Viktor Lutze überraschend bei Heinrich Schwarzenberg auf Schloss Frauenberg zum Besuch an. Onkel Heinrich konnte die Visite schwer ablehnen, dazu war das Verhältnis der Familie zu den Nazis viel zu angespannt. Er wollte dem Regime keinen Anlass zu Ärger geben, gleichzeitig galt es, die eigene Haltung zu wahren. Heinrich Schwarzenberg zerbrach sich am Abend vor dem Besuch lange den Kopf darüber, wie er es vermeiden könnte, den SA-Mann mit dem obligaten Hitlergruß empfangen zu müssen. Schließlich ersann er ein Begrüßungsprotokoll, das für einen Mann seines Standes höchst ungewöhnlich war: Er wartete nicht, wie sonst üblich, im Laubengang auf seinen unerwünschten Gast, sondern eilte, sobald er den Wagen des SA-Stabschefs sah, zum Parkplatz, stürmte zur Beifahrertür, riss sie auf und sagte lautstark: »Grüß Gott.« Lutze, überrascht, blieb nicht anderes übrig als den Gruß zu erwidern – im geschlossenen Auto lässt sich »Heil Hitler« mit erhobener Hand physisch schließlich nur schlecht ausführen. Die Ehre, von einem Schwarzenberg persönlich sofort beim Aussteigen begrüßt zu werden, hatte zuvor nur der österreichische Kaiser gehabt.

Eine andere Anekdote berichtet über einen Vorfall in der Schwarzenberg'schen Brauerei Třeboň am 1. Mai des Jahres 1940. Onkel Heinrich erreichte die Beschwerde, dass der Verwalter nicht, wie vorgeschrieben, die Fahne des Deutschen Reichs neben jener des Protektorats ausgehängt hatte. Auch diesmal fand er einen Weg an der Grenze zur Provokation, um das delikate Problem zu lösen. Er rief den Verwalter und den Leiter der Brauerei zu sich und sagte zum Verwalter: »Mir ist zu Ohren gekommen, dass Sie noch nicht nach Vorschrift die Fahne des Reichs aufgehängt haben.« – »Ja Durchlaucht, das ist richtig.« Daraufhin wandte er sich an den Leiter: »Gut, Sie sind mein Zeuge, dass ich dem Verwalter einen strengen Verweis gegeben habe – und jetzt trinken wir darauf ein Stamperl.« Der Verweis wurde protokolliert, damit war die Sache getan. All die Anekdoten können nicht darüber hinwegtäuschen, dass die Kriegszeit tiefe Spuren in der Familie hinterlassen hat. Adolphs sowie Heinrichs Gesundheit nahm schweren Schaden, was dazu führte, dass die beiden letzten männlichen Vertreter der Primogenitur früh starben: Adolph mit 60, Heinrich mit 62 Jahren.

Gleich am 5. Mai 1945, einen Tag bevor die US-Truppen ins westböhmische Pilsen einzogen, fuhr Karls Vater zurück nach Orlík, das er zu Protektoratszeiten nicht betreten hatte dürfen, und holte sich seine Waffen, die in einem geheimen Zwischenraum zwischen zwei Stockwerken, den man von einer Nebenstiege erreichte, versteckt lagen. Am 11. April hatten die ersten Soldaten der Roten Armee die Protektoratsgrenzen beim mährischen Lanzhot überschritten – damit begann die militärische Befreiung der böhmischen Länder. Eine Woche später, am 18. April 1945, erreichten amerikanische Truppen die westböhmische Grenze. Aus dem Zweiten Weltkrieg ist Karls Vater als Kriegsheld hervorgegangen: Er, der sich stets geweigert hatte, die Reichsbürgerschaft anzunehmen, und der sich in der Zeit des Protektorats demonstrativ tschechisch verhalten hatte, gehörte zu den Ersten, die im Jahr 1944 in Čimelic, wo die Familie seit dem Jahr 1942 wohnte, eine Widerstandsgruppe gründete. Čimelic, erinnert sich Karl noch heute stolz, wurde im Mai 1945 nicht von der Roten Armee, sondern vom Vater und seinen Mitkämpfern befreit. Die Erwartung und Hoffnung der Eltern, dass ihre klar antinazistische Haltung vom neuen Regime anerkannt werden würde, ging aber nicht in Erfüllung. Auch Onkel Adolph, der im September des Jahres 1945 wieder nach Europa gekommen war, hoffte vergeblich, dass seine antinazistische Haltung ihm einen Neuanfang im Nachkriegsstaat ermöglichen würde.

Stattdessen geriet die Familie erneut zwischen die Fronten. Bereits im Mai 1945 war der im Exil weilende Edvard Beneš nach Prag zurückgekehrt und hatte die provisorische Staatsführung übernommen. In der aufgeheizten Stimmung nach der Niederlage des Naziregimes kam es in der Tschechoslowakei zu zahlreichen Prozessen, in denen Nazi-Verbrecher, Verräter und ihre Helfershelfer verurteilt wurden. Die Grundlage für diese Volksgerichte lieferten die so genannten Retributionsdekrete, die Beneš einen Monat nach Kriegsende erlassen hatte. Von Anfang an war klar, dass diese Dekrete politischen und nicht strafrechtlichen Charakters waren. Prozesse gegen Kollaborateure glichen oftmals persönlichen Racheakten, insbesondere die immer einflussreicher werdenden Kommunisten nutzten die Prozesse politisch aus, um sich so unliebsame politische Gegner vom Hals zu schaffen. Die Schwarzenberg waren als Vertreter des Adels natürlich solche.

Um zu verstehen, warum Karls Onkel Adolph von den tschechischen Kommunisten mit solcher Verve verfolgt und schließlich mit einer Anlassgesetzgebung, der bereits erwähnten »Lex Schwarzenberg«, enteignet wurde, braucht es einen Blick auf die politische und gesellschaftliche Stimmung in der Tschechoslowakei wenige Monate nach Ende des Zweiten Weltkrieges. Ihr saß im Sommer 1945 der Schrecken der sechsjährigen Nazi-Okkupation noch in den Gliedern. Alle waren sich einig, dass aus den Fehlern der Vergangenheit gelernt werden sollte, dass sich sowohl Wirtschaftskrise als auch Okkupation nie mehr wiederholen dürfen. Das Münchner Abkommen erschütterte den Glauben an die westlichen Mächte schwer, weshalb Exilpräsident Beneš bereits während des Krieges in Moskau einen Freundschaftsvertrag mit der Sowjetunion unterzeichnete. Die westlichen Alliierten galten in den Augen der Tschechen als unsichere Kantonisten, nun wollte man sich auf die Sowjetunion verlassen.

Und diese half tatsächlich. Im Mai 1945 zog die Rote Armee in Prag ein und beendete die sechsjährige deutsche Besatzung. Stalin wurde als Befreier gefeiert, die Rote Armee mit Blumen und offenen Armen empfangen.

So war es keine Überraschung, dass die Kommunisten die ersten Nachkriegswahlen im Mai 1946 mit 38 Prozent der Stimmen für sich gewannen. Klement Gottwald wurde erster kommunistischer Regierungschef und machte keinen Hehl aus seinem politischen Programm. Es ging ihm um die Errichtung einer Volksdemokratie, er wollte den wirtschaftlichen Praxistest für den theoretischen Marxismus wagen. Zuerst einmal sicherten sich die Kommunisten aber die Schlüsselressorts: Sie stellten neun der 26 Minister der Regierung der nationalen Front aus insgesamt fünf Parteien, darunter den Innen- und den Informationsminister. Eine Opposition gab es nicht. Der Polizeiapparat wurde mit Parteimitgliedern besetzt, das Informationsministerium hatte entscheidenden Einfluss auf die einzige Presseagentur und den Rundfunk und führte eine zunächst noch sanfte Pressezensur ein. Es folgten die Verstaatlichung der Großindustrie sowie eine groß angelegte Bodenreform. Kaum einer protestierte. Die überwiegende Mehrheit sah in diesen Maßnahmen die richtigen Schritte für die Verwirklichung eines besseren Lebens. Die Gesellschaftsstruktur änderte sich schnell – der einstmals große Einfluss des Großbürgertums auf Politik und Wirtschaft war verschwunden. Der Glaube an den Aufbau einer gerechten, sozialen Gesellschaft war groß. Das Wort Sozialismus barg keinen Schrecken in sich, im Gegenteil.

Exempel ihrer neuen Politik versuchten die Kommunisten mit den Volksgerichten zu statuieren. Adolph Schwarzenberg stand als Adeliger und Großgrundbesitzer ganz oben auf ihrer schwarzen Liste. Die Art und Weise, wie er in der Öffentlichkeit zunichte gemacht wurde, ist ein Musterbeispiel für politische Diskreditierung – anwendbar für jedes Regime zu jeder Epoche. Sie spielte sich in drei Schritten ab: Zuerst wurde der Ruf des Opfers in der Öffentlichkeit zerstört, dann zielte man auf sein Vermögen ab und zum Schluss wurde ihm ein scheinbar gutes Angebot gemacht, um den Anstrich politischer Korrektheit zu wahren. Einer tschechischen Wochenschrift wurde damals der Brief eines prominenten linksgerichteten Politikers an einen Fraktionsgenossen zugespielt, der eine Wendung enthielt, die für Adolph zum Verhängnis werden sollte: Er hoffe zuversichtlich, schrieb der Politiker, dass es ihm gelingen werde, auch aus Adolph Schwarzenberg »einen Kollaborateur« zu machen (»... z neho udelat kolaboranta ...«). Durch dieses Schriftstück sollte die antinazistische Haltung des Fürsten in Frage gestellt werden. Als nächsten Schritt riefen die Kommunisten den »Streit um die vier Milliarden« aus – auf diesen Wert wurde das Schwarzenberg'sche Erbe in der Nachkriegsvaluta bewertet. Die Presse war bereits gelenkt und so kam es, dass der neunjährige Karl in Čimelic fast täglich vom Streit um diese Milliarden lesen konnte. Die in Budweis erscheinende kommunistische *Südböhmische Wahrheit* heizte die Stimmung besonders an. Schon im April 1946 stand dort in einem Artikel unter der Überschrift »Schwarzenberg und dessen Schatten« zu lesen: »Die Beschäftigten bei der Schwarzenberg'schen Verwaltung erleben aufregende Momente, die der Mairevolution nicht unähnlich sind. Es handelt sich um die Liquidierung der Machtstellung des Geschlechtes der Schwarzenbergischen Adeligen. Es ist noch erforderlich, dass die Schichten der Direktoren und der Verwalter im Geiste der Volksdemokratie umerzogen werden und vor allem – dass der Besitz von Schwarzenberg konfisziert wird.«

Den Kommunisten ging es um die Konfiskation des Erbes, das zuvor schon von den Deutschen beschlagnahmt worden war. Einen willkommenen Vorwand lieferte ihnen dafür das tschechische Grundbuch: darin war nämlich nicht Adolph, sondern sein Vater, Fürst Johann Schwarzenberg, als Eigentümer eingetragen. Johann war aber bayrischer Staatsbürger und somit Deutscher – was die Argumentation für die Schwarzenberg'schen Rechtsanwälte sehr erschwerte. Als Entschädigung für die geplante Enteignung bot die Regierung Gottwald Adolph die Gründung einer Stiftung an, deren Vorsitz er übernehmen könne, inklusive Gehalt eines Sektionschefs

– auf Lebenszeit. Seine Witwe sollte eine Witwenpension erhalten. Für Adolph war dieser Vorschlag eine Beleidigung – er wäre formell Kopf eines enteigneten Hauses –, dennoch überlegte er zuzustimmen. Der Kampf der Hauptlinie des Hauses dauerte den ganzen Sommer 1947 über an. Am 10. Juli 1947 schuf die Regierung unter zunehmendem kommunistischem Druck ganz einfach Fakten: Sie beschloss die »Lex Schwarzenberg«, mit welcher der gesamte in der Tschechoslowakei gelegene Besitz von Adolph Schwarzenberg zu Gunsten des Landes Böhmen enteignetet wurde. Zwar kannte die damalige tschechoslowakische Verfassung die Vorschrift, dass Gesetze allgemein gültig sein müssen und sich nicht gegen Einzelpersonen richten dürfen, die »Lex Schwarzenberg« blieb – neben der Konfiskation des habsburgischen Vermögens – die einzige Ausnahme von dieser Regel vor der kommunistischen Machtergreifung im Februar des Jahres 1948.

Die »Lex Schwarzenberg« traf die Familie hart. Die Schwarzenberg haben sich über die Jahrhunderte immer als kaisertreu, aber gleichzeitig als glühende Böhmen gefühlt. Binnen weniger als einem Jahrzehnt verloren sie nun fast ihren gesamten Besitz, zuerst infolge der Konfiskation im Jahr 1940 durch die Gestapo, sieben Jahre später mit der Enteignung durch die Kommunisten. Das umstrittene Gesetz mit der Ziffer Nr. 143/1947 ist bis heute Gegenstand eines ausufernden Rechtsstreits um Restitution, der allerdings nicht von Karl Schwarzenberg, sondern von seiner Adoptivschwester Elisabeth Pezold gegen die Tschechische Republik geführt wird.

Der Karl des Jahres 1947 kannte die dramatischen Ereignisse im Detail noch nicht. Die Anekdoten aus den Kriegsjahren, die den schlitzohrigen Umgang seiner Verwandtschaft mit den Nazischergen illustrieren, sollte er erst später zu hören bekommen. Karl wusste noch nicht, dass er einmal das Erbe seines Onkels würde antreten müssen, und zwar früher, als alle in der Familie dachten. Karl konnte am Gesichtsausdruck seiner Mutter, die ihm im Čimelicer Salon gegenübersaß, in diesem Moment nur ablesen, dass offenbar etwas

Schlimmes passieren würde – schlimmer als das, was Karl in der Zeit des Protektorates und des Zweiten Weltkrieges hatte erleben müssen. Karls Vater war damals noch optimistisch, dass sich die Dinge in der Tschechoslowakei nicht zum Allerschlimmsten wenden würden, Karls Mutter hingegen, immer die pragmatischer Veranlagte der beiden, sah die Lage realistischer. Wohl aus diesem Grund übernahm sie es auch, Karl jene Nachricht zu überbringen, die sein Leben verändern und wie kein anderes Ereignis prägen würde. »Das ganze Vermögen deines Onkels ist verloren, Karl«, sagte sie ihm an jenem Vormittag im August 1947. »Ich weiß, wie sehr du das Leben hier liebst, aber auch wir werden weggehen müssen. Wir werden hier alles verlieren. Wir werden ins Ausland gehen müssen.«

Wenn Schwarzenberg später gefragt wurde, warum er sich zeit seines Lebens so sehr mit Politik beschäftigt habe, antwortete er stets: »Die Politik hat sehr früh begonnen sich mit mir zu beschäftigen.« Schon als Kind musste Schwarzenberg erfahren, dass der Name, den er trägt, der Politik nicht gleichgültig war. Nicht den Nazis, die seine Heimat von 1938 bis 1945 besetzten, und auch nicht den Kommunisten, die nach dem Krieg begannen, die Tschechoslowakei immer stärker unter ihren Einfluss zu bringen und sie letztendlich über vierzig Jahre lang beherrschen sollten. Später, als Karl Schwarzenberg selbst bereits Vater war, unterhielt er sich einmal mit dem österreichischen Verhaltensforscher Konrad Lorenz über die Frage, was einen Menschen prägt und wann Ereignisse im Leben am stärksten wirken. »Lorenz sprach von der frühen Jugend als ganz besonders wichtiger Phase, und das hat für mich sicher seine Richtigkeit gehabt. Ich habe das Protektorat Böhmen und Mähren erlebt, die Vertreibung aus Orlík, die Bombardements in Čimelic, die Aufstellung und den Einmarsch der amerikanischen und dann der russischen Truppen, den Kampf um das Erbe in Frauenberg und die zweite Bodenreform. Das hat mich als Bub aufgeweckt. Ich bin damals erwachsener geworden.«

Karl Schwarzenberg hat keine bewusst schmerzhaften Erinnerungen an den Zweiten Weltkrieg. Schloss Čimelic war für einen Knaben seines Alters sicher nicht der schlimmste Ort, um die Besatzungszeit zu verbringen. Akute Not gab es nicht, seine Mutter bewährte sich am Schwarzmarkt, wie er es ausdrückt. Er hatte nur einen Anzug – aber immerhin hatte er noch einen. Als es kalt wurde, nähte die Mutter aus alten Decken dicke Mäntel. Das mag seltsam ausgesehen haben, warm waren sie dennoch. Die Familie versuchte Haltung zu bewahren und seine Mutter kämpfte dafür, ihren vier Kindern eine möglichst normale Jugend zu gestalten. Čimelic, wo die Familie von der Verhängung der Zwangsverwaltung im Jahr 1942 bis zum Kriegsende lebte, wurde von den schlimmsten Kriegswirren verschont. Da es Karls Vater verboten war, sich auf Orlík aufzuhalten, geschweige denn dort zu arbeiten, hatte er paradoxerweise viel Zeit für seine Studien, seine Hobbys und seine Kinder. Den Menschen von Čimelic ist der Fürst, wie sie ihn heute noch nennen, aus dieser Zeit hoch zu Ross im weißen Leinenjackett in Erinnerung. Auch sein Sohn Karl verbrachte viel Zeit mit seinem Pferd Hektor. Es sind also nicht Nächte im Bombenkeller, zerstörte Straßenzüge oder das Pfeifen von Granaten, die Karl Schwarzenberg prägten, sondern gewissermaßen die Vertreibung aus seinem Paradies der Kindheit, wenngleich es ein durch die Kriegsjahre überschattetes Paradies war. Deshalb erinnert er sich nicht an jene Nachmittage, als er sich mit Freunden aus dem Ort in den Büschen vor den Kampffliegern versteckte, sondern genau an jenen Moment, als ihm seine Mutter mitteilte, dass er die Spielwiese seines bisherigen Lebens würde verlassen müssen.

So einschneidend dieser Augenblick für Karl Schwarzenberg war, sodass er ihn heute als den Moment bezeichnet, in dem seine Kindheit aufhörte, so gute Erinnerungen hat er an das letzte Jahr, das die Familie noch in der Tschechoslowakei verbrachte. Das lag vor allem daran, dass seine Eltern beschlossen, die Kinder das Schuljahr 1947/48 abschließen zu lassen, sie aber im Herbst 1948 nicht mehr einschrieben – bereits wissend, dass sie jeden Moment weggehen würden müssen. Für den zehnjährigen Karl ist das Krisenjahr 1948 zwar mit der endgültigen kommunistischen Machtergreifung, dem Februarputsch, verbunden, aber auch mit dem »längsten und schönsten Sommer meines Lebens«. Karl wusste zu dieser Zeit schon allzu gut, dass ihm von der Landschaft seiner Kindheit nur das bleiben wird, was er schaffte, sich in diesen Monaten einzuprägen.

Orlík und Čimelic liegen eine knappe Autostunde von Budweis entfernt im Kernland Südböhmens. Es ist eine lieblich-hügelige und gleichzeitig verträumt unberührte Gegend. Im Sommer kann es flirrend heiß werden, im Winter schneereich und eisig. Die Schwarzenberg führten, wie alle Adeligen ihres Standes, ein sehr naturverbundenes Leben. Einerseits durch die Jagd, andererseits durch das Ausreiten, Wandern und durch Spazierfahrten wuchsen die Kinder mit Bodennähe auf. Das Stammschloss Orlík ist zwar ein beeindruckender Bau, der private Trakt der Familie war aber alles andere als luxuriös. Es wirkt eher wie ein zu groß geratenes Jagdschloss denn eine prunkvolle Residenz. Im Sommer 1948 durchlief Karl noch einmal die Laubwälder rund ums Schloss, suchte alle seine Verstecke auf, die verschlungenen Reitwege, die Moldauufer. Er ging »schwarz fischen«, schwarz, weil die Gewässer, die einst seiner Familie gehört hatten, beschlagnahmt waren. Das war einerseits spannend, weil er etwas Verbotenes tat, gleichzeitig hatte er aber ein gutes Gewissen, schließlich empfand er die Konfiskation als Unrecht. »Spannung und gutes Gewissen – das gelingt im Leben selten, dass man beides gleichzeitig erlebt«, meint er rückblickend.

Karl war erfolgreich darin, ein Abbild seiner Wege und Plätze der Jugend fest im Kopf zu behalten. Jahrelang sollte er jede Nacht von Orlík, dem Park, dem Fluss und seinen Lieblingshaustieren, dem Hund Toryk und den beiden Pferden Hektor und Sekáček, träumen. Diese Träume waren zweisprachig, tschechisch und deutsch, je nachdem welche Person darin auftritt. Das Orlík der Realität sollte Schwarzenberg erst zwanzig Jahre später, im Jahr 1968, wieder sehen, als er erstmals wieder in die Tschechoslowakei einreiste. Zu diesem Zeitpunkt war er schon verheiratet und Oberhaupt der Schwarzenbergdynastie. Orlík, der Familiensitz, war von den Kommunisten in ein Museum verwandelt worden. Die Führer beklagten das Leid der Dienstboten, aber immerhin war das Gebäude so einigermaßen erhalten geblieben. Andere Schlösser wurden zu Fabriken, Schulen oder Ämtern umgebaut – manche schlicht dem Verfall überlassen. Dort, wo Karls Vater ein Gehege für Virginia-Hirsche gebaut hatte, wohnten jetzt verdiente Parteifunktionäre. Der tschechoslowakische Präsident Antonín Novotný besaß eine Villenkolonie für jagdfreudige Kommunisten, und obwohl das ein ganz und gar nicht proletarischer Zeitvertreib ist, gab es derer genug. Und die Landschaft aus Karl Schwarzenbergs Kindheit war buchstäblich versunken: Im Jahr 1960 wurde die Orlíker Talsperre erbaut, das zerklüftete Moldautal, auf dessen höchster Klippe Orlík wie ein Adlerhorst thronte, verschwand unter den Fluten eines Stausees. Das Schloss liegt nun als Wasserburg in einer Seelandschaft, unter der Dörfer, Wälder und viele Erinnerungen begraben sind.

Das letzte Jahr, das die Familie Schwarzenberg in der Tschechoslowakei verbrachte, verlief dramatisch. Der Besitz des Onkels war im Spätsommer 1947 bereits enteignet worden. Die Zeichen, dass die Tschechoslowakei im beginnenden Kalten Krieg zwischen Moskau und Washington auf der Seite des Kremls landen würde, mehrten sich. Bereits im Sommer des gleichen Jahres hatte Moskau ganz offen in die Außenpolitik des österreichischen Nachbarn eingegriffen, als es ihm die Teilnahme am Marshallplan untersagte. Der tschechoslowakische Außenminister Jan Masaryk, Sohn des Staatsgründers und berühmten Staatspräsidenten der Ersten Tschechischen Republik Tomás Garrigue Masaryk, dessen Denkmal am Altstädterring in Prag im Sommer als Touristenschaubühne dient, kommentierte seine Reise in die Sowjetunion mit den berühmten Worten: »Ich fuhr als freier Minister nach Moskau und komme als Stalins Knecht zurück.« Schwarzenbergs Familie kannte Jan Masaryk gut, er war ein populärer Zyniker und Skeptiker. Seine Mutter erzählte Karl einmal, dass sie zu einem Empfang im Spanischen Saal auf der Prager Burg geladen war, bei dem die gesamte tschechische Prominenz erschien. Masaryk sagte zu ihr deutlich hörbar auf Englisch, denn so sprachen sie immer miteinander: »What an awful lot.« »Schreckliche Leute.« Er machte sich sichtlich keine Illusionen darüber, wie stark die politische Nomenklatura bereits von Kommunisten unterwandert war. Immer öfter ignorierten die Kommunisten Regierungsbeschlüsse, man stritt sich über die Enteignung und die Bodenreform, über die Pressefreiheit und die Unterwanderung des Polizeiapparates.

Der Anlass für den endgültigen Putsch war, wie meist in der Geschichte, ein vergleichsweise nichtiger: 8 Polizeibezirksleiter wurden entlassen und durch Kommunisten ersetzt. Der kommunistische Innenminister weigerte sich diesen Schritt rückgängig zu machen. Am 20. Februar 1948 traten daraufhin die 12 Minister der Nationalen Sozialistischen Partei, der Volkspartei und der slowakischen Demokratischen Partei zurück. Die Parteien hofften, Präsident Beneš würde entweder eine Beamtenregierung einsetzen, vorzeitige Neuwahlen ausrufen oder aber ihren Rücktritt ablehnen, um die Kommunisten zum Einlenken zu bringen. Doch die Rechnung ging nicht auf. Die Kommunisten hatten Ministerien und Zeitungsverlage besetzt, erste politische Verhaftungen erfolgten. Am 25. Februar 1948 gab Präsident Beneš dem Druck der Kommunisten nach, akzeptierte den Rücktritt der zwölf Minister und ernannte zwölf kommunistische Minister. Damit legalisierte er den bereits vollzogenen Machtwechsel. »Ich bin überzeugt, dass das tschechoslowakische Volk meinen Schritt versteht und bei der nächsten Gelegenheit beweist, dass ihm die Methoden, die Sie anwenden, fremd sind und dass Sie die moralische Reife, die Treue und das demokratische Denken unseres Volkes unterschätzt haben«, sagte Beneš bei seiner letzten Unterredung mit Regierungschef Klement Gottwald, der ihm im Juni 1948 als erster kommunistischer Präsident nachfolgen sollte. Beneš hat sich gehörig verschätzt.

Fragt man Karl Schwarzenberg, warum sich die Geschichte der Tschechoslowakei damals so gewendet hat, dann zitiert er gerne den Gründungspräsidenten Masaryk. Dieser hatte zwar große Vorurteile gegenüber Adeligen und lud bis in die 1930er-Jahre nie einen Standesvertreter auf die Burg, den Hradschin. Zu Beginn der 1920er-Jahre machte er eine Reise durch Böhmen, um sich mit dem Land vertraut zu machen, und besuchte auch Karls Großmutter auf Orlík.

Schwarzenbergs Vater war damals so alt wie Karl, als er das Land verlassen musste. Großmutter Eleonora, eine geborene Clam-Gallas, und Masaryk tranken gemeinsam Tee und unterhielten sich über politische Vorstellungen ihres verstorbenen Mannes, der ein glühender Böhme gewesen war, und über englische Literatur. Masaryk dürfte dieses Gespräch wie so viele andere auch mit einer seiner wahrsten Einschätzungen beendet haben: Die Tschechoslowaken werden wohl dreißig Jahre brauchen, um ihre Selbstständigkeit nach der Monarchie zu lernen.

Letztendlich hatte die Erste Tschechische Republik nicht einmal diese dreißig Jahre und in den Augen Schwarzenbergs hätte es wahrscheinlich hundert Jahre gebraucht. Für ihn ist das Gesellschaftskonzept des Adels, die Schaffung einer Elite durch Erziehung und Conubium legitim – auch wenn er die schwindende Bedeutung seines Standes klar realisiert. Dass auf den Adel und seine staatspolitische Erfahrung nach dem Zusammenbruch der Monarchie beim Aufbau der Ersten Tschechoslowakischen Republik nicht zurückgegriffen wurde, sieht Schwarzenberg bis heute als einen der großen Konstruktionsfehler dieses Staates. Seiner Meinung nach fehlte es daher an Verantwortungsgefühl und an Erfahrung in der hohen Politik. »In der Tschechoslowakischen Republik war Adel ein Tabu, wahrscheinlich aus der Überzeugung heraus, dass sich die Welt, wie es die Kabarettisten Jiří Voskovec und Jan Werich formulierten, nach links dreht. Die Menschen meinten, dass man die neue Republik nicht mit den alten Adeligen aufbauen konnte. Die Erste Republik hatte eine stark antiadelige, auch antikatholische Tendenz – und der Adel war katholisch.« Der Adel hätte ausgleichend zwischen der deutschen Minderheit und den Tschechen wirken können. Außerdem, so Schwarzenberg: »Kapitulation ohne Kampf wäre, sagen wir, nicht in unserer Tradition gewesen.«

Kurz vor dem Münchner Abkommen hatte eine Abordnung Aristokraten dem damaligen Staatspräsidenten Beneš eine Erklärung für die Einheit des Landes überreicht. Die Liste der Überbringer liest sich wie ein Auszug aus dem böhmischen »Gotha«. Mit dabei waren Karls Vater, František Kinský, Karel Belcredi, Hugo Strachwitz, Karel Parish, Rudolf Czernín, Jindřich Dobržensky. Dieselbe Runde gab dann auch noch eine Erklärung zum Protektorat ab – auch diese blieb ohne unmittelbare politische Folgen. Nach 1989 hingegen gewann diese Episode wieder an Bedeutung, belegte sie doch die antinazistische und böhmische Haltung in Karls Familie.

Zu Weihnachten 1947 hatte Karls ältere Schwester Amia ein Radio bekommen. Es war gigantisch und sah fast aus wie eine keine Kommode. Für die damalige Zeit war es aber eine Sensation und die Kinder drängten sich um das Gerät. Am 10. März 1948 erfuhr Karl aus diesem Gerät eine Nachricht, die ihn in der Folge zu seiner ersten politischen Kundgebung führen sollte – und noch lange in Erinnerung blieb. Karl war erkältet und durfte in seinem Zimmer Radio hören, als die Sendung unterbrochen wurde und der Tod von Jan Masaryk, jenem Außenminister, der die Lage der Republik so treffend als geknechtet eingeschätzt hatte, bekannt gegeben wurde. Er galt vielen Tschechen als letzter Garant für die Demokratie und für eine Politik, wie sie sein Vater verfolgt hatte. Die Hoffnungen auf ihn, der trotz Drucks in der kommunistischen Einheitsregierung geblieben war, waren groß. Dass Masaryk kopfüber aus seinem Badezimmerfenster gestürzt war, sorgte sofort für Spekulationen. Die offizielle Version lautete auf Selbstmord aus Verzweiflung über die Anschuldigungen gegen ihn, weil er vielen wegen seines Verbleibs in der Regierung Gottwald als Verräter galt, das Volk glaubte jedoch anderes. Noch im Jahr 2003 wurde der Fall neu aufgerollt, nachdem Hinweise aufgetaucht waren, dass der sowjetische Geheimdienst seine Finger im Spiel gehabt hätte. Viele Zeugen sind mittlerweile verstorben, russische Archive nach wie vor verschlossen. Der Fall Masaryk bleibt bis heute ungelöst – und gehört wie der Mord an J.F. Kennedy in den USA oder der Tod Olaf Palmes in Schweden in der heutigen Tschechischen Republik zu den historischen Mythen. Ihre Grundfrage ist immer die gleiche und fasziniert über Generationen: Hätte die Geschichte einen anderen Verlauf genommen, wenn diese Persönlichkeiten weitergelebt hätten?

Karl Schwarzenberg jedenfalls erlebte beim Begräbnis Masaryks das erste Mal in seinem Leben die ungeheure Kraft, die von einer versammelten Menschenmasse ausgehen kann. Zur Trauerkundgebung spazierte er damals mit seiner Schwester und der Erzieherin durch die Vodičkova-Straße, die seitlich auf den Wenzelsplatz führt. »Nie zuvor hatte ich so viele Menschen beisammen gesehen. Sie standen Kopf an Kopf. Ihre Gesichter waren traurig, wütend und verweint. Das nächste Mal sah ich diese Gesichter auf Fotografien des Jahres 1968 während des Prager Frühlings.« Im Jahr 1989, dem dritten historischen Datum der tschechischen Geschichte, das Schwarzenberg miterlebte, sollte er sich mitten im Geschehen wiederfinden.

Masaryks Tod markierte das endgültige Ende der freien und demokratischen Tschechoslowakischen Republik. Für die Schwarzenberg ging es jetzt nur mehr um Monate. Am 15. Januar 1948 musste Karls Vater eine Aufstellung seines Besitzes ans tschechoslowakische Landwirtschaftsministerium liefern. Am 27. Januar kündigten die Beamten ihm dann die »Bewirtschaftung« der von ihm angeführten Liegenschaften auf, wenig später trug sich das Landwirtschaftsministerium als Grundeigentümer ein. Karls Vater berief gegen diese Entscheidung – naturgemäß vergeblich. Obwohl inzwischen eindeutig klar war, dass das Regime den Schwarzenbergs den Kampf angesagt hatte, blieb Karls Vater von seltener Gelassenheit. Der tschechische Publizist Jan Werich erzählte Karl davon lange Zeit später im Jahr 1966 bei einem Abendessen der Familie Turnauer. Er war damals in Prag und stattete Karls Vater im Kaffeehaus eine Art »Kondolenzbesuch« ab. Er fände es schrecklich, was passiert sei, die Bodenreform, die ganze Habe verloren, es tue ihm alles furchtbar Leid. »Sie reden Blödsinn, darum geht es gar nicht«, entgegnete Karls Vater. »Das ganze Leben studiere ich Geschichte, wir sind eine alte Familie. Wir wissen, dass Vermögen kommen und gehen, das gehört dazu. Wir haben einmal gewonnen und jetzt haben wir verloren. Worum es aber geht, ist, dass das ganze Land in Gefahr ist und dass die notwendige Moral verschwindet.« Bei besagtem Abendessen meinte Werich zu Karl Schwarzenberg: »Wissen Sie, ich habe das damals nicht so gesehen, aber dann habe ich mich oft an die Worte Ihres Vaters erinnert.«

Es ist dieser Zugang zur Geschichte, der Karl Schwarzenberg später stark prägen wird. Sein Vater, studierter Historiker, dachte immer über die aktuellen Geschehnisse hinaus. Er tat dies im Selbstverständnis eines Mannes, dessen Urteils- und Denkkategorie nicht seine Lebensspanne, sondern die jahrhundertealte Geschichte des Hauses ist. Die lebenslange Beschäftigung mit Geschichte hatte ihn nicht zu einem beißenden Kommentator der Ereignisse, sondern zu einem ruhigen Beobachter gemacht, der verstehen, aber nicht unbedingt urteilen will. »Ich würde die Entwicklung nicht so tragisch nehmen. Gottes Gerechtigkeit gilt für alle«, schrieb er zu Weihnachten 1947 an seinen Vetter Adolph.

Im Sommer 1948 erkrankte Karls Vater an Meningitis. Zu dieser Zeit kursierten verschiedenste Epidemien, der Vater hatte schon längere Aufenthalte im Krankenhaus in Prag hinter sich und die Familie war schon mehrmals angetreten, um sich von ihm zu verabschieden. Er ging, wie sich Karl Schwarzenberg erinnert, »am Krepierhalfter«. Die schwere Erkrankung half ihm bei der Flucht aus der Tschechoslowakei. Seine Frau Antonie fand eine Militärvorschrift, die Offizieren die Ausreise im Falle einer schweren Krankheit erlaubte. Karls Vater hatte von 1931 bis 1933 im achten Dragonerregiment gedient und war 1937 Leutnant der Reserve geworden. Ein bisschen Geld half nach und im September 1948 durfte er nach Rom ausreisen – vordergründig wegen des milden Klimas.

Seine Frau wollte ihm mit den Kindern möglichst bald nachfolgen. Am 1. Dezember fuhr sie mit ihnen von Orlík nach Prag. Weil das eigene Haus in der Vorsilská-Straße bereits besetzt war, übernachteten sie beim Hausmeister. Die Mutter hatte ein Ausreisevisum, dennoch war sie fürchterlich nervös. Die Familie hatte zwei Koffer dabei, darin nur das Nötigste. Keinen Schmuck, keine wertvollen Accessoires, denn das hätte den Verdacht der Zöllner genährt. Als Erinnerung trug Karl im Gepäck ein kleines Kreuz mit einer Ikone, das er zur ersten Beichte bekommen hatte, und ein Andachtsbild vom heiligen Berg

Přibrem, das heute in Schloss Murau hängt. Am 2. Dezember stiegen sie im prachtvollen Prager Hauptbahnhof, der ganz im Jugendstil erbaut ist, in den Zug Richtung Linz. Beim Grenzbahnhof Dolny Dvořiste wurden sie aufgehalten. Als Vorwand diente ein angeblich fehlender Stempel im Pass. Man sagte ihnen, sie sollten wieder zurück nach Prag fahren. Noch heute kann sich Karl an die gespannte Atmosphäre im schäbigen Bahnhof erinnern. Die Mutter rauchte eine Zigarette nach der anderen, die kleinere Schwester spielte mit den leeren Bierflaschen aus der Bahnhofskantine. Das Klirren des Glases in der Wartehalle – so klingt die Angst der Flucht für Schwarzenberg bis heute. Wieder in Prag angekommen übernachten sie ein zweites Mal, am nächsten Morgen, dem 3. Dezember 1948, reisen sie unbehelligt nach Österreich. Diese Reise verschlief Karl.

Zurück bleiben nicht nur Karl Schwarzenbergs geliebter Hund Toryk, sondern auch seine Jugend – und das Gefühl, einen Teil seines Lebens hinter sich zu lassen, der in dieser Form nie mehr wiederkommt. Die letzten Abendessen vor der Flucht nach Österreich nahm die Familie im kleinen Speisezimmer auf Schloss Orlík ein, das mit prächtigen Tapeten aus Paris geschmückt war. Der Tisch war aus schwerem Holz gemacht, die Stühle hatten hohe Rückenlehnen aus gedrechseltem Holz. Im Weinkeller des Schlosses lagerten noch französische Weine aus der Zeit vor dem Ersten Weltkrieg, die der Urgroßvater erstanden hatte. Jeden Abend wurde eine von ihnen entkorkt und seine Mutter sagte zu Karl: »Bub, probier das, so etwas Gutes wirst du nie mehr im Leben kriegen. Damit du weißt, wie guter Wein schmeckt.«

Die Familie Schwarzenberg vor der Flucht aus der Tschechoslowakei:
Karl Schwarzenberg ist links im Bild zu sehen, auf dem Schoß seiner Mutter Antonie sitzt die Jüngste Anna Maria, rechts der Mutter steht Friedrich, dahinter die Erstgeborene Marie Eleonore. Im Hintergrund der Vater, Karl VI. Die Buben tragen die damals modernen Matrosenanzüge.

Nachkriegszeit am Wolfgangsee: Zu Weihnachten 1951 bastelte Karl seiner Mutter ein »Hubertushof«-Fotoalbum mit Bildern aus der neuen Heimat Österreich. Die Bilder zeigen die Kinder beim Reiten und Spielen im Garten. Auf dem Bild ist Karl (links im Bild) mit seinem jüngeren Bruder Friedrich zu sehen – in einem etwas knapp sitzenden Janker.

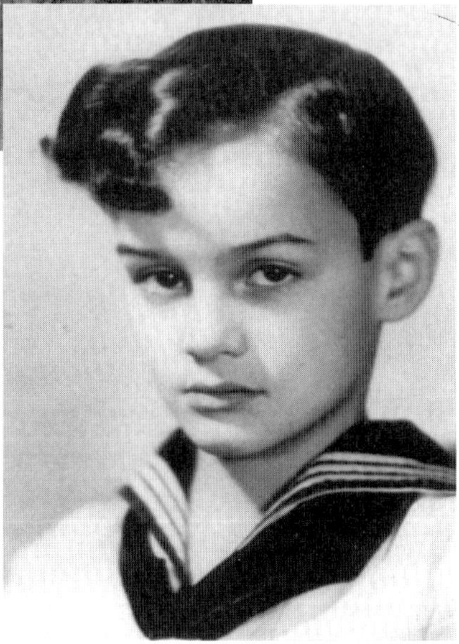

Ein Porträt des jungen Karl aus der »Matrosenanzug«-Serie.

Familienleben: Am 22. April 1967 heiratete Karl Schwarzenberg in Seefeld, Niederösterreich, Therese Hardegg. Es gibt nur ganz wenige Familienfotos, die die Familie Schwarzenberg vollständig zeigen.

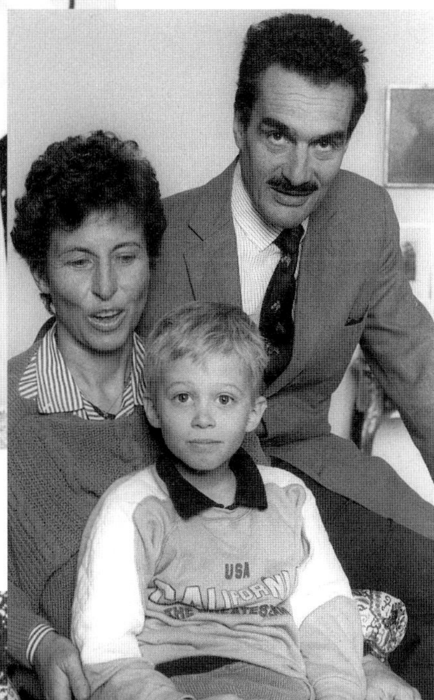

Das Ehepaar Schwarzenberg mit dem jüngsten Sohn Karl Philipp, der von seinem leiblichen Vater Thomas Prinzhorn adoptiert wurde.

Erbprinz Johannes, Anna Carolina, Therese Schwarzenberg mit Karl Philipp und Karl Schwarzenberg 1979 (von links nach rechts)

Karl Schwarzenberg mit Tochter Anna Carolina, gerufen »Lila«, in Prag.

Beim Jagen mit Erbprinz Johannes, genannt »Aki«, einem begeisterten Jäger.

Karl Schwarzenberg und sein drei Jahre jüngerer Brüder Friedrich, der in Zürich lebt.

Erste politische Schritte: Karl (in der zweiten Reihe, zweiter von rechts) bei einem Treffen des St. Johanns-Clubs im Jahr 1957 am Starnbergersee in Bayern. Ganz links: Otto Habsburg.

Karl Schwarzenberg Anfang der 60er-Jahre am Rande der Salzburger Tagung mit dem Österreichischen Finanzminister Josef Klaus (Mitte). Links sitzt der Journalist Alexander Vodopivec.

Der Netzwerker Schwarzenberg: Karl Schwarzenberg 1983 mit dem damaligen ÖVP-Obmann Alois Mock (links Hans Koren, Initiator des »steirischen herbst«).

1973 mit dem sozialistischen Bundeskanzler Bruno Kreisky (der ihn immer mit »Prinz« ansprach).

Karl Schwarzenberg mit dem steirischen Landeshauptmann der Jahre 1980 bis 1996, Josef Krainer junior

Schlossherr und Unternehmer:
Karl Schwarzenberg 1982 vor dem Wiener Palais Schwarzenberg, zu dem ein Luxushotelbetrieb und ein Haubenlokal gehören, und als junger Schlossherr mit seiner Frau Therese im privaten Salon. Vor dem Kamin steht der von Hans Hollein entworfene Couch-Tisch.

Karl Schwarzenberg trifft als Kanzler von Václav Havel Papst Johannes Paul II.

Katholik Schwarzenberg
Mit dem Prager Kardinal František Tomášek bei der Eröffnung der St. Johann Nepomuk-Ausstellung in Salzburg.

Schwarzenberg 1981 an der Seite von Kardinal Franz König bei einer »pro oriente«-Veranstaltung.

Kampf für Menschenrechte: Karl Schwarzenberg mit Lech Walesa im April 1989 in Warschau. Am 10. Mai 1989 erhielt er gemeinsam mit Walesa den Menschenrechtspreises des Europarats.

Im Dezember 1989 bei einer Unterschriftenaktion des Bürgerforums in Prag.

An der Seite Havels: Karl Schwarzenberg als Kanzler 1990 bei einer USA-Reise Václav Havels. In New York treffen sie Schwarzenbergs Tochter »Lila«, die dort Film studierte.

Schwarzenberg und Havel 1991. »Wir waren mehr wie Freunde, die Meinungen austauschten und ich habe zu guter Letzt entschieden, wie es mir aufgrund dieser gemeinsamen Debatten als richtig erschien«, meint Havel über seine Arbeitsbeziehung zu Schwarzenberg.

Der Menschensammler Schwarzenberg: Mit Simon Wiesenthal und Sir Karl Popper in Prag...

... und mit Frank Zappa auf der Prager Burg. Die Leiterin der Schwarzenberg'schen Zentralkanzlei, Gerda Neudeck, weicht auch in Prag nicht von seiner Seite.

Internationale Beziehungen: Mit dem deutschen Bundeskanzler Helmut Kohl (im Bild mit dem slowakischen Ministerpräsidenten Rudolf Schuster 2002 in Passau) verbindet Schwarzenberg eine langjährige Freundschaft.
Unten: 1990 mit Madeleine Albright in Washington.

Mit dem englischen Thronfolger Charles in Prag im Jahr 2000 und dem verstorbenen österreichischen Bundespräsidenten Thomas Klestil und seiner Frau, Margot Klestil-Löffler, in der Wiener Hofburg 2002.
Klestil-Löffler ist seit 2005 Österreichische Botschafterin in Prag.

»Jeden Montag fahr' ich nach Prag auf den Hradschin, dort habe ich ein Kammerl und wie in jeder Amtstube dieser Welt erwartet mich dort ein Packerl Post«, sagt Schwarzenberg über seine Zeit als Kanzler von 1990 bis 1992.

2. FAMILIENOBERHAUPT DURCH ADOPTION

Ist es ein Zufall, dass auch an jenem Tag, der Karl Schwarzenbergs sorglose und ausschweifende Studentenzeit beendet und das Erwachsenenleben einläutet, erneut seine Mutter eine tragende Rolle spielt? Zum zweiten Mal binnen 15 Jahren wird sie zur Überbringerin einer Botschaft, die das Leben des mittlerweile 21-jährigen Studenten nachhaltig verändern sollte. Sagte sie ihm im Jahr 1947, dass die Familie aus der Tschechoslowakei würde fliehen müssen, eröffnete sie ihm im November 1958, dass Karl schnell zu seinem Onkel Heinrich gehen solle. Dieser habe ihm etwas Wichtiges zu sagen und möchte dies persönlich tun.

Karl war gerade von einem Concours bei der Mineralölfirma BP zurückgekommen, bei der er sich für einen Posten im Management beworben hatte. Seine Aussichten waren nicht die besten: Karl war ein sehr durchschnittlicher Schüler gewesen, Lernen hatte ihn nie interessiert. In der Tschechoslowakei wurde er von Privatlehrern unterrichtet und legte zu Schulende seine Prüfung ab. Diese Praxis behielt die Familie auch in Österreich bei, bis Karl 15 Jahre alt war. Die Familie war im Winter des Jahres 1948 nach der Vertreibung aus der Tschechoslowakei bei der Großmutter mütterlicherseits in Strobl untergekommen. Die Familie Fürstenberg besaß dort eine geräumige Villa, die der Großvater gekauft hatte. Zu ihr gehörte eine gute Jagd, außerdem lag sie in der Nähe des kaiserlichen Wohnsitzes – was sie nach den damals herrschenden gesellschaftlichen Regeln besonders wertvoll machte. Sie ist bis heute im Familienbesitz. Der Vater hatte nach seiner Flucht in Rom eine Ausbildung in der päpstlichen Bibliothekarsschule gemacht und arbeitete nun als Bibliothekar für das Amerika-Haus in der Stadt Salzburg. Die Familie lebte im Wesentlichen von der Unterstützung der Großmutter Fürstenberg.

Karls Eltern schrieben ihn zunächst als »Externisten« an der Komensky-Schule ein, der einzigen tschechischen Schule in Wien. Im September 1951, mit 14 Jahren, belegte er parallel dazu das Gymnasium in Gmunden. Es hagelte schlechte Noten: In Latein bekam er ein »Nicht genügend« – was unter anderem dazu führte, dass sein Vater begann, mit ihm lateinisch zu korrespondieren und ihm seine Antwortbriefe immer voller Verbesserungen wieder zurückschickte. In Deutsch reichte es nur für ein »Genügend«, auch im Fach Leibesübungen schnitt Karl, wiewohl begeisterter Reiter, nur mit »Genügend« ab. Nicht viel besser verlief die weitere Schulkarriere: Auch in der Oberstufe, die Karl im Oberrealgymnasium Kundmanngasse im dritten Wiener Bezirk besuchte, blieben die Noten mittelmäßig – die siebente Klasse beendete er nur in den Fächern Deutsch, Geschichte, Geografie und Religion mit einem »Sehr gut«, in den anderen Gegenständen reichte es nur für »Befriedigend« und »Genügend«. Die äußere Form seiner Arbeiten wurde sogar mit einem »Nicht genügend« beurteilt. Schwarzenbergs Schrift ist bis heute eigenwillig. Dafür lag er bei den Fehlstunden im Spitzenfeld: In der fünften Klasse waren es 136, in der sechsten 125, in der siebenten 175 Stunden. Sein Bruder Friedrich brachte immer die besseren Noten nach Hause. Auch beim Studieren sollte Karl wenig erfolgreich bleiben: Er begann ein Jus- und Forstwirtschaftsstudium, schaffte es aber nur bis zur rechtshistorischen Staatsprüfung, die er im Juli 1961 ablegte. Schwarzenberg verheimlicht seine mangelnde akademische Ausbildung nie: »Ich war ein miserabler Student. Aus einem einfachen Grund: Faulheit.« Im Rückblick hatte Karl in seinem Leben viele Lehrer, die ihn nachhaltig geprägt haben – jene vor der Tafel in der Schule und jene im Hörsaal der Universität gehörten nicht dazu.

Sein Onkel mütterlicherseits, Georg Fürstenberg, genannt »Puka«, erinnert sich an eine Begebenheit aus diesen Jahren, die die unterschiedlichen Neigungen der beiden Brüder charakterisiert. Er hatte den Geschwistern aus Amerika, wo er erster österreichischer

Handelsdelegierter war, je einen Silberdollar nach Strobl mitgebracht. Friedrich, der jüngere, nahm die Münze, strahlte ihn an und sagte: »Und was bekomme ich dafür?« Karl hingegen wendete das Geldstück in seiner Hand, inspizierte es eindringlich und meinte schließlich: »Also, wenn ich das richtig sehe, dann ist das da auf der Rückseite das US-Unabhängigkeitswappen.« – »Es ist kein Zufall, dass Friedrich später erfolgreicher Bankier wurde, Karl aber Historiker und Politiker«, meint Georg Fürstenberg über die ungleichen Neffen.

Im April 1954, nach dem Tod der Großmutter, zog die Familie nach Wien. Die Mutter hatte eine großbürgerliche Wohnung in der Beletage eines schönen Zinshauses in der Jacquingasse 21 im dritten Wiener Gemeindebezirk gefunden. Sie war herrschaftlich, mit einem Esszimmer und einem gemütlichen Salon, aber weit von dem Standard entfernt, den die Familie in der Tschechoslowakei gewohnt gewesen war. Am wichtigsten war, dass die Wohnung im britischen Sektor Wiens lag, das von den vier Siegermächten des Zweiten Weltkrieges geteilt und bis 1955 verwaltet wurde. Im russischen Sektor hätten die Schwarzenberg mit Sicherheit ein geräumigeres Heim finden können, den Kommunisten vertrauten sie naturgemäß aber nicht mehr. Von der Jacquingasse ging der Blick auf die Mauer, hinter der der Botanische Garten lag. Dahinter konnte man mit ein wenig Fantasie das Palais Schwarzenberg erkennen, das Onkel Heinrich gehörte. Der Westflügel des Palais hatte bei Bombenangriffen schwere Schäden erlitten, die Bauarbeiten waren noch nicht beendet.

Der Vater war mittlerweile für die Schwarzenberg'schen Archive in Murau tätig. Nebenbei schrieb er Rezensionen für die katholische Zeitung *Die Furche*, was aber kaum Geld einbrachte. Zusätzlich erhielten sowohl er als auch die Mutter eine Apanage von ihrer jeweiligen Verwandtschaft. Die Familienbande hielten die sechsköpfige Schar auch in den Nachkriegsjahren in Wien über Wasser, wohlhabend waren sie nicht. »Die Familie war arm auf hohem Niveau«, umschreibt es Karls Jugendfreund, der Zeitungsverleger Oscar Bronner. »Seine Anzüge waren aus feinstem Stoff und maßgeschneidert, aber abgewetzt und für einen anderen Körper gemacht worden. Seine Schuhe waren handgenäht, aber abgetragen, und auch sie hatten schon mehrere Vorbesitzer.« Karl Schwarzenberg hatte seinen ersten schönen Anzug als junger Mann in Strobl geschenkt bekommen. Er stammte vom sieben Jahre älteren späteren Baudouin I., Sprössling des belgischen Königshauses, der die Kriegsjahre nach der Deportation durch die Nazis gemeinsam mit seinen Eltern zum Teil nahe Salzburg verbrachte. Edelste Ware, aber eben secondhand.

Trotz des offensichtlichen Geldmangels schaffte es Karls Mutter, ein reges Gesellschaftsleben in der Jacquingasse aufrechtzuerhalten. Mehrmals die Woche veranstaltete sie Abendessen, zu denen sie Botschafter und Verwandte einlud. Karls Mutter blieb auch in den äußerst schwierigen Zeiten der Familie ganz die Diplomatentochter von Welt, keines der Kinder hatte sie Haltung verlieren sehen. Geschickt nutzte sie ihre gesellschaftlichen Kontakte, um das Familieneinkommen aufzubessern. So gelang es ihr etwa, einem ihr befreundeten Hersteller von Aluminiumdächern gegen Provision einen Auftrag für den Bau von Kasernen für die Amerikaner zu vermitteln.

Wie bereits erwähnt ist es im Adel üblich, sich Spitznamen zu geben, die oft mit dem eigentlichen Rufnamen nicht in Verbindung stehen – mit ihrer Verwendung demonstriert man die Zugehörigkeit zu einer gewissen Schicht und die Vertrautheit untereinander, im Sinne einer großen Familie. Der Rufname von Karl Schwarzenbergs Mutter war Toni und es ist kein Zufall, dass dieser Name einen durchaus burschikosen Klang hat. Antonie Schwarzenberg war eine herbe Schönheit und eine sehr entschlossene Frau. Groß gewachsen, mit dunklen Augen und einem verschlossenen Gesicht strahlte sie etwas Militärisches aus. Deshalb nannten sie enge Freunde auch »der General«, in der männlichen Form, wohlgemerkt. In ihrer Wiener Zeit wirkte sie wie eine Soldatin in Zivil und so kleidete sie sich auch. Sie hatte sich entschlossen, Eleganz und Reichtum standen ihr nicht mehr zu, die Zeiten hatten sich geändert. Alles Liebliche war ihr mit einem Mal fremd, sie trug meist einen dunklen Rock und eine gleichfarbige Bluse dazu. Ging sie aus dem Haus, zog sie Goiserer und einen schweren

Lodenmantel an. Goiserer sind grobe, aber sehr belastbare Schuhe, gedacht zum kräftig Ausschreiten und Wandern – und in dieser bestimmten Art ging sie durchs Leben.

Obwohl die finanzielle Situation der Familie begrenzt war, bemühte sie sich ihren Kindern eine standesgemäße Jugend zu ermöglichen. Sie achtete sehr darauf, dass es ihnen an nichts mangelte – und zeigte dabei Sinn für Improvisation. Mitte der 1950er-Jahre fuhr sie mit Karl nach Zürich und stand vor dem Problem, nicht genug Geld für ein Hotelzimmer mit Bad zu haben. Zu übernachten, ohne sich in einem eigenen Badezimmer zu waschen, kam für sie aber auch nicht in Frage, dazu war sie zu englisch erzogen. Mit der Herrin des Hotels Merkur, eines typischen Handlungsreisenden-Hotels in der Nähe des Zürcher Bahnhofs, traf sie ein originelles Arrangement: Karl bekam ein kleines Kämmerchen, sie mietete sich ins Etagenbad ein. Von elf Uhr abends bis acht Uhr morgens machte sie sich ihr Bett in der Badewanne, danach räumte sie es für die anderen Gäste.

Was für einen Unterschied bot diese Frau zum zurückgezogenen, stillen, ganz in der Welt seiner Bücher und historischen Wissenschaften lebenden Vater. Dieser lehnte es beispielsweise ab, ein Telefon abzuheben. Wenn er jemandem etwas zu sagen habe, werde er ihn anrufen – warum soll er sich aber nach dem Klingeln eines Apparates richten? Seine Kinder fanden das aus zwei Gründen unmöglich: erstens weil es hoffnungslos altmodisch war; und zweitens weil es das Zustandekommen von Rendezvous erheblich erschwerte. Noch heute erinnern sich die Angestellten auf Schloss Murau, dem steirischen Stammsitz der Schwarzenberg, an Karls Vater als an den verschlossenen Mann, der selbst in der Mittagspause mit einem Buch in der Hand spazieren ging. Und die Jäger erzählen, dass der alte Fürst sogar auf die Jagd etwas zum Lesen mitnahm. Am Hochstand nutze er das Warten auf Wild zum Bücherstudium, schließlich war ihm wenig so zuwider wie Zeit, die nicht intellektuell genutzt wurde. Machte ihn sein Jagdbursche dann auf ein Reh oder einen Hirschen aufmerksam, dauerte es oft zu lange, bis er das Gewehr parat hatte. Ein besonders guter Jäger war er also nicht – im Gegensatz zu seinem

Enkel, Karls ältestem Sohn Johannes. Dessen Jagdtrophäen säumen den Stiegenaufgang in Schloss Murau, sodass Besucher durch Geweihtunnel zur Forstdirektion marschieren. Auch wenn der Vater gerne den Anschein des weltabgewandten Wissenschafters erweckte, so war er doch ein genauer Beobachter seiner Umgebung. Nur aktiv teilnehmen wollte er weniger denn je. »Mein Vater hat im Jahr 1948 sein aktives Leben abgeschlossen, er sah sich als Archivar und Bibliothekar. Er hörte in diesem Jahr auch auf, Tagebücher zu führen«, erinnert sich Karl Schwarzenberg. Die Aufzeichnungen seines Vaters bekam er nie zu lesen, sie gingen verloren.

Die Mutter war – in Kooperation mit der Köchin des Hauses, Mizzi Korath – sicherlich die dominante Figur in den Wiener Jahren der Familie. Als geborene Österreicherin hatte sie sich in der Tschechoslowakei nie so beheimatet gefühlt wie ihr Mann. Antonie hatte für ihre Verhältnisse spät, mit 29 Jahren, geheiratet und Tschechisch aus Verantwortungsgefühl, nicht aus Liebe zu ihrem sechs Jahre jüngeren Mann gelernt. Karls Eltern führten eine belastbare, aber nicht besonders gefühlsbetonte Ehe – für Menschen ihres Standes und ihrer Generation nicht besonders außergewöhnlich. Die Erlebnisse des Jahres 1948 hatten Antonie Schwarzenberg noch mehr von der Heimat ihres Mannes entfremdet. Als Deutschsprachige durfte sie in jene Lager, welche die Tschechen für die Sudetendeutschen nach dem Zweiten Weltkrieg geschaffen hatten. Was sie dort sah, hat sie nachhaltig verstört und ihre Vorbehalte gegenüber den Tschechen noch weiter verstärkt. »Sie hat das nie verwunden«, ist sich Karl Schwarzenberg sicher.

Sobald die Familie in Österreich war, übernahm die Mutter noch stärker als zuvor das Kommando in der Familie. Die Konversationssprache mit den Kindern war nun ausschließlich Deutsch und nicht wie zuvor während der Schulzeit konsequent eine Woche Tschechisch und eine Woche Deutsch. Der Vater, der 1987 starb, sprach mit Karl zwar weiterhin ausschließlich in seiner Vatersprache Tschechisch, er nahm ihn auch in die tschechische Kirche am Wiener Rennweg mit, wo sich sonntags immer die kleine, aber sehr kontaktfreudige Emigrantengruppe traf, die Mutter machte aber keinen Hehl daraus, dass ihr das nicht besonders gefiel.

Als die Familie noch in der Tschechoslowakei lebte, hatte der Vater viel Zeit für die Kinder aufgewendet – besonders für Karl, seinen Ältesten. Unter deutscher Zwangsverwaltung hatte er nicht arbeiten dürfen, das war nur der Mutter erlaubt, also gab er seinen Kindern Privatunterricht. Er versuchte beispielsweise sie Französisch zu lehren – was bei der älteren Schwester mehr fruchtete als bei Karl. Er erteilte ihnen spielerische Lektion in Sachen Geschichte, indem er ihnen in Čimelic am Nachmittag Kasperltheater vorspielte. Einmal zerkugelte sich Karl vor Lachen, als sich eine Sklavenpuppe vor einer Herrscherpuppe, die den persischen Großkönig darstellte, auf den Boden warf und ihm als »Nabel der Welt« huldigte. Erst später wurde ihm bewusst, dass ihm sein Vater an diesem Tag mit Handpuppen den Alexanderweg nachgespielt hatte – und in ihm so das Verständnis für Geschichte weckte.

Es war sein Vater, der Schwarzenberg jene Gelassenheit, jene Ruhe gegenüber den kurzfristigen Wendungen der Geschichte mitgab, die ihn und seine Haltung zu den Dingen stark prägte. Karl beobachtete genau, mit wie wenig Bitterkeit sein Vater die Vertreibung aus der Tschechoslowakei verarbeitete – ganz im Gegensatz zu seiner Mutter. Als am 25. Februar 1956 Parteichef Nikita S. Chruschtschow auf einer Geheimsitzung des XX. Parteitages der KPdSU die vom ehemaligen Staats- und Parteichef Stalin begangenen Verbrechen enthüllte und vernichtende Kritik an Stalin als Mensch und Staatsmann übte, tat sein Vater etwas, woran Karl sich immer erinnern sollte. Aufgeregt rannte der damals 19-Jährige zu seinem Vater ins Studierzimmer, um mit ihm die politischen Perspektiven dieser Rede zu diskutieren. Karl Schwarzenberg senior hörte sich die emotional vorgebrachte Einschätzung seines Sohnes in Ruhe an und sagte dann: »Weißt du was, lesen wir gemeinsam ein Stück von Tacitus.« Er holte ein Buch aus seinem großen Regal und gemeinsam übersetzten sie die Rede Tiberius' vor dem Senat, in der er erklärt, dass er nur ein Diener des Senats ist und nicht die Ehre einer Gottheit beanspruchen will – also jene Abhandlungen Tacitus', die schon vor 2000 Jahren den Personenkult und seine Tücken kritisch beleuchteten. Ohne große Worte vermittelte Karl Schwarzenberg seinem Sohn, dass sich die Dinge in der Geschichte wiederholen und dass es keinen Anlass gibt, vorzeitig über etwas euphorisch zu sein.

Wenn es einen Leitsatz gibt, der Karl von seinem Vater weitergegeben wurde, dann der, dass man die Geschichte kennen sollte, um die Zukunft verstehen zu können. Das brachte er ihm von klein auf bei. Anschauungsmaterial gab es in der eigenen Familiengeschichte reichlich: Krieg, Verlust und Sieg, neue Grenzziehungen und Herrschernamen – all das haben die Schwarzenberg im Laufe der letzten Jahrhunderte erfahren und zum Teil an entscheidenden Stellen mitbestimmt. Die Feldzüge Napoleons konnte Karl anhand jener Originalkarten, die der Feldherr selbst benutzt hatte, nachvollziehen – sie wurden, so wie eine Originalbüste Napoleons, Feldmarschall Karl I. von Schwarzenberg vom französischen Eroberer persönlich geschenkt und befinden sich heute noch auf Schloss Orlík. Felix Schwarzenberg (1800–1852) steuerte als Ministerpräsident des österreichischen Kaisers Franz Joseph I. die Monarchie durch die von Nationalitätenkonflikten gezeichneten 50er-Jahre des 19. Jahrhunderts. Die Auswirkungen der Industrialisierung, die die Bauern zu Tagelöhnern und die feudale zu einer kapitalistischen Gesellschaft machte, konnte ihm sein Vater anhand von Johann Adolf II. (1799–1888) erklären, der in der zweiten Hälfte des 19. Jahrhunderts den Grundstein für das Schwarzenberg'sche Industrievermögen legte. Mit Friedrich Schwarzenberg (1799–1870), genannt der »Lanzknecht«, hatte er einen freisinnigen Einzelgänger in der Familie, der politische Glossen schrieb und im Sog der Romantik ein feines Gespür für die Nationalitätenfrage entwickelte.

Dazu kommt, dass die Schwarzenberg, so wie alle alten adeligen Familien, sprichwörtlich mit ihren verstorbenen Vorfahren leben. Sie sind in Anekdoten und Erzählungen so präsent, als spräche man von jemandem, der gerade im Nebenzimmer Mittagsschlaf hält. Geschichten von Ahnen, die man noch persönlich gekannt hat, zum

Besten zu geben gehört zur Familientradition – und so kommt es, dass Karl Schwarzenberg heute Begebenheiten erzählen kann, die er noch von seinen Großeltern gehört hat. Allein das gesprochene Gedächtnis der Schwarzenberg reicht so über eineinhalb Jahrhunderte. Karl Schwarzenberg senior hatte es sich zudem zur Lebensaufgabe gemacht, die Geschichte seiner Familie weiter zu dokumentieren. Im Familienarchiv auf Schloss Murau steht noch heute jener Schreibtisch, an dem er als Archivar gearbeitet hat. Auf diesem ruht seine Schreibmaschine mit tschechischen Umlauten, den Häkchen und Kreisen, die das »š« zum »sch« machen und das »ž« zum gesummten »zsch«, so als würde sie jeden Moment in Betrieb genommen werden. Seine Spezialgebiete waren Heraldik und Genealogie. »Wie jedermann weiß, heiratete im Jahr 1830 Fürstin Soundso den Prinzen Sowieso, und aus diesem Grund sind die heutigen Nachkommen zueinander ...« war eine seiner typischen Formulierungen. Er hatte die Verwandtschaftsverhältnisse aller bedeutenden aristokratischen Häuser im Kopf und war nicht zuletzt auf diesem in Adelskreisen recht beliebten Gebiet – wer mit wem wie verwandt ist, kann ganze Abenddiskussionen dominieren – eine anerkannte Autorität.

Indem Karls Vater seinem Sohn immer wieder von seinen Vorfahren erzählte, fächerte er ihm die Gedankenwelt jener Zeiten auf und gab ihm ein historisches Verständnis mit, das über den bloßen Geschichtsunterricht in der Schule weit hinausreichte. Dieser »Hausunterricht« – Karl war bis in seine Gymnasialzeit von Privatlehrern unterrichtet worden – schafft aber auch Standesbewusstsein und soziale Distanzierung. Noch im 19. Jahrhundert konnten Fürstenfamilien ihre Sprösslinge ganz nach ihren Vorstellungen unterrichten, das moderne Schulsystem lässt das nicht zu. Die Essenz der adeligen Lebenshaltung gaben ihm seine Eltern weiter, wie sich sein jüngerer Bruder Friedrich fast ein wenig erleichtert, dass er davon entbunden war, erinnert: »Der Vater hat sich vor allem mit ihm abgegeben, er hatte hohe Erwartungen. Er hat ihn zu Haltungen verpflichtet, die er selbst auch gelebt hat. Das Majorat zusammenzuhalten, ein patronales Gefühl von Verantwortung für die Mitarbeiter – Raffgier oder Gewinnstreben, das wir heute kennen, war ihm sicher fremd. Die Stellung als Fürst verpflichtet und bietet die Möglichkeit, politisch tätig zu sein, meinte er. Und dann natürlich die Priorität für das Böhmische – die ist von Kary aufgesogen worden, das musste man ihm nicht eintrichtern.« – »Gibt es keinen physischen Typ in unserer Familie, so scheint es doch ein seelisches Erbe zu geben; es wird zweifellos ebenso durch Erziehung und Beispiel wie durch bloße Vaterschaft erhalten«, schrieb Karls Vater über die Praxis der Traditionsweitergabe in seinen Kreisen, »in solcher Erziehung besteht auch ein ganz wesentliches Stück lebendiger Tradition; wir müssen also darauf hinweisen, welche Bedeutung sie für den Charakter der Familie hat.«

Kontinuität über Jahrhunderte hinweg, das vermittelten Karls Eltern, selbst aufgewachsen zu Zeiten der Monarchie, ihrem ältesten Sohn. Sie rüsteten ihn mit ihren Werten, Regeln und Haltungen aus, die sie als immerwährend ansehen. Im Grunde galt für sie, was der Stammvater der Orlíker Linie Karl I. Fürst Schwarzenberg im Jahr 1812 seinem damals 13-jährigen Sohn Friedrich geschrieben hatte: »Fahr fort, deine kostbaren Jugendjahre zur deiner Bildung zu verwenden, übe dich in den Tugenden, die den Menschen im Allgemeinen adeln (...) wenn du nicht den Vorwurf an dir haften lassen willst, dass deine Geburt den Mangel an Verdienst zu bemänteln scheint. Die höhere Klasse, die der Zufall dem Menschen am Tage seiner Geburt anweist, ist eine schwere Schuld, die er vom ersten Moment an, wo er zu seinem vollkommenen Selbstbewusstsein gelangt, abzuzahlen bedacht sein muss. Lieber Fritz, lerne gehorchen, das heißt: sprich zwar stets freimüthig, schweig aber, wenn deine Rede nicht nur allein nicht nützen, sondern schaden kann; Gehorsam ist der Cement des Staatsverbands.« Wenn also jemand den späteren Fürsten Karl auf seine Aufgaben vorbereitet hat, dann war er es. »Mein Vater war ein guter Lehrer und hat mich intellektuell sehr geprägt«, sagt Karl Schwarzenberg.

Seine Mutter hingegen bereitete ihren Ältesten geschickt und sehr bestimmt auf ein höheres Leben vor. Sie tat es, indem sie ihm beibrachte gutes von schlechtem Essen zu unterscheiden. Sie tat es im Speziellen, indem sie ihren Sohn schon früh an den Umgang mit einflussreichen Persönlichkeiten gewöhnte. Ihre Gesellschaften in der Jacquingasse zählten zu den vornehmsten Treffpunkten im damals nicht gerade anregenden Wien. Auch die Mutter des amerikanischen Präsidenten John F. Kennedy stattete Antonie Schwarzenberg einmal einen Besuch ab. Die beiden waren sich vorher persönlich nie begegnet, aber ihr Haus galt ganz selbstverständlich als eine der besten privaten Adressen für interessante Begegnungen in der Bundeshauptstadt. Antonie war eine der zentralen aristokratischen Figuren Wiens, die ihren Wirkungskreis informell ausübten. Zu Zeiten der Monarchie hätte man ihre Gesellschaften wohl als Salon bezeichnet und sie selbst als eine der ersten Damen Wiens.

Wie so vieles entsprang auch dies bei Antonie Schwarzenberg einer Einstellung, die im letzten Jahrhundert verwurzelt war – und schillernde Vorbilder hatte. Knapp drei Generationen zuvor war schon einmal eine Schwarzenberg tonangebend in Wiens Adelszirkeln gewesen und hatte über die Einhaltung der Regeln der »Crème de la crème«, die damals noch einer strengen Hierarchie unterworfen waren, gewacht: In der Portierloge von Eleonore Fürstin Schwarzenberg, der Frau des letzten reichsständischen Fürsten Johann Adolf II. (1799–1888), gab es Listen mit jenen Adelsnamen, denen Einlass zu gewähren sei. Damals klingelte man, je nach Rang des Besuchers, dreimal (Angehörige eines regierenden Hauses), zweimal (Grafen und Feldherren) oder einmal (einfacher Adel). Fürstin Eleonore, in der Familie »Go« gerufen, führte beispielsweise auch ein »Journal des visites« mit den Namen jener, bei denen Anstandsbesuche absolviert werden mussten. Darin war das Datum des jeweils letzten Besuchs vermerkt.

Zentral für das Gesellschaftsleben war das Diner, bei dem bis zu zwanzig Gäste geladen waren. Es fand damals um fünf Uhr am Nachmittag statt, damit man danach ins Theater gehen konnte – oder auf die Jagd, sofern man auf dem Landsitz war. Aus diesen Zeiten rührte die in Karl Schwarzenbergs Jugend noch verbreitete Redensart, das Mittagessen als »Frühstück« zu bezeichnen. Spätabends nahm man dann noch ein Souper zu sich. Zu besonderen Anlässen wurden bei Diners handgemalte Tischkarten mit Tier- und Pflanzenmotiven platziert. Auch Antonie Schwarzenberg hatte sehr genaue Vorstellungen vom Kulinarischen einer gelungenen Gesellschaft, was später vor allem ihre Schwiegertochter Therese feststellen durfte. Gekochtes Rindfleisch gab es nur mittags, nie am Abend. Auf einen hellen Suppengang sollte ein dunkler Fleischgang folgen und umgekehrt. Auch die Beilage sollte farblich passen, im Idealfall war sie grün und rot, also etwa grüne Bohnen und Karotten oder Spinat – Tomaten waren damals noch eine Seltenheit.

Die Adelsempfänge einer Eleonore Schwarzenberg verbreiteten meist gepuderte Langeweile anstelle anregender, intellektueller Unterhaltung. Eleonores böhmischer Verwandter, der bereits erwähnte Friedrich Schwarzenberg, machte sich in seinem »Wanderbuch eines verabschiedeten Lanzknechtes« 1844 über die »geschminkten Stiftsdamen«, »schwindsüchtigen, blassen Komtessen« und »Federhelden« lustig. Die Runden, die Antonie Schwarzenberg knapp ein Jahrhundert später zusammenstellte, erinnern jedoch eher an den Salon, den eine andere berühmte Vorfahrin mit Namen Schwarzenberg führte: Maria Anna Schwarzenberg, die Frau des Feldmarschalls und Gründers der Orlíker Linie des Hauses Schwarzenberg Karl I. Philipp (1771–1820). Maria Anna lud Politiker, Künstler und Intellektuelle ein und scheute sich nicht, auch aktuelle, streitbare Themen anzusprechen – für Damenrunden damals durchaus ungewöhnlich, wenn nicht sogar unschicklich. Ebenso boten Antonies Gesellschaften hochkarätige und durchaus politische Unterhaltung. Fritz Hoess, ein Jugendfreund Karl Schwarzenbergs, der später als Botschafter Karriere machen sollte, erinnert sich, in der Jacquingasse seine ersten Gehversuche auf dem diplomatischen Parkett gemacht und wertvolle Erfahrungen für später gesammelt zu haben. Natürlich ging es bei solchen Zusammenkünften auch um die richtigen Umgangsformen, um die Kunst, durch kleine Gesten Erziehung, Herkunft und Bildung zu erkennen zu geben – aber auch um anregende Gespräche und vor allem um das, was man heute als Networking bezeichnen würde.

Karls Vater war mit Sicherheit der belesenere und umfassender gebildete der beiden Elternteile, seine Mutter verstand es aber, ihren Intellekt einzusetzen, um Dinge zu erreichen. Karl Schwarzenberg sollte von ihr lernen, wie man Menschen miteinander bekannt macht, die etwas verbindet, die aber nichts voneinander wissen. Sie zeigte ihm, wie man Kontakte nutzt und einsetzt ohne derb kupplerisch zu agieren. Bei ihr konnte er sich abschauen, wie man die Fäden in jenem Europa umspannenden adeligen Netzwerk zieht, über das seine Mutter als Hocharistokratin noch ganz selbstverständlich verfügte. »Wenn ich dich beim Diner zum Kandelaber setze, musst du Konversation treiben«, schärfte sie ihm ein. Als oberste Regel galt: nicht langweilig sein. Und: nicht erzählen, was einen interessiert, sondern zuhören und erfahren, was den anderen interessiert. Und wichtiger alles andere: nicht angestrengt, sondern leicht wirken. Durch seine Mutter lernte Karl auf der Klaviatur der Beziehungen zu spielen – eine Fähigkeit, die ihm später sehr helfen sollte. Ausgezeichnete Manieren, verbunden mit einem durchaus britischen Humor, sollten später auch eines der gesellschaftlichen Markenzeichen Schwarzenbergs werden. Überliefert ist etwa folgende Episode: Als ein Tiroler Industriemanager eines Abends im Palais Schwarzenberg über den Durst getrunken hatte und sich bereits anschickte alte Damen am Nebentisch anzulallen, was insofern nichts fruchtete, weil die Damen ohnedies schwerhörig waren und die Bediensteten des Hauses den Tiroler, der plötzlich schlafbedürftig geworden war, in sein Bett in den ersten Stock führen mussten, fragte der Hoteleigentümer Schwarzenberg den anderntags verlegenen Gast ohne jede Häme: »Ich hoffe, mein Personal hat sich gestern gut benommen?«

Seine Mutter war es auch, die nachhaltig auf das hingearbeitet hat, wovon Karl aus dem Mund seines Onkels Heinrich offiziell erfahren sollte. Karl machte sich also auf, ging von der herrschaftlichen Beletage-Wohnung im dritten Wiener Bezirk, dem Diplomatenviertel, den Rennweg hinunter, entlang jener Häuserfront, die bereits die südöstliche Begrenzung des prächtigen Palais Schwarzenberg bildete, in dem sein Onkel Heinrich, der Chef der Primogenitur, lebte.

Das im Krieg schwer zerstörte Palais war erst zu Weihnachten 1954 wieder hergerichtet und 1957 mit einem Festakt neu eröffnet worden. Anwesend waren Bundeskanzler Julius Raab, Außenminister Leopold Figl und Hermann Withalm. Am Dach wehten die Fahne des Hauses Schwarzenberg und die österreichische Nationalflagge – und der Besitzer Heinrich Schwarzenberg wurde ganz selbstverständlich als Durchlaucht angesprochen. Die Presse lobte den Schwarzenberg'schen Familiensinn: »Hier blieb bis zum jüngsten Nachfahren die Bereitschaft zum Dienst am Höheren lebendig, die gewissenhafte Pflichterfüllung, aber auch der Takt und ein ruhiges Selbstbewusstsein.« Sechs Jahre später, 1963 sollte die politische Aufregung rund um die nach einem höchstgerichtlichen Urteil erlaubte Einreise Otto von Habsburgs zeigen, wie sehr sich der Umgang der österreichischen Innenpolitik mit der Aristokratie gewandelt hatte. Habsburg konnte trotz Besitzes eines österreichischen Passes Österreich bis 1966 nicht betreten, seinen ersten öffentlichen Auftritt hatte er erst 1968.

Was Heinrich Schwarzenberg seinem Neffen zu sagen hatte, traf diesen völlig unvorbereitet. Karl sollte von seinem Onkel, dem letzten männlichen Vertreter der deutschen Schwarzenberg'schen Primogenitur, adoptiert werden. Onkel Heinrich und seine Frau Eleonore hatten nur ein Kind, Elisabeth. Sie war zehn Jahre jünger als Karl. Gemäß den Bestimmungen des Allgemeinen Bürgerlichen Gesetzbuches wäre sie die legitime Erbin, das Schwarzenberg'sche Hausgesetz sieht jedoch vor, dass ein männlicher Nachfolger erbt, damit der Besitz des Hauses ungeteilt erhalten bleibt. Da die österreichischen Adoptionsgesetze zu diesem Zeitpunkt die Adoption eines Erwachsenen noch nicht genehmigten, wollte Onkel Heinrich Karl im ersten Zug den deutschen Besitz, die Domäne Schwarzenberg, vererben. Im Jahr 1946 hatte die Familie Schwarzenberg im Rahmen der deutschen Bodenreform 349 der 610 Hektar ihres deutschen landwirtschaftlichen Eigentums rund um Scheinfeld abgegeben. Sie bekamen dafür 155 594 DM Entschädigung. Gemeinsam mit den rund 23 000 Hektar steirischen Gütern machte das nur mehr einen Bruchteil dessen aus, was dem Haus Schwarzenberg einst gehört hatte. Damals glaubte keiner in der Familie daran, dass die böhmischen Güter je zurückkommen würden.

Der Erhalt des Vermögens war in der Aristokratie immer schon ein maßgebliches Motiv bei Eheschließungen wie Erbregelungen. Anfang des 17. Jahrhunderts errichteten große Herrscherhäuser wie die Schwarzenbergs oder Liechtensteins Familienfideikommisse nach spanischem Vorbild, deren einziger Zweck die Kapital- oder besser Grundeigentumsakkumulation war. Die Institution des Majorats wiederum sollte das Ansehen eines Fürstenhauses steigern. Ferdinand Fürst Schwarzenberg (1652–1703), der Gründer des Schwarzenberg'schen Majorats, wollte zwei reichsständische Häuser schaffen. Seinem Wunsch gemäß sollte der Familienbesitz nach seinem Tod auf zwei selbstständige, unabhängige Linien aufgeteilt werden, sofern zwei Söhne geboren wurden: und zwar in eine der Primogenitur, die ältere und auch Frauenberger Linie genannt, und in eine Sekundogenitur, die jüngere oder später Orlíker Linie. Zur Aufspaltung kam es erst ein ganzes Jahrhundert später.

Die Trennung des Vermögens und die Teilung des Hauses führte 1802 zur Entstehung zweier sehr unterschiedlicher Familienzweige. Die Frauenberger Linie war immer wohlhabender als die vergleichsweise »arme« Verwandtschaft aus Orlík (auf Deutsch Worlik). Mit der Adoption des armen tschechischen Verwandten Karl durch den wohlhabenden österreichischen Onkel Heinrich im Jahr 1960 würde also nicht nur der Fortbestand des Hauses Schwarzenberg, sondern nach mehr als 150 Jahren auch die Aufspaltung in zwei Linien beendet sein. Genealogisch gesehen ein äußerst kluger familienpolitischer Schachzug. Nicht ausgesprochen, aber ebenfalls im Raum stand damals auch die Vorstellung, dass Karl und seine spätere Adoptivschwester Elisabeth vielleicht Gefallen aneinander finden könnten – was den Fortbestand der Schwarzenbergdynastie über die Adoption hinaus verfestigt hätte. Dazu kam es aber nie.

Es war nicht das erste Mal in der Geschichte der Familie Schwarzenberg, dass der Erhalt des Vermögens durch Adoption gesichert werden sollte. Onkel Heinrich hatte während des Zweiten Weltkriegs versucht von seinem Vetter Fürst Adolph adoptiert zu werden, um als »Regierer des Hauses Murau«, wie Karls Vater in seiner Familienbiografie schreibt, »oberster Herr« des Hauses Schwarzenberg zu werden. Allerdings vergeblich.

Wann genau der Beschluss gefasst wurde, dass Karl adoptiert werden solle, lässt sich schwer nachvollziehen. Karl selbst erwähnte diese Perspektive während seiner Studentenzeit auch gegenüber guten Freunden nie. In Zeitungsberichten und Porträts des Fürsten hält sich das Bild vom armen böhmischen Adelsspross, der über Nacht zum »Märchenprinzen« und Herrscher über ein Millionenvermögen wurde. Die Wahrheit ist weit pragmatischer. Auch wenn die Adoption eines 23-Jährigen, um den Fortbestand einer Dynastie zu ermöglichen, aus heutiger Sicht anachronistisch erscheint, in der Gedankenwelt der Familie Schwarzenberg, vor allem der handelnden Personen zu diesem Zeitpunkt, war das ein plausibler Vorgang. Der Erhalt des Ansehens des Hauses, der Fortbestand der Tradition waren – und sind es bis heute – für diese Familie Werte, denen vieles untergeordnet wird. Karls jüngerer Bruder Friedrich erwies sich schon in seinen Jugendjahren als der bessere Schüler und pragmatischer Veranlagte der beiden, er wäre möglicherweise auch der bessere Unternehmer an der Spitze der Schwarzenberg'schen Familie gewesen – schließlich machte er eine glänzende Karriere in der Schweizer Bankwelt. Dass er und nicht der Erstgeborene Karl die Familienleitung übernehmen könnte, stand aber niemals zur Debatte. Priorität im Denken hatten nicht das Talent und die Neigungen, die ein Kind mitbringt, sondern schlicht und ergreifend die Regeln der Erbfolge. Karls ältere Schwester Amia etwa wurde als Säugling in ein blau gestrichenes Zimmer auf Orlík gelegt – so sehr lag der Familie an einem männlichen Nachkommen.

Fragte man Karl als Studenten, was sein Berufswunsch sei, antwortete er Journalist und meinte am ehesten Journalist in der traditionellen Wiener Ausformung, bei der die Grenzen zum Kaffeehausliteraten und Tageszeitphilosophen verschwimmen. Die Familie hatte aber andere Pläne für ihn, denen Karl sich fügen musste. Schon vor der Adoption im Jahr 1960 wurde Karl gezielt auf seine zukünftige Tätigkeit vorbereitet. Auf Wunsch Onkel Heinrichs absolvierte er 1958 zuerst eine Forstpraxis in Murau in der Steiermark und ging dann nach München Forstwirtschaft studieren. Unter der Woche wechselte er seine hellen Leinenanzüge und die Gesellschaft von Künstlern, Studienfreunden und Bohemiens, die ihn im gesellschaftlich langsam wieder erwachenden Wien der 1950er-Jahre so faszinierte, gegen das Leben als, wie er es selbst scherzhaft bezeichnet, »Waldschratt« im Forsthaus des Reviers Paal. Zweimal die Woche durfte er bei seinem Revierchef Rudi Heske, einem ehemaligen k.u.k. Offizier, baden, ansonsten stand ihm nur ein Lavoir mit kaltem Wasser zur Verfügung. Die Abende verbrachte er lesend im Bett, wenn er nicht mit Heske eine Flasche seines Lieblingsweines, einen Südtiroler Kalterer See, leerte. Verköstigt wurde er von der Wirtin gegenüber; es gab Wild in allen Variationen, dazu Marillen- oder Preiselbeerkompott als Nachtisch – was Karl Schwarzenberg den Genuss dieser Speisen für lange Zeit verdorben hat. Das Leben als Forstnovize war für Karl ein Kulturbruch, denn in Wien hatte er sich zu dieser Zeit schon einen regen Freundeskreis erschlossen, in dem es um weit weniger unverdorbene Reviere ging. Fasziniert vom Leben der Bohemiens hatte Karl begonnen jene Orte zu frequentieren, in denen die »Nachtschattengewächse« der Gesellschaft verkehrten.

War es Zufall, war es eine erste Probe für Karls Gespür als Menschensammler? Der junge Schwarzenberg, wie ihn damals viele nannten, frequentierte jene Lokale und Etablissements, die zu den Kristallisationspunkten der Wiener Künstleravantgarde wurden. Karl wurde somit Zeitzeuge des intellektuellen Aufbruchs im Wien der langen 1950er-Jahre, wie Historiker die Periode der Nachkriegszeit nennen. Die Anstrengungen des Wiederaufbaus, der zögerliche Umgang mit der eigenen Schuld, der Mangel an intellektuellem Leben – dessen einstige Träger, die Juden, waren in den Konzentrationslagern umgekommen oder hatten im Exil überlebt, wollten aber nicht zurück nach Wien und wurden von der Politik auch nicht dazu eingeladen –, all das sorgte für ein Klima der geistigen Enge, das erst langsam von der jüngeren Generation in Frage gestellt und aufgebrochen wurde.

Karl saß abends gerne in der »Marietta-Bar«, die dem emigrierten und 1948 wieder zurückgekehrten Künstler Gerhard Bronner gehörte. Bronner hatte eine Gruppe junger kritischer Geister um sich geschart und veranstaltete abends politisches Musikkabarett. Seine Partner waren Helmut Qualtinger und Hans Weigel; der Publizist Friedrich Torberg war Stammgast ebenso wie der Schauspieler Hugo Haas. »Die Marietta-Runde, das war die Hochschule der Szene«, erinnert sich Karl Schwarzenberg. Einen kurzen Fußweg entfernt wurde im Jahr 1951 in der Kärntnerstraße 10 unter der von Adolf Loos gestalteten »Kärntner-Bar« der »Strohkoffer« eröffnet, ein Künstlerlokal, das zum Fixpunkt einer Gruppe von Schriftstellern wurde, die später als die »Wiener Gruppe« in die Literaturgeschichte eingehen sollte. »Es herrscht verheißungsvolles Treiben in diesem unterirdischen Gelass, Kunst findet zu Kunst, Snob schaut zu (geht aber bald wieder weg), Kritik nimmt Notiz, und dass das alles nun doch existiert, ist für Wiener Begriffe und Bedürfnisse Existentialismus genug«, schrieb Friedrich Torberg im Januar 1952 über den neuen Treffpunkt der Wiener Szene im damals noch *Wiener Kurier*. Oberzeremonienmeister des »Strohkoffers«, einem an sich eher unscheinbaren Kellerraum, war der Dichter H. C. Artmann, neben Torberg einer der »Heroen« des Studenten Schwarzenberg. Auch sein Onkel Joseph frequentierte den »Strohkoffer«; H. C. Artmann erinnert sich an ihn vor allem als Fürst mit Spendierlaune. »Hin und wieder hat uns der alte Fürst Schwarzenberg einen Doppelliter Langenloiser Wein spendiert. Sein Running Gag war, dass er stets auf folgende Weise bestellte: ›Einen Doppler Longuelois für die Herren Künstler!‹ – Also französisch ausgesprochen.«

Friedrich Achleitner, Gerhard Rühm, Artmann, Konrad Bayer und Oswald Wiener, die Maler Friedensreich Hundertwasser (damals noch Friedrich), Arnulf Rainer und Markus Prachensky – das, was in Österreich heute etablierte zeitgenössische Kunst ist, begann damals sich zu formen und Karl Schwarzenberg war als interessierter Beobachter dabei. Wiewohl aus einem sehr traditionellen Elternhaus hatte er weder Scheu noch Vorurteile gegenüber moderner Kunst – im Gegenteil. In den 1980er-Jahren ließ er die Bar im Palais Schwarzenberg von Hermann Czech umbauen. Den Teppich im Restaurant im Palais Schwarzenberg gestaltete Christian Ludwig Attersee. Der Architekt Hans Hollein entwarf zwei Tische für seine Palaiswohnung, einer davon, ein avantgardistisches Stück aus Glas und Stahl, steht als Couchtisch im Salon und heißt »Schwarzenberg«. Vom Maler Wolfgang Hutter kaufte er eine bemalte Tür im Stil des Phantastischen Realismus, die er als Zugang zu seinem Schlafzimmer wählte. »Er hatte großes Interesse an den Künstlern als Person, er wollte wissen, wie sie funktionieren. Er war neugierig und fasziniert von der Kraft der Kreativität«, erinnert sich John Sailer, der die Galerie »Ulysses« in Wien und New York betreibt. Sailer hatte Schwarzenberg während des Jusstudiums kennen gelernt und eröffnete ihm erste Kontakte zur politischen Linken und zum sich langsam wieder etablierenden Judentum. Durch ihn lernte er auch den späteren Bundespräsidenten Heinz Fischer kennen, der wie Sailer aus einem traditionsreichen sozialdemokratischen Elternhaus stammt. Sailer gehört heute die Galerie »Ulysses«, die als Nachfolge der »Galerie St. Stephan« viele Künstler der Wiener Avantgarde vertritt. Schwarzenberg hat bei der »Ulysses«-Gründung eine maßgebliche Rolle gespielt. Er stellte nicht nur Geld, sondern auch Kontakte zur Verfügung.

Mit seiner auffälligen Gestalt, seinem ungewöhnlichen Kleidungsstil und seiner unverwechselbaren Sprechweise fiel Karl Schwarzenberg auf, er war so etwas wie ein aristokratischer Exot im Künstlermilieu. »Genosse Fürst« taufte ihn Jahre später der ostdeutsche Liedermacher Wolf Biermann. Karl war groß gewachsen und von kräftigem Körperbau, er trug altmodische Kleidung, die eher in die Zeit vor dem Ersten Weltkrieg als in die Welt des Jazz und der immer kürzeren Rocksäume der 1950er-Jahre gepasst hätte. Sein Deutsch hatte diesen unverwechselbaren böhmischen Zungenschlag, und vor allem wenn der Abend länger wurde – und das wurde er meistens –, begann Karl die Hälfte seiner Wörter zu verschlucken. Oscar Bronner, der Schwarzenberg als 17-Jähriger im Jahr 1960 am Tresen der »Marietta-Bar« seines Vaters Gerhard Bronner kennen lernte, hielt ihn zuerst für die zeitgenössische Inkarnation des »Grafen Bobby«. »Ich sah ihn an der Bar stehen und fing an ihm Fragen zu stellen. Eigentlich wollte ich mich über ihn lustig machen, ich hielt ihn für einen aristokratischen Schnösel. Je länger das Gespräch andauerte, desto mehr erkannte ich, dass nicht ich ihn lächerlich mache, sondern ich mich selbst – denn hinter der Fassade steckte ein blitzgescheiter junger Mann mit sehr interessanten Ansichten. Wir unterhielten uns an diesem Abend bis spät in die Nacht. Das war der Beginn einer lebenslangen Freundschaft.«

So wie Bronner erging es vielen, die vom etwas schrulligen Äußeren des tschechischen Aristokraten im ersten Moment auf einen einfältigen Geist schlossen. Auch der spätere österreichische Kulturminister und Vizekanzler Erhard Busek, ein Christlichsozialer, erinnert sich: »Karl Schwarzenberg verfügte schon damals über ein großes historisches Wissen und hatte, obwohl er aus einem sehr traditionellen und konservativen Haus kam, stets originelle Zugänge zu den Themen. Es war immer interessant, sich mit ihm zu unterhalten.« Die Wiener Avantgardeszene, und damit Schwarzenberg, wanderte in den 1950er-Jahren vom »Strohkoffer« weiter ins »Café Hawelka« in der Dorotheergasse, in dem es damals zwar schon die berühmten warmen Buchteln der Kaffeeherrin Josefine, dafür aber noch kein Toilettenpapier gab. Stattdessen hing ein geviertelter *Express*, ein den Sozialisten nahe stehendes Magazin, als Ersatz mit einem Nagel befestigt an der Klotür.

Als Karl nach Abschluss der Forstpraxis im Jahr 1958 von seinem Onkel Heinrich zum Studium der Forstwirtschaft nach München geschickt wurde, verschwand er aus dem Gesichtsfeld der Wiener Freunde. Zurückkommen sollte er bereits als offizieller, weil adoptierter Erbe Heinrich Schwarzenbergs – logisch, dass dieser Umstand die Zahl seiner Freunde schlagartig erhöhte. Karl blieb aber genau in Erinnerung, wer ihm zu »Strohkoffer«- und »Hawelka«-Zeiten schon nahe gestanden war. Karl brauchte das deutsche Diplom, um einen eigenen Forstbetrieb für die Schwarzenberg'schen Besitzungen in Deutschland betreiben zu können. In München wohnte er zweieinhalb Jahre in der Franz-Joseph-Straße in Schwabing bei einem Kunsthistoriker in Untermiete. Nach eigenen Auskünften erforschte er auch dort eher das Nachtleben denn die Forstwirtschaft.

Das deutsche Studium schloss er ebenso wenig ab wie das in Wien begonnene Jusstudium. Dafür lernte er kochen. Da er wenig Taschengeld bekam und jeweils am 17., meistens aber schon am 15. des Monats pleite war, konnte er Mädchen nicht ausführen, sondern musste sie zu sich nach Hause einladen. An die Kochkünste der Mizzi Korath, die die Küche im Elternhaushalt in der Jacquingasse führte, reichte er freilich nicht heran. Sie zog einen Strudelteig so zart und dünn, dass man die Zeitung darunter lesen konnte. Auch die Rezepte F. G. Zenkers, der zu Beginn des 19. Jahrhunderts Schwarzenberg'scher Hauskoch war und 1820 ein Standardwerk mit dem programmatischen Titel »Nicht mehr als sechs Schüsseln!« hinterlassen hat, waren in kulinarisch weiter Ferne. Zenker wandte sich in einer für die Zeit ausgesprochen modernen Sprache von der höfischen Küche ab und den mittleren Ständen zu. Denn schon damals war die bürgerliche Hausfrau und nicht ein höfischer Angestellter der künstlerische Vorstand der eigentlichen Küche. Aber Karls Kochambitionen reichten, um ein – nach Schwejk – »langhaariges Wesen« für sich zu interessieren.

Der Adoptionsvertrag zwischen dem damals 23-jährigen Karl und seinem 57-jährigen Onkel wurde am 24. November 1960 geschlossen und am 12. Dezember vom Wiener Bezirksgericht Innere Stadt genehmigt. »Nachdem er die vorgeschriebene Forstpraxis im Revier Paal absolviert hatte, eignete Karl sich in mehrsemestrigen Studien an der Universität München umfassende forstwirtschaftliche Kenntnisse an, um schließlich an der Universität Wien seine juristischen Studien zu beginnen. Nach Abschluss dieser Studien soll er seinen Adoptivvater entlasten und einmal dessen Erbe antreten«, schrieben die hauseigenen *Blau-Weißen Blätter*, das Organ der

Schwarzenberg'schen Unternehmungen, in ihrer April-Ausgabe des Jahres 1961 stolz.

Es sollte anders kommen: Karl konnte sein Studium nie abschließen und musste das Erbe nach dem unerwartet frühen Tod seines Onkels am 18. Juni 1965 bereits mit 28 Jahren antreten. Aber bevor es so weit war, musste sich Karl mit dem Gedanken anfreunden, dass sein Bohemienleben ein Ablaufdatum haben würde – und eine große Verantwortung auf ihn zukam. Er war nun, auch ganz offiziell, der »Erbprinz« des Hauses Schwarzenberg und das zog eine Reihe von Aufgaben und Verpflichtungen nach sich. Angefangen von der Teilnahme an Familienfesten, über die Auswahl einer – in den Augen des einst unmittelbar reichsständischen Hauses Schwarzenberg – standesgemäßen Verbindung bis hin zu dem, was die Presse »die Bereitschaft zum Dienst am Höheren« genannt hatte. »Jedes Privileg wird mit Freiheitsverlust erkauft. Wenn man der Goldfasan sein will, muss man den Goldkäfig in Kauf nehmen«, umschreibt der nächste »Erbprinz« in der Familie, Karl Schwarzenbergs ältester Sohn Johannes, gerufen »Aki«, die Koordinaten eines Lebens, das auf eine für moderne Menschen seltsam antiquierte und nur schwer nachvollziehbare Art und Weise in vielen Bereichen vorbestimmt ist. Auch Karl sollte sehr schnell merken, dass der Name Schwarzenberg in vielen Bereichen ein Türöffner war – in einem Bereich, der ihn besonders interessierte, erwies er sich allerdings eher als Türstopper: in der österreichischen Politik.

3. ERSTE GEHVERSUCHE IN DER POLITIK

An einem kalten Novemberabend des Jahres 1962 gegen halb neun Uhr abends eilten zwei Männer schnellen Schrittes vom Palais Schwarzenberg am Wiener Schwarzenbergplatz durch die verwinkelten Gassen der Innenstadt zur Himmelpfortgasse in das ehemalige Winterpalais des Prinzen Eugen, Sitz des österreichischen Finanzministeriums. Ressortchef Josef Klaus, ein Christlichsozialer, erwartete sie. Das Treffen war kurze Zeit zuvor telefonisch verabredet worden. Klaus bekleidete den einflussreichen Posten des Finanzministers seit dem Jahr 1961. Sein Parteifreund Bundeskanzler Alfons Gorbach hatte Klaus auf Druck der Reformer in seiner Partei in die Regierung holen müssen.

Der gesellschaftliche Aufbruch Anfang der 1960er-Jahre verlief in Österreich auch quer durch die Österreichische Volkspartei (ÖVP): Auf der einen Seite stand die Kriegsgeneration, vertreten etwa durch Gorbach und vor allem durch seinen Vorgänger als Kanzler, Julius Raab. Geprägt durch den Bürgerkrieg der 1930er-Jahre und beseelt von einem unbedingten Konsenswillen, auch »Geist der Lagerstraße« genannt, hatte für sie die Zusammenarbeit der beiden großen Parteien SPÖ und ÖVP Priorität. Die ganze Nachkriegszeit hindurch regierten Sozialisten und Christlichsoziale als Große Koalition. Vor allem im ersten Nachkriegsjahrzehnt gelang es so, Österreich auf demokratischem Weg zu halten und die Schatten der 1930er-Jahre, die Polarisierung zwischen christlich-sozialem und sozialdemokratischem Lager, zu überwinden. Der erzwungene Konsens hatte aber auch einen hohen Preis, den vor allem die nachwachsende Politikergeneration nicht mehr bezahlen wollte: ausufernde politische Absprachen, auf gut Wienerisch Packeleien genannt, kaum parlamentarischer Freiraum, wechselseitige Blockade.

Mit diesen Argumenten drängten die Reformer in der ÖVP an die Macht. Der ehemalige Salzburger Landeshauptmann und nunmehrige Finanzminister Klaus war einer ihrer größten Hoffnungsträger. Er versuchte sich in einer Politik der »Neuen Sachlichkeit«. Nicht die Nebenregierung der Sozialpartnerschaft, sondern Experten und Wissenschafter sollten die Politik vorantreiben. Statt der alten Kabinettsriege sollten Braintrusts nach dem Vorbild des amerikanischen Präsidenten J. F. Kennedy das Sagen haben. Realpolitisch hieß das vor allem eines: Nicht die Große Koalition, sondern das freie Spiel der Kräfte im Parlament mit wechselnden Mehrheiten sollte zur Basis der Politik werden. Die reformorientierten Kräfte bei den Konservativen sammelten sich in der 1959 vom steirischen Landeshauptmann Josef Krainer gegründeten »Neuen Österreichischen Gesellschaft«, intern wurde die Garde der Revolutionäre auch »Jungtürken« geschimpft. Die beiden Herren, die durch den Wiener Winter eilten, waren jedenfalls glühende Anhänger des neuen Kurses.

Kurz zuvor waren sie mit einer Gruppe Gleichgesinnter im Gobelinsalon des Palais Schwarzenberg beisammengesessen. Wie immer bei den Treffen in dem im Westflügel gelegenen barocken Prachtsaal war es um Politik gegangen, aktuell um die alles überlagernde Budgetkrise. Heute wie einst eignete sich die Frage, welcher Kurs bei der Sanierung der Staatsfinanzen einzuschlagen sei, zur politischen Profilierung – und Finanzminister Klaus verstand es bestens, sie einzusetzen. Seine Sparappelle trafen bei den eigenen Regierungskollegen auf heftigen Widerstand, der Bevölkerung gefielen sie allerdings. Und noch ein zweites Thema hatte Klaus für sich entdeckt: die Frage der Rentensicherung. Budgetsanierung und sichere Pensionen – mit diesen beiden Forderungen wollten sich die Reformer in der ÖVP profilieren.

Kurz zuvor, am 18. November 1962, hatte es vorzeitige Neuwahlen gegeben, weil sich der Ministerrat, in dem die Regierung ihre Entscheidungen akkordiert, erstmals seit Bestehen der Zweiten Republik nicht einigen konnte. Der Grund für den Koalitionsbruch war einmal mehr ein Thema aus der Vergangenheit gewesen. Der Sohn des letzten österreichischen Kaisers, Otto von Habsburg-Lothringen, hatte eine formelle Verzichtserklärung und eine Loyalitätserklärung gegenüber der Republik abgegeben, um wieder einreisen zu können. Der Ministerrat sollte die Gültigkeit der Verzichtserklärung bestätigen – der Antrag erhielt aber nicht die Stimmen der SPÖ und war somit abgelehnt. Die Koalition war also auch an der Habsburger-Frage zerbrochen und versuchte nun nach den Wahlen, in langwierigen Verhandlungen erneut zusammenzufinden. Es war ein letztes Aufbäumen des alten Konsenssystems, der Versuch, die mittlerweile offen zu Tage tretenden Differenzen mittels Junktimierungen, Absprachen und Personalpaketen zu überbrücken. Im Koalitionspakt des Jahres 1963 sollte schließlich der Milchpreis ebenso verankert sein wie die Berufung von Helmut Zilk als »zweiten Hauptreferenten der Abteilung Jugend und Familie« im Österreichischen Rundfunk. Hätte es einen schriftlichen Beleg dafür gebraucht, dass diese Form der rot-schwarzen Zusammenarbeit endgültig an ihre Grenzen gestoßen war, dieses Schriftstück lieferte ihn.

Dieser Meinung war auch jene Gruppe, die im Gobelinsalon auf Einladung des Erbprinzen Schwarzenberg zusammengekommen war. Nach der Adoption konnte Karl mit einem Mal auf die Infrastruktur des Hauses Schwarzenberg zurückgreifen. Aus dem armen böhmischen Erbprinzen ohne nennenswertes Erbe war ein echter »Erbprinz« geworden. Das erhöhte Schwarzenbergs Stellung in der Wiener Gesellschaft und gab ihm die Möglichkeit, neue Bekanntschaften zu machen. Heinrich stellte ihm nicht nur ein Auto – damals ein wirkliches Privileg –, sondern auch jenen Raum zur Verfügung, der zu einem der wichtigen Treffpunkte der jungen Konservativen Wiens wurde. Unter den Teilnehmern der Salonrunde waren eine Reihe von Persönlichkeiten, die ihren Weg in die Vorzimmer der Macht machen sollten: Karl Pisa wurde 1967 Hauptabteilungsleiter für Politik und Zeitgeschehen im ORF und kehrte anschließend als »Staatssekretär für Information« in die Politik zurück, Fritz Hoess sollte enger Mitarbeiter von Klaus werden, der Journalist Gerd Bacher 1967 ORF-Generalintendant und nach 1974 Medienberater von

Helmut Kohl, Alexander Vodopivec einflussreicher Journalist. Es war eine Seilschaft aus jungen Politsekretären, Referenten aus Ministerbüros und interessierten Beobachtern, die sich in losen Abständen »beim Schwarzenberg« trafen. Es ging um politische Grundsatzdebatten, aber auch um profanere Dinge wie politische Karriere und Einfluss. Hier bereitete sich eine Gruppe von Menschen auf ihren Marsch durch die Institutionen vor – ideell wie machtpragmatisch. »Unser Ziel war, die Machtübernahme für Klaus vorzubereiten«, erinnert sich Fritz Hoess an die damals aufgekratzte Stimmung, »da wurden dann auch ganze Regierungen am Reißbrett konzipiert«.

Die beiden von ihnen geschickten nächtlichen Emissäre – es waren Schwarzenberg und der um 17 Jahre ältere Tiroler Sägewerkbesitzer Rudolf Schwaiger, der später Bundesrat wurde – sollten Klaus eine wichtige Botschaft überbringen: Die Runde im Palais war nach intensiven Diskussionen zum Schluss gekommen, dass es besser wäre, wenn Klaus die Neuauflage der alten Großen Koalition nicht mehr mitmache, sondern zurücktrete. In den Augen der Öffentlichkeit würde ihn das deutlich vom alten System abheben und zum eindeutigen Vertreter des anderen Wegs machen – und als solcher könne er die Partei erobern und gestärkt in die nächsten Wahlen im Jahr 1966 gehen. Es war nicht mehr und nicht weniger als der Sturz des regierenden Kanzlers Gorbach, zu dem Schwarzenberg und Schwaiger Klaus raten wollten. Im Büro des Finanzministers angekommen sagte der damals gerade 25-jähriger Adelsspross dem 52-jährigen Politiker keck: »Sie müssen jetzt zurücktreten, dann sind Sie in kurzer Zeit so stark, dass Sie die Partei übernehmen können.«

Wenn Karl Schwarzenberg von diesem Treffen erzählt, von diesem ersten persönlichen Eingreifen in das Räderwerk der Politik, dann leuchten noch heute seine Augen. Jeder Mitte-Zwanzigjährige wäre in der gleichen Situation wohl ebenso elektrisiert gewesen, berauscht vom Gefühl, das Ohr und möglicherweise sogar das Vertrauen eines Machthabers zu genießen. Es war Karls Schlüsselerlebnis mit der, wenn man so will, »Droge Politik« – sie beeindruckte ihn nachhaltig und weckte Lust auf mehr. Auf ein Leben mit und in der Politik.

Andere Erben hätten die Aussicht auf 23 000 Hektar Wiesen, Wald und Forst, auf Sägebetriebe und Steinbrüche, die das Kernstück des Schwarzenberg'schen Unternehmens bilden, wohl eher zum Anlass genommen, eine klassische adelige Lebenskarriere zu beginnen: standesgemäß heiraten, der Tradition entsprechend möglichst viele Kinder in schneller Folge in die Welt setzen und vor allem den Jagdtrieb pflegen. In keinem anderen Bereich finden die fein abgestimmten hierarchischen Unterschiede, die das aristokratische System ausmachen, eine so präzise Entsprechung wie auf der Jagd. Wer welches Wild erlegen darf, ob es sich nun geziemt, einen kapitalen Hirsch zu erlegen, oder ob man das Tier doch dem Einladenden oder dem – nach Standesregeln – höheren Jäger überlässt, all das wird von einer Fülle ungeschriebener Regeln bestimmt. Auf Jagd feiert die Monarchie gewissermaßen für begrenzte Zeit eine Wiederauferstehung. Entschied am kaiserlichen Hof, wer wo an der Tafel platziert wurde über Ansehen und Rang, so spiegelt beim Jagen die Frage, wer welches Tier erlegen darf oder nicht, den Stellenwert des Jägers wider.

Wenn man so will, könnte man die Jagd als eines der letzten Rückzugsgebiete der Aristokratie in der heutigen Welt beschreiben. Auch wenn die Titel und Namen im normalen Leben kaum noch Bedeutung haben, auf der Pirsch entscheiden sie alles. Wiewohl sich Schwarzenberg später nicht ohne Koketterie als »Forst- und Gastwirt« bezeichnete und auch das eine oder andere Tier erlegte, hat ihn eine ausschließliche Karriere als, wie er es scherzhaft formuliert, »friedlicher Fichtenzüchter« nie interessiert. Politik faszinierte ihn dafür umso mehr – das wurde ihm spätestens nach jenem nächtlichen Ausflug in das Ministerbüro eines mächtigen Mannes klar, im Grunde genommen wusste er es aber schon seit seiner frühen Jugend.

Schwarzenberg wurde von klein auf politisch sozialisiert – so wie die meisten seiner Generation durch die unmittelbaren Kriegserlebnisse, aber natürlich auch durch sein Elternhaus. Fritz Schwarzenberg alias Lanzknecht Friedrich, Karls Ururgroßonkel, hatte über seine Jugend immer gesagt: »Unsere Wiegen der Kindheit waren die riesigen Schatten der Napoleonischen Kriege.« Schwarzenberg nennt seine Schatten der Kindheit »Hitler und Stalin«. Ohne Zweifel wuchs er in einem wertkonservativen und sehr in der untergegangenen Welt der Monarchie verwurzelten Haushalt auf. Schwarzenbergs Vater gehörte schon in seiner Prager Zeit zu einem Kreis abendländischer, sehr konservativer, böhmisch-bewusster Vordenker. Onkel Heinrich engagierte sich – wie auch Karl – in der Kaiser-Karl-Gebetsliga, die sich erfolgreich für die Seligsprechung des letzten österreichischen Kaisers einsetzte. Schwarzenberg ist auch Ritter vom Goldenen Vlies, einem der ältesten und vornehmsten mittelalterlichen Ritterorden. Er wurde 1429 von Philipp dem Guten, Herzog von Burgund, zu Ehren des heiligen Andreas gestiftet. Die Würde des Souveräns ging 1477 an das Haus Habsburg über. Der Schatz des Ordens vom Goldenen Vlies wird noch heute in Wien in der Weltlichen Schatzkammer verwahrt. Aktuelles Oberhaupt ist Karl Habsburg.

»Glaube, Kaiser, Österreich« lautete auch der Wahlspruch der katholischen Mittelschullandsmannschaft Tegetthoff, der Schwarzenberg als Wiener Gymnasiast beitrat. Während Gleichaltrige ihre Revolte gegen das Milieu der Nachkriegsjahre im Rock 'n' Roll suchten, provozierten Schwarzenberg und seine Jungaristos mit monarchistischen »Gott erhalte«-Gesängen in den Wirtshäusern der russischen Besatzungszone – und wurden prompt vor die Tür gesetzt. Zur ideologischen Folklore gehörte selbstverständlich auch der Eintritt für ein österreichisches Südtirol. Auf ein verabredetes Zeichen hin skandierten die Tegetthoff-Jünglinge bei einer Rede des damaligen Wiener Bürgermeisters Franz Jonas am Rathausplatz den Slogan »Südtirol ist Österreich« und verteilten Flugzettel, bis Jonas die Rede unterbrechen musste. Nach eigenen Angaben war Schwarzenberg in jungen Jahren ein »wirklicher Monarchist«, der Reiz, für ein offiziell verfemtes Staatsmodell einzutreten, war für ihn »damals unglaublich«.

Später, im Jahr 1957, hat der gerade zwanzigjährige Schwarzenberg seinen ersten Auftritt in der Presse, und zwar als Vizepräsident des »Jugendklubs Edelweiß« am Wiener Rennweg. In einem primitiven Kellerlokal versammeln sich die »Halbstarken« mit »Lederwesten,

Röhrlhosen, Fantasie-Hemden, Frisuren nach eigenem Entwurf und Gesichtern, die nicht immer erkennen lassen, was in den Herzen und Gehirnen vorgeht«, notierte der Reporter des *Bildtelegraf* befremdet, um einige Absätze später zumindest teilweise Entwarnung zu geben. Die vermeintlichen Jungrevoluzzer im Souterrain entpuppen sich nämlich als »die anderen Halbstarken«. Statt Alkohol, Motorrädern und Mädchen haben sie nämlich die »Förderung der europäischen Zusammenarbeit« im Sinn – mit den echten, also proletarischen Halbstarken aus Wiener Arbeiterbezirken wie Ottakring und Floridsdorf habe die Söhne aus besserem Haus nur die legere Kleidung gemeinsam. Und nicht einmal die: Das Bild zum Artikel zeigt artig gekleidete junge Herren, die harmlos auf einer Couch sitzen. Herausgeber des *Bildtelegraf* war damals übrigens Gerd Bacher, der dem Halbstarken aus seiner Zeitung später ein enger Wegbegleiter wurde.

Die hohe Welt der Politik spielte sich bei den Schwarzenberg in der unmittelbaren Verwandtschaft ab: Großonkel Prinz Johannes Schwarzenberg diente als österreichischer Botschafter in London und war in die Verhandlungen für den Staatsvertrag, der Österreich im Jahr 1955 wieder die Eigenständigkeit und die Neutralität gab, maßgeblich mit eingebunden. Adoptivonkel Heinrich wiederum war ein sehr aktives Mitglied des Österreichischen Cartellverbands (CV), einer überaus einflussreichen christlich-sozialen Hochschulvereinigung. Heinrich Schwarzenberg war der Firmpate Karls, und auch wenn sein Firmling nicht dem CV beitrat, sah er sich offenkundig als sein »Alter Herr«, also sein Mentor. Durch ihn ergaben sich für Karl fast selbstverständlich Kontakte zu hochrangigen konservativen Politikern.

Sein Onkel mütterlicherseits, Georg Fürstenberg, wiederum ist Gründer des so genannten »St. Johanns Clubs«, einer feinen, aristokratischen Versammlung, die aber anders als etwa der »Jockey-Club« mit einem klaren gesellschaftspolitischen Auftrag ins Leben gerufen wurde. Der Club am Wiener Schubertring, der noch heute existiert, sollte in den 1950er-Jahren der jungen österreichischen Adelsgeneration als Sprungbrett in die höheren Etagen der Gesellschaft dienen. In den 1970er-Jahren spielte er eine nicht unbedeutende Rolle als Türöffner für die Aristokratie zur österreichischen Sozialdemokratie. Die neue rote Garde erhielt allesamt Einladungen in die feudalen Räumlichkeiten des blaublütigen Clubs: Der spätere Finanzminister Hannes Androsch, Wiens Bürgermeister Leopold Gratz, SPÖ-Zentralsekretär Karl Blecha und vor allem der langjährige österreichische Bundeskanzler Bruno Kreisky hatten dort ihre Auftritte. Letzterer entsprach von den Maßschuhen aufwärts adeligen Vorstellungen von Stil und Größe und hatte seinerseits ein Faible für die Aristokratie, was auch zu einer guten Bekanntschaft mit Schwarzenberg führen sollte.

Nach außen hin war der St.-Johanns-Club als eine Art »Kantine für Jungaristokraten« (Engelbert Wenckheim) organisiert – es gab verbilligten Mittagstisch und Getränke. Die Absicht des Gründers Fürstenberg ging aber weit über die kulinarische Verpflegung des Nachwuchses hinaus: Er wollte die jungen Adeligen in »die sozioökonomische Struktur des Landes integrieren«, sprich, sie davor bewahren, wie ihre Vätergeneration in der Ersten Republik mit dem Staat auf Kriegsfuß zu stehen. Stattdessen sollten sie dazu angehalten werden, in der Politik der Zweiten Republik mitzumischen und die Einfluss-Sphären der Aristokratie zu wahren. Schließlich verfügte der Stand zwar nicht mehr über das Recht, seine Titel zu tragen, hatte aber eine familiäre Prägung aufzuweisen, die seine Angehörigen nach ihrem eigenen Selbstverständnis für den Dienst am Gemeinwesen geradezu prädestinierte. Gesellschaftlich dank Verwandtschaftsverhältnissen gut vernetzt, mehrsprachig, Umgang und Formen auf dem internationalen Parkett gewöhnt – darauf sollte die Republik in ihren Augen nicht verzichten. Dass die politische Realität eine andere war, lernte Schwarzenberg spätestens während der Habsburgkrise im Juni 1961. Die Frage, ob der Monarch zurück ins Land dürfe oder nicht, spaltete die Nation, als befände sich Österreich nicht zu Beginn der »Swinging Sixties«, sondern in den düsteren Zeiten des Zerfalls der Monarchie. Schwarzenberg selbst sollte bald merken, dass ein prominenter adeliger Name in der Partei, der er nahe stand, der ÖVP, alles andere als eine Empfehlung für die Politik war.

Dafür wurde die Empfehlung, die Schwarzenberg und sein Kollege Finanzminister Klaus an jenem Novemberabend im Jahr 1962 überbrachten, Realität. Im März des Jahres 1963 trat Klaus als Finanzminister zurück. Begründung: Das Ergebnis der schwarz-roten Koalitionsverhandlungen sei ungenügend, es gäbe zu viel Unverständnis für seine Forderung nach mehr Sparsamkeit und Sachlichkeit. In einem persönlichen Brief an Schwarzenberg dankte Klaus ihm zu Jahresende für seine »Treue, Opfer- und Verantwortungsbereitschaft, für viel Rat und Hilfe, die Sie mir 1963 zuteil werden ließen«. Klaus weiter: »Bitte empfehlen Sie mich auch Ihren Eltern und Fürst Heinrich Schwarzenberg, Sie alle bedeuten für mich einen sicheren und festen Halt in der Erscheinungsflucht des gar nicht gut bestellten Vaterlandes von heute. Doch Sie haben es auch in der Hand, ein besseres von morgen zu gestalten.«

Knapp ein Jahr später erfüllte sich die zweite »Prophezeiung« aus jener Novembernacht: Am 24. Februar 1964 übernahm Klaus die Partei und das Kanzleramt, bei den Wahlen am 6. Mai 1966 eroberte er die absolute Mehrheit. »Diese Demission war das eigentliche Startzeichen für seine darauf folgende politische Karriere«, meinte Alexander Vodopivec rückblickend in einem Buch. Auch der ehemalige ÖVP-Generalsekretär Alfred Maleta erinnerte sich an die Demission mit Hintergedanken. Klaus sollte nicht auf Dauer aus der Politik ausscheiden, sondern sich von Anfang an für Höheres bereithalten. Die Strategie jenes Winterabends war aufgegangen und leitete eine in der Geschichte der Zweiten Republik bis dahin bahnbrechende Entwicklung ein: Erstmals regierte nicht die Große Koalition, in der es sich das Land sowie die beiden Großparteien schon recht bequem gemacht hatten, sondern eine Alleinregierung der ÖVP. Mit Bundeskanzler Klaus zog eine neue Form der Politik ins Land. Er war eine Art Eisbrecher für die Verkrustungen des alten Systems, den wirklichen Reformschwung brachte allerdings erst ein anderer Mann zustande: der Sozialdemokrat Kreisky.

Es waren also innenpolitisch sehr bewegte Zeiten, in denen Schwarzenberg seine ersten Erfahrungen mit der Parteipolitik machte, und war es Zufall oder nicht: Weil er seine Freunde in den reformorientierten Kreisen der ÖVP gefunden hatte, erlebte er die Wende zur ÖVP-Alleinregierung unter Klaus aus nächster Nähe mit. Wäre es nach ihm gegangen, hätte es sogar noch ein bisschen näher sein können. Denn Schwarzenberg signalisierte erstmals Interesse für eine aktive Funktion in der Politik. Er wolle nicht nur »Gelegenheitsmacher« (Hoess) sein, sondern Mitspieler. Schließlich starteten viele der Salonvordenker aus dem Palais Schwarzenberg nun ihre politische Karriere, die Seilschaften funktionierten, die neue Garde rückte in die Ministerbüros und Parteizentralen nach, Engagement und Loyalität wurden mit Posten belohnt. Der neue Bundeskanzler Klaus berief Schwarzenbergs engen Freund Fritz Hoess in sein neu geschaffenes Kanzlerkabinett – auch dieses war ein Novum, denn bislang hatte der Staatschef am Ballhausplatz nur die Hochbürokratie als Berater zu Seite gehabt. Die Idee des eigenen Kabinetts übernahm Klaus übrigens von SPÖ-Außenminister Bruno Kreisky, der dieses Modell der Staatsbürokratie als Erster in Österreich »eingeführt« hatte. Klaus installierte erstmals auch ein politisches Büro im ÖVP-Generalsekretariat, das damals noch vis-à-vis der Wiener Oper in der Kärntnerstraße lag, und führte heute selbstverständliche Dinge wie tägliche Lagebesprechungen und Postsitzungen mit seinen Mitarbeitern ein.

Schon in den Jahren zuvor hatte der neue ÖVP-Generalsekretär Hermann Withalm versucht, die schwarze Parteizentrale zu einem »schlagkräftigen und jederzeit einsatzfähigen Instrument«, einem »richtigen Nervenzentrum« (Withalm) der Bewegung zu machen – was ihm nicht nur den Spitznamen »Eiserner Hermann«, sondern auch den damals noch neuen Vorwurf einbrachte, Politik mit den Methoden der Waschmittelwerbung verkaufen zu wollen. Unter Withalm wurden auch Referentenposten für wichtige Themen geschaffen, sodass es erstmals in der österreichischen Geschichte eine mittelfristige politische Koordination und Generalstabsarbeit zwischen Regierungs- und Parteiführung gab. Und genau für einen solchen Referatsposten – nämlich den außenpolitischen – interessierte sich Schwarzenberg. Auch ein Mandat als Nationalratsabgeordneter für Schwarzenberg stand vor der Nationalratswahl 1966 im Raum. »Die ÖVP hat Schwarzenberg damals nur ausgenützt«, meint Schwarzenbergs langjähriger Freund Hoess, »sie haben zwar seine Gastfreundschaft in Anspruch genommen, aber ihm dafür nichts angeboten. Er hätte bei den Nationalratswahlen im Jahr 1966 auf einer Liste stehen können. Klaus hat an solche Sachen nicht gedacht. Ich halte das für schwach. Bruno Kreisky hat sein Potenzial viel besser erkannt und genutzt – die beiden verband ja auch das Böhmische.«

Es gehört zu den – vielen – Ironien in Schwarzenbergs Leben, dass sein politisches Engagement in den Anfangsjahren in Österreich vor den Türen seiner »eigenen« Partei endete und dass es ein sozialdemokratischer Kanzler war, der ihn Jahre später, 1985, für jene Funktion empfahl, die seiner Person am stärksten gerecht wurde: als Präsidenten der Internationalen Helsinki-Föderation für Menschenrechte. Es gehört auch zu den Ironien in seinem Leben, dass Schwarzenberg das, was man gemeinhin als »politische Karriere« bezeichnet, dann in der Tschechoslowakischen und später Tschechischen Republik und nicht in Österreich machte. Als ihn der tschechoslowakische Präsident Václav Havel als seinen Kabinettschef, genannt Kanzler, zu sich auf den Hradschin holte, gab es jede Menge Polemik. Ein Aristokrat, noch dazu einer aus dem Ausland – das war jenen, die gerade das Joch des Kommunismus abgeschüttelt hatten, auch nicht geheuer. Im Gegensatz zu seinen österreichischen Politikerkollegen kümmerte das Havel wenig. Die Österreichische Volkspartei schätzte zwar stets Schwarzenbergs Rat, sie ließ sich auf seine Schlösser einladen und nutzte sein Kontaktnetzwerk, im Grunde genommen reichte es – abgesehen von jeder Menge ehrenvoller Aufgaben und Auszeichnungen – aber nur für einen Posten als »freischaffender Politiker«, wie der ehemalige steirische Landeshauptmann Josef Krainer sehr treffend formulierte. »Die Partei, der Schwarzenberg in Österreich angehören könnte, gab es nie. Das ist nicht schade. So konnte er sich besser bewegen«, meint Gerfried Sperl, Chefredakteur der Tageszeitung *Der Standard.*

So wie Schwarzenberg erging es zu dieser Zeit auch einigen anderen Sprösslingen aus adeligem Haus, die ihren Weg in die rechte Reichshälfte der österreichischen Politik suchten. In der ÖVP stieß die Aristokratie auf wenig Gegenliebe, obwohl nach Selbsteinschätzung 999 von 1000 sie wählten. Das hat psychologische wie taktische Ursachen: Zum einen haben viele Bauern die alte Grundherrschaft nicht vergessen. »Die Volkspartei hat in ihrer bäuerlichen Seite offensichtlich noch den Schmerz der Leibeigenschaft in den Adern, und die Arbeitnehmerseite kann auch heute noch schwer mit den Inhabern von Schlössern und Gütern leben – dabei muss man froh sein, wenn sich heute jemand diese Art von Besitz noch antut, denn reich wird man nicht damit«, meint der ehemalige ÖVP-Vizekanzler Erhard Busek. Zum anderen wurde in der ÖVP vor allem unter Parteichef Alois Mock (1979–1989) befürchtet, ein adeliger »Reaktionär« in den eigenen Reihen könnte dem politischen Gegner als willkommene Zielscheibe dienen. So brachte es St.-Johanns-Club-Gründer Fürstenberg trotz beachtlicher publizistischer Denk- und Schreibarbeit in der ÖVP nur bis zum Finanzreferenten der Bezirksorganisation Wien-Innere Stadt. Sobald sein Name auf einer Wahlliste auftauchte, verlangten Parteifreunde ein rasches Ende seiner Karriere. Nicht viel anders erging es Ende der 1970er-Jahre auch anderen adeligen Politaspiranten. Mit Ausnahmen: Leopold (Graf) Goess wurde Bundesrat, Ernst (Graf) Grundemann von Falkenberg sogar Nationalratsabgeordneter. »Bei den Sozialisten hätten wir's leichter«, seufzt einer der Verschmähten einem *profil*-Reporter zu, »wenn es nur mit der Weltanschauung vereinbar wäre.«

Erst als Bruno Kreisky im Jahr 1970 an die Macht kam, entspannte sich das Verhältnis der offiziellen Politik zum Adel. Die Aristokratie erlebte eine Art Renaissance, sogar in der *Arbeiterzeitung (AZ)*, dem SPÖ-Zentralorgan, dirigiert nicht Herbert Karajan, sondern Herbert von Karajan. Kreiskys »Prinzenrepublik« definierte das Verhältnis zum Adel neu. Ausgerechnet im sozialdemokratischen Österreich erlebte die Aristokratie eine Art Renaissance, während sich die rechtsorientierte ÖVP, die sämtliche Regierungschefs zuvor gestellt hatte, mit Sympathien zurückhielt. Am auffälligsten wurde das in Kreiskys dritte Regierungsperiode von 1975 bis 1979. Er integrierte die Familien der Kaiserzeit in seine Regierungsmannschaft: Karl (Freiherr von) Lütgendorf wurde Verteidigungsminister, wenn auch ein glückloser. Erich Bielka (von) Karltreu holte er sich als Außenminister, General Emil (Graf) Spannocchi ist Armeekommandant. Während Anfang der 1960er-Jahre die Habsburgkrise die Republik zu spalten drohte, geriet die Silberhochzeit des 64-jährigen Thronprätendenten Otto Habsburg im Wallfahrtsort Mariazell zum Volksspektakel, nur die kommunistische *Volksstimme* glaubte »Modergeruch aus der Kapuzinergruft« zu bemerken. Die eindeutig aristokratisch orientierte Studentenpartei »JES« konnte auf Anhieb sieben Prozent aller Hochschüler anlocken. Es war, als entdeckte das Land seine Beziehung zum Adel neu. »So manchem Neureichen macht seine Cocktailparty erst durch die Garnierung mit einem Prinzen Spaß. So mancher SPÖ-Politiker hält sich einen Renommiergrafen, Snoblesse oblige«, notierte der *Spiegel* bissig.

Kreisky selbst machte nie einen Hehl daraus, dass er die Antiadelsgesetze »immer für einen Unsinn gehalten« hatte – obwohl sie 1919 auf Antrag des Genossen Albert Sever beschlossen worden waren. Schon als Außenminister hatte er den zahlreichen Aristokraten in seinem Haus erlaubt ihre Titel zu führen – zur Steigerung des Ansehens der österreichischen Republik. Kreisky fühlte sich in der Umgebung von Blaublütigen wohl. Anders als die aus einfachen Verhältnissen stammenden Parteigranden wie Bruno Pittermann, Franz Olah oder Anton Benya konnte Kreisky bei Bedarf seine großbürgerliche Herkunft ausspielen – er wusste sich in großen Haushalten zu bewegen, kannte die feinen Unterschiede in Benehmen und Kleidung und hatte deshalb einen unbefangeneren Zugang zu adeligen Mitbürgern.

Die Anekdoten über Kreiskys Verhältnis zu seinen Grafen, Prinzen und Fürsten sind legendär. Als Kreisky im Jahr 1969 zum ersten Mal bei Schwarzenberg in dessen mit seiner Frau Therese soeben bezogenen Wohnung im ersten Stock des Ostflügels des Palais Schwarzenberg zu Gast war, mokierte er sich im Nachhinein fürchterlich darüber, dass ihm der Fürst nur Papierservietten zum Diner angeboten hatte. Da dic Schwarzenberg sich gerade erst einrichteten, waren die Stoffservietten – natürlich mit Monogramm versehen – noch in einem der Umzugskartons verpackt. Therese Schwarzenberg, wie in vielem auch in dieser Hinsicht eher entspannt, fand, papierene tun es auch. Der sozialdemokratische Bürger Kreisky war anderer Meinung. Ebenfalls schockiert zeigte sich Kreisky, als er hörte, dass sich Schwarzenberg mit seinem Vater in seiner Vatersprache Tschechisch unterhielt. Für den mährischen Juden Kreisky war das Tschechische die Sprache der Bediensteten und einfachen Arbeiter, er war selbstverständlich mit Deutsch als Umgangssprache aufgewachsen. Für die Schwarzenberg war die Konversation in Tschechisch stolzer Ausdruck ihrer nationalen Zugehörigkeit. Dass eine so feine und gebildete Familie wie die Schwarzenberg sich in der Sprache des Pöbels unterhielten, war für den Angehörigen der bürgerlichen Oberschicht Kreisky nahezu frivol. Das zeigt, wie unterschiedlich Sprache als soziales oder nationales Merkmal interpretiert werden kann.

Die Familie Schwarzenberg bezeichnet ihre Konversationssprache übrigens nie als Tschechisch, sondern verwendet den altösterreichischen Ausdruck Böhmisch dafür – genauso wie sich Schwarzenberg als Böhme und seine Heimat als Böhmen tituliert. Damit meint er die Gemeinsamkeit von deutscher, tschechischer und jüdischer Tradition unter der Wenzelskrone, entstanden zu den Zeiten der Luxemburger unter Kaiser Karl IV. am Hradschin. Diese hielt sich mit vielen historischen Verwerfungen über das Ende der Monarchie hinaus, bis sie schließlich durch das Münchner Abkommen 1938, die Vertreibung der Sudetendeutschen 1945 sowie die Liquidation der Prager Juden gewaltsam zerstört wurde.

Wie sehr Kreisky mit seiner Beziehung zur Aristokratie spielte, zeigt auch folgende Episode: Kreisky hat Schwarzenberg, wenn es förmlich sein musste, immer als »Prinz Schwarzenberg« angesprochen. Nach dem Tod von Fürst Joseph Schwarzenberg im Jahr 1979 wurde aus dem »Erbprinzen« Karl Schwarzenberg gemäß den aristokratischen Regeln endgültig der Familienchef und somit »Fürst« Karl Schwarzenberg. Kreisky ignorierte das, und als ihn ein Protokollexperte des Bundeskanzleramtes einmal darauf hinwies, dass er den »Kary« nun, wenn er schon Titel verwenden wolle, doch bitte korrekterweise als »Fürsten« anzureden hätte, antwortete Kreisky unwirsch: »Na, na, wir sind eine Republik. Prinz bleibt Prinz.« Und als die sozialdemokratische *Arbeiterzeitung* Schwarzenberg Mitte der 1970er-Jahre in einer Kampagne gegen das österreichische Zuckerkartell vorwarf ein ausbeuterischer Zuckerbaron zu sein, quittierte Kreisky, der politische Schirmherr des Blattes, das bei einem Empfang gegenüber seinem »Prinzen« so: »Ich tät ja nur gern wissen, was Sie mehr geärgert hat, dass die AZ Ihnen zu Unrecht Zuckergeschäfte vorgeworfen hat oder dass sie Sie zum Baron degradiert.« Mehr als ein Jahrzehnt später sollte in der gleichen Zeitung übrigens der bekannte Wiener Burgschauspieler Fritz Muliar darüber schwärmen, was für ein »ausgezeichneter Kompromisskandidat« Schwarzenberg für die Nachfolge des wegen seiner Wehrmachtsvergangenheit auf die US Watchlist gesetzten Bundespräsidenten Kurt Waldheim wäre.

Mitte der 1980er-Jahre bemühte sich der steirische Landeshauptmann Josef Krainer, der mit Schwarzenberg stets in engem Kontakt war, gemeinsam mit dem damaligen Wiener ÖVP-Parteiobmann Erhard Busek noch einmal, Schwarzenberg für die Konservativen in die österreichische Innenpolitik zu holen. Schwarzenberg hatte sich spätestens seit seiner von Kreisky stark unterstützten Ernennung zum Helsinki-Präsidenten im Jahr 1984 als Außenpolitiker mit Blickrichtung Osteuropa einen Namen gemacht. Auch Buseks politischer Schwerpunkt lag im Donauraum, Krainer wiederum verfolgte von Graz aus die Entwicklungen in den angrenzenden Nachbarstaaten sehr genau. Nach Haiders Putsch am Innsbrucker FPÖ-Parteitag am 13. September 1986 hatte der damalige Bundeskanzler Franz Vranitzky die Koalition mit den Freiheitlichen aufgekündigt. Während der etwa zweimonatigen Koalitionsverhandlungen zwischen ÖVP und SPÖ versuchten die beiden, ihren gemeinsamen Bekannten Schwarzenberg als Außenminister in Stellung zu bringen. »Ich hätte Schwarzenberg gerne in der Regierung gehabt«, erzählt Krainer. Und auch Busek erinnert sich an den letzten Versuch, dem »in Wien von so manchem Unterschätzten« endlich einen Platz in der österreichischen Politik zu geben. Sie scheiterten aber nicht nur am damaligen ÖVP-Parteichef Alois Mock, sondern auch an Schwarzenberg, dessen politischer Horizont nicht zuletzt dank seiner Tätigkeit für das Helsinki-Komitee zu diesem Zeitpunkt bereits weit über die Grenzen Österreichs hinausreichte. Busek: »Wir haben uns damals sehr bemüht, aber wir sind gescheitert. Alois Mock hatte für die Aristokratie kein Verständnis, da schwang bei ihm, dem Bauernsohn, wohl noch zu sehr die Geschichte der Leibeigenen nach.« Heute meint Mock, dass Schwarzenberg »die Voraussetzungen für dieses Amt natürlich gehabt hätte«.

Österreichische Politik und Schwarzenberg – das ist eine Geschichte der ewigen Halbangebote. Bereits nach den erfolgreichen steirischen Landtagswahlen vom 4. Oktober 1981 wollte Krainer Schwarzenberg ein Mandat im Bundesrat, der österreichischen Länderkammer des Parlaments, anbieten. Schwarzenberg winkte ab. Für den Präsidentschaftswahlkampf im Jahr 1992 klopften nicht nur die Grünen bei ihm an, ob er sich eine Kandidatur vorstellen könne, auch ein überparteiliches Personenkomitee rund um Krainer, Gerd Bacher und Georg Herberstein liebäugelte mit ihm. Da war Schwarzenberg allerdings schon Havels Kanzler und hatte mit einer politischen Karriere in Österreich längst abgeschlossen.

Die Tatsache, dass Schwarzenberg neben seinem tschechischen Pass auch die Schweizer Staatsbürgerschaft besitzt, nicht aber die österreichische, diente oftmals als formale Ausrede dafür, dass er als Kandidat nicht in Frage kam. Die Schwarzenberg besitzen seit über vierhundert Jahren das Zürcher Bürgerrecht. Ursprünglich wurde es im Jahr 1488 den Grafen zu Sulz verliehen, deren Nachfahren es wiederum im Jahr 1698 durch Ehe an die Schwarzenberger weitergaben. Im Jahr 1812 verkaufte Joseph Schwarzenberg zwar die vorderrheinischen Besitzungen an den Großherzog von Baden, den Titel »Gefürsteter Landgraf von Kleggau und Graf zu Sulz« behielt er allerdings – und auch Karl Schwarzenberg trägt ihn heute noch. Das Zürcher Bürgerrecht, und damit seit 1926 auch die Schweizer Staatsbürgerschaft, bewahrte Schwarzenberg auch vor dem Militärdienst. Nach Schweizer Militärrecht kann, wer länger als sechs Monate ununterbrochen im Ausland ist, sich mit einem Militärpflichtersatz vom Dienst an der Waffe freikaufen. Ende des Jahres 1959 zahlte Schwarzenberg, der damals 22 Auslands- und auch Lebensjahre vorweisen konnte, die Summe von 36 Schilling.

Während die Schweizer Staatsbürgerschaft über all die Jahre stets aufrecht war, behielt Karl Schwarzenberg seine tschechoslowakische Staatsbürgerschaft nur durch einen bürokratischen, fast kafkaesken Zufall: Etwa drei Jahre nach der Vertreibung aus Böhmen erhielt die Familie per Post von der tschechoslowakischen Botschaft in Wien die Nachricht, dass das Ausreisevisum, mit dem die Familie im Jahr 1948 über die Grenze gekommen war, abgelaufen sei. Wenn sie es nicht binnen Wochenfrist verlängerten, würden sie ihre Staatsbürgerschaft verlieren. Karls Eltern hatten damals andere Sorgen und ließen die Frist verfallen. Weder sie noch Karl haben sich in weiterer Folge darum gekümmert, auch von tschechoslowakischer Seite hörten sie nichts mehr. Als Karl Schwarzenberg dann am 11. Juli 1990 offiziell als Kanzler des tschechoslowakischen Präsidenten Václav Havel seinen Dienst antrat, stellte sich die Frage seiner Staatsbürgerschaft zum ersten Mal wieder. »Herr Präsident, ich kann schwer als Ausländer in Ihrem Kabinett und in Ihrer Entourage sein«, meinte er zu Havel. Der schickte daraufhin einen Sekretär aus, um die Bedingungen für die Wiederausstellung eines tschechoslowakischen Passes für Schwarzenberg zu recherchieren. Der Bote kam mit einer überraschenden Auskunft zurück: »Karel kann die Staatsbürgerschaft nicht zurückbekommen, er hat sie nämlich nie verloren.« Die Personalakte Schwarzenberg muss in den Wirren der Nachkriegsjahre, während der Säuberung der Apparate und des Personalaustausches in den Weiten der Bürokratie verschollen sein – was genau passiert ist, lässt sich heute nicht mehr nachvollziehen. Für Schwarzenberg war das ein unerwartetes und auch schönes Geschenk aus seiner alten Heimat, verursacht von Amts wegen – in Summe mit hohem Symbolwert.

Wiewohl Schwarzenberg also den Großteil seines Lebens in Österreich verbracht hat und den meisten Österreichern auch nur als solcher bekannt ist, hat er nie einen rot-weiß-roten Pass besessen – hätte sich aber durchaus um einen bemüht, wenn dies die Bedingung für eine politische Aufgabe gewesen wäre. »Möglich wäre alles gewesen, wenn man gewollt hätte«, meint Schwarzenberg heute. »Es wäre eine sehr, sehr große Versuchung gewesen, in die österreichische Politik zu gehen.« Rückblickend ist er der Meinung, dass es weniger an ihm als an den anderen lag, warum es letztlich nie dazu kam: »Die Regulären haben ungern die Unregulären. Die Armee mag ja auch die Freikorps nicht. Die gehören so schnell wie möglich ausgeschaltet.« Selbst wohlmeinende Freunde bezweifeln, ob sich der »Kary« in der Hierarchie des ÖVP-Parlamentsklubs wohl gefühlt hätte. Auch wenn Schwarzenberg als eingetragener Landwirt Bauenbund- und demnach auch ÖVP-Mitglied ist, gehörte er nie zu jener Fraktion innerhalb der österreichischen Konservativen, die eine fast körperliche Abneigung gegenüber der Linken haben.

So selbstverständlich, wie er als Student Kontakte zur aufsteigenden Gilde der Konservativen knüpfte, so interessiert zeigte er sich auch gegenüber den sozialdemokratischen Wortführern – nicht immer zur Freude seiner bürgerlichen Freunde. Als Student in München kandidierte er etwa für den Allgemeinen Studierenden-Ausschuss und wurde als Ostreferent gewählt, auch mit den Stimmen der SDS. In Wien machte sich Schwarzenberg einen Spaß daraus, seine konservativen Freunde mit dem Münchner Wahlplakat zu schocken, auf dem die Linke ihre Unterstützung für ihn deklariert. Völlig selbstverständlich nahm Schwarzenberg im Jahr 1963 an der Protestdemonstration anlässlich des Todes von Ernst Kirchweger teil. Der Widerstandskämpfer und Kommunist Kirchweger war bei Ausschreitungen am 13. März 1963 auf der Ringstraße von einem rechtsradikalen Studenten totgeschlagen worden. Zu dieser Demonstration war es gekommen, weil die Studenten gegen die antisemitischen und neonazistischen Äußerungen von Professor Taras Borodajkewycz an der Hochschule für Welthandel protestierten. Ferdinand Lacina, damals Student, hatte die Aussagen mitgeschrieben, der Vater von Schwarzenbergs Freund Oscar Bronner, der Kabarettist Gerhard Bronner, hatte sie in seiner satirischen Fernsehsendung »Zeitventil« unter das Volk gebracht.

In Karls ideologisches Weltbild passte beides: der Umgang mit jungen Konservativen genauso wie mit »Kummerln«, vulgo Kommunisten, wie Wegbegleiter Hoess sie bis heute offensichtlich etwas befremdet nennt. Der heutige Bundespräsident Fischer erinnert sich an den Studenten Schwarzenberg als einen politisch sehr interessierten jungen Mann, der seine adelige Herkunft zwar nie in den Vordergrund gespielt hat, aber »schon aus einer anderen Welt war«. Der blaublütige und der tiefrote Sprössling unterhielten sich angeregt, waren aber, so Fischer, »nicht einer Meinung. Aber wie er seine Standpunkte vertreten hat, war erfreulich unorthodox, erfrischend, herzlich.«

»Ich war damals natürlich sehr geprägt vom konservativen Zuhause, alles andere hat mich aber ungemein interessiert. Ich war sehr neugierig. Meine Bekanntschaft zu Friedrich Torberg, den ich in der »Marietta-Bar« kennen gelernt hatte, und meine Zeit in München haben mich geöffnet. Ich war schon sehr konservativ in meinen Ansichten, aber überhaupt nicht vom Gefühl der Feindschaft gegen die Sozialisten getragen. Ich wollte das Katholisch-Konservative mit moderner Sozialpolitik vereinen, in der Tradition der christlich-sozialen Lehre«, ordnet sich Schwarzenberg ein. Heute sieht er sich woanders. »Das Katholische ist mir geblieben, das Christlichsoziale ist überholt, sicher bin ich viel weniger konservativ als damals.« Die gängige Auffassung, dass man mit dem Alter auch konservativer wird, gilt für ihn also nicht. »Die Senilität geht manchmal eben in die umgekehrte Richtung.« Als »europäischen Liberalen mit konservativen Wurzeln« sieht ihn heute Heinz Fischer. »Sein Denkansatz war immer quer, ein wenig verschroben und nicht so klar einzuordnen«, beschreibt

Busek eines von Schwarzenbergs politischen Primärmerkmalen: das Kokettieren mit der Nichtzuordenbarkeit. Busek: »Eigentlich ist er vom Naturell her ein Dissident.«

In einem war und ist Schwarzenberg aber klar zuordenbar: Alles, was in die Nähe von NS-Verharmlosung kommt oder NS-Verniedlichung zum Ausdruck bringt, stößt bei ihm auf eine »entschiedene Gegenposition« (Fischer). Als der Kärntner FPÖ-Chef Jörg Haider im Gedenkjahr 1988 anlässlich des 50. Jahrestages des Anschlusses im Jahr 1938 an Nazi-Deutschland die österreichische Nation als »ideologische Missgeburt« bezeichnete, meldete er sich ebenso zu Wort wie als bekannt wurde, dass der österreichische Bundespräsident Kurt Waldheim (Amtszeit 1986–1992) eine Wehrmachtsvergangenheit hat. Haider kennt »keinen Genierer«, formulierte er damals: »Entweder haben es seine Eltern versäumt, ihm als jungem Burschen, wenn er frech und unverschämt wurde, rechtzeitig ein paar Tachteln zu geben. Eine heilsame Maßnahme, für die es heute spät, aber sicherlich nicht zu spät ist. Oder wurde ihm eine gute Erziehung zuteil, dann ist er heute so ausg'schamt, dass er es wagt, die vielen Österreicher, die für diese Nation ihr Leben ließen oder in Gefängnissen und Lagern unendliches Leid auf sich nahmen, mit seinen Worten zu beleidigen. Dann liegt der Gedanke nahe, dass er sich von den Ideen jener, die dieses Leid verursacht haben, nie entfernt hat.« Eine klare Verurteilung rechtsradikalen Gedankenguts, der Stellenwert, den Familie und gute Erziehung im Leben haben sollten, und ein stolzes Bekenntnis zu Österreich als Nation – in diesen Worten findet sich vieles, was Schwarzenbergs Wertebild ausmacht.

Ebenso selbstverständlich nahm er am Höhepunkt der Waldheimkrise im Jahr 1987 an einer Mahnwache vor dem Wiener Stephansdom zum Gedenken an die Widerstandsbewegung »05« teil – gemeinsam mit den österreichischen Schriftstellern Peter Turrini, Elfriede Jelinek, Gerhard Roth, Peter Rosei, dem Künstler André Heller und vielen anderen, die das so genannte »andere Österreich« ausmachten. Zu diesem Zeitpunkt war Schwarzenberg schon ein uneingeschriebenes Mitglied der österreichischen intellektuellen Szene, er war gern gesehener Gast im »Club 2«, der einer ganzen Generation von Österreichern als Hort gesellschaftspolitischer Auseinandersetzung auf höchstem Niveau, aber auch mit Hang zur gesunden Provokation in Erinnerung geblieben ist. Den Konservativen zu liberal, den Linken nicht zuletzt aufgrund seiner Herkunft suspekt, widersetzte er sich den gängigen parteipolitischen Zuordnungen – und zwar durchaus lustvoll.

Ende der 1980er-Jahre, kurz bevor er in der Tschechoslowakei seinen zweiten politischen Frühling erleben sollte, galt für Schwarzenberg, was auch schon für seine Vorfahren stimmig war. Nicht nur, wenn es darum geht, seinen Beruf und seinen Wohnort anzugeben, sondern auch, wenn es um die politische Verortung geht, passt die Antwort »Ich bin ein Schwarzenberg« manchmal besser als alles andere.

4. EINE UNGEWÖHNLICHE EHE

Es war eine Hochzeit wie aus einer anderen Zeit: Die Braut trug eine Spitzenschleppe aus Schwarzenberg'schem Familienbesitz, die von acht Kindern gehalten wurde. Das Brautkleid selbst war schlicht, in der kunstvoll aufgesteckten Frisur steckte ein Diadem aus Rubinen und Diamanten, ebenfalls ein Geschenk aus der Schmuckkammer des Fürstenhauses, und statt des traditionellen Brautbuketts hielt die frisch Vermählte ein altes Familiengebetbuch in der linken Hand. Auch der Bräutigam mit seinen markanten Zügen wirkte im Hochzeitsstaat noch entrückter, noch mehr wie eine Gestalt aus der Vergangenheit als sonst. Wären die Hochzeitsbilder nicht in Farbe, die Trauung mit all ihren liebevollen, symbolbehafteten Details, die am 22. April 1967 von drei Geistlichen im kleinen Ort Seefeld in Niederösterreich nahe der tschechischen Grenze vorgenommen wurde, könnte man sie genauso gut in die Jahrhundertwende datieren.

Karl Schwarzenberg, Familienchef des Hauses Schwarzenberg, und seine Frau Therese, eine geborene Gräfin zu Hardegg auf Glatz und im Machlande, hatten an diesem Sommertag zu einer prächtigen, aber keinesfalls verschwenderischen Hochzeit geladen. Rund 200 Gäste waren anwesend, darunter auch Vertreter der europäischen Hocharistokratie wie Marie des Neiges Bourbon-Parma, Schwester des spanischen Thronprätendenten Hugo Carlos, und Graf Franz Meran. Die Bevölkerung, angezogen vom ungewöhnlichen Spektakel, bildete ein Spalier, Waldhörner ertönten und Salutschüsse begrüßten das Paar. Als Hochzeitsgeschenk erhielt die Braut von den Murauer Forstbeamten ein Jagdgewehr mit Reliefs aller jagbaren Tiere und der Aufforderung: »Zünd auf den Bock.« Es war ein traditionsbewusstes und landverbundenes Fest, es hatte nichts Neureiches und Verschwenderisches an sich, sondern spiegelte die Geschichte der beiden Familien wider, die da letztlich doch zueinander gefunden hatten.

Zehn Jahre lang hatte Karl Schwarzenberg auf Therese gewartet; die um drei Jahre jüngere Medizinstudentin verliebte sich nach eigenen Aussagen erst ein Jahr vor der Hochzeit in ihn. Kennen gelernt hatten sich die beiden bei einem der vielen adeligen Jugendcocktails, die der Aristokratie seit jeher als zwangloser Ort der standesgemäßen Eheanbahnung dienten. Der für Karl entscheidende fand bei der Familie Traun in Wien statt und der zwanzig Jahre alte Karl wusste sofort, dass er verliebt war, als er Therese sah. Sie hingegen fand das altmodische und ein wenig umständliche Werben des böhmischen Adelssprosses zwar nett und amüsant, hatte aber keine Lust, sich so bald zu binden. Liebe auf den ersten Blick? »Überhaupt nicht«, meint sie.

Es sind zwei sehr eigenständige, starke und auch unterschiedliche Persönlichkeiten, die im Jahr 1957, ein Glas Grüner Veltliner in der Hand, erstmals aufeinander treffen. Karl beschreiben seine Freunde aus der damaligen Zeit als eher linkisch und schüchtern – gleichzeitig aber sehr an der Eroberung von Frauen interessiert. Der groß gewachsene, schlaksige junge Mann mit den markanten Augenbrauen passt nicht so recht in das Schema des Verehrers der aktuellen Zeit. Er war kein spielerischer Sportler, auch wenn er große Ausdauer hatte, wenn es ums Wandern ging. Er konnte zu fast allen aktuellen Themen mit eindrucksvoll gehaltenen Meinungsäußerungen aufwarten; ein leichtes, charmantes Gespräch über Banalitäten zu führen langweilte ihn aber. Seine mitunter undeutliche Sprache tat ein Übriges. »Mit mir war damals noch nicht viel los, ich war scheu und verlegen«, erinnert sich Schwarzenberg an seine Jugendzeit. Ein Frauenheld war Schwarzenberg damals noch nicht, erinnert sich auch Therese Schwarzenberg. »Er faszinierte mich durch Intellekt, Haltung und Bildung. Heute ist es eher so, dass ihm die Frauen nachlaufen.«

Die jüngere der Hardegg-Töchter hingegen schien das genaue Gegenteil zu sein: Sie war schlank, hatte ein strahlendes Lächeln, blitzende Augen und dunkles, kräftiges Haar. Selbst auf Fotos wirkt ihr Körper gespannt wie eine Feder, voll von Energie. Und sie hatte ihren eigenen Kopf. »Medizin willst du studieren«, hatte sie ihr Vater gescholten, »wer, glaubst du, geht zu einer Gräfin, wenn er krank wird?« Therese setzte sich durch, so wie sie alles in ihrem Leben mit großem Ehrgeiz und bis zu Ungeduld neigendem Elan anpackte. Später, als Schlossherrin in Murau, sollte sie den Respekt der Jäger und Forstleute erringen – nicht nur als Mutter, jener Rolle, die ihr traditionell zugedacht war, sondern vor allem als leidenschaftliche Sportlerin. Sie war, was ein Freund Schwarzenbergs ehrfurchtsvoll »a fast woman« nennt: Noch heute berichten die Murauer mit Achtung davon, wie gut die Burgherrin auf den Skiern stand und wie schwierig es für die alteingesessenen Landsleute war, ihr den Hang hinunter zu folgen. Sie schwang sich furchtlos auch steile Pisten hinab, wedelte Waldstücke hinunter – bis ein tragischer Unfall sie im Jahr 1992 ab der fünften Halswirbelsäule zur Gelähmten machte. Auch dieses Schicksal wollte sie nicht akzeptieren: Nach mühevoller und schmerzhafter Therapie ist Therese Schwarzenberg heute wieder in der Lage, zu gehen und sich normal zu bewegen. Karl und Therese Schwarzenberg sind von ihrem Naturell und von ihren Neigungen her zwei grundverschiedene Menschen – dass es letztendlich zehn Jahre brauchte, bis sie zusammenfanden, ist nachzuvollziehen. »Jeder von uns musste seine Umwege machen«, meint Schwarzenberg. Dieser Satz gilt auch für den Fortgang dieser außergewöhnlichen Ehe.

Zuerst einmal musste Karl aber nicht nur Therese von sich überzeugen, sondern auch seine Eltern von ihr. Durch die Adoption von Onkel Heinrich war Karl Erbe eines ansehnlichen materiellen Vermögens geworden. Ebenso wichtig, wenn nicht sogar wichtiger war in den Augen der älteren Generation aber der immaterielle Wert des Namens Schwarzenberg, der gemessen an seinem Ruf die Bedeutung der aktuellen Besitzungen bei weitem überstieg. Mit einem modernen Ausdruck gesagt, übernahm Karl nicht nur das Unternehmen Schwarzenberg, sondern auch die »Corporate Identity«. Und wie bei jeder alteingesessenen Firma spielt das über lange Zeit hinweg aufgebaute und gepflegte Außenbild eine größere Rolle als der letzte Jahresabschluss.

Die Schwarzenberg haben, wie jede alte Familie, unterschiedliche Phasen in ihrer Geschichte durchgemacht. Entscheidend für das, wenn man so will, »Image« der Familie ist das vorletzte Jahrhundert und hier im Besonderen die zweite Hälfte des 19. Jahrhunderts. In dieser Zeit gelang der Familie, was andere Adelshäuser verpassten: der Anschluss an die durch die Industrialisierung entstehende Moderne. Wenn man den Schwarzenberg also etwas zugute halten möchte, wenn man von einem Charakterzug dieser Familie sprechen will, dann gehört diese Fähigkeit, sich den jeweiligen Gegebenheiten anzupassen, ohne dabei auf Tradition zu vergessen, aber auch ohne im Überschwang zu überziehen, sicher dazu. Verschwendertum, ein Zug Thereses Großvater, der im Ochs von Lerchenau im »Rosenkavalier« von Richard Strauss ein Abbild fand, war den Schwarzenberg fremd. Großonkel Johann Schwarzenberg etwa war berüchtigt dafür, dass er stets in der zweiten Klasse mit dem Zug von Budweis nach Wien fuhr, während sein Forstdirektor selbstverständlich die erste Klasse bestieg – schließlich war ihm dieses Privileg dienstrechtlich zugesichert. Joseph Schwarzenberg, Johanns Neffe, nahm überhaupt die dritte Klasse, er war sprichwörtlich arm. Adolph Josef Schwarzenberg pflegte gegen Monatsende, wenn das Taschengeld, das er sich selbst zugeteilt hatte, aufgebraucht war, Knackwurst und Bier zum Abendessen zu speisen. Der Küchenchef wusste das und richtete sich danach. Karls Vater hatte sich in Orlík ein wahrhaft spartanisches einfenstriges »Herrenzimmer« eingerichtet, das im Wesentlichen aus einem Bett, einem Waschtisch und einem Nachttisch bestand. Und bei Ausflügen in die »Loos-Bar« mit Karls Adoptivonkel Heinrich wurde nur »ausnahmsweise« ein »Black Label«-Whisky bestellt.

Die Geschichte der Familie ist von nachhaltiger Mehrung des Besitzes – nicht zuletzt auch durch kluge Heiratspolitik, maßvolle politische Betätigung – und einem langsamen, kontinuierlichen Aufstieg auf der Leiter des gesellschaftlichen Ansehens geprägt. Der Ursprung der Familie liegt in Unterfranken, ihre Vorfahren, das reichsritterliche Geschlecht Seinsheim wird im Jahr 1155 erstmals urkundlich erwähnt. Als Erkinger von Seinsheim Anfang des 15. Jahrhunderts die Burg und Herrschaft Schwarzenberg kaufte, nannte er sich »von Seinsheim Herr zu Schwarzenberg«. Im Jahr 1429 wird Erkinger in den Herrenstand erhoben und darf sich »Freiherr von Schwarzenberg« nennen. Damit bekommt die Familie ihren Namen und ihren ersten Stammsitz – ihr Einflussbereich bleibt aber vorerst auf Franken, heute Bayern, beschränkt. Der Urenkel Erkinger II. Adolf Freiherr zu Schwarzenberg (1551–1600) steuert das Familienwappen bei. Er gehört zu den Eroberern der türkischen Festung Raab und wird im Jahr 1599 von Kaiser Rudolf II. in den erblichen Reichsgrafenstand erhoben. Zu diesem Anlass bekommt das Schwarzenberg'sche Familienwappen eine »sprechende« Wappenvermehrung, die durchaus martialische Züge hat: Es zeigt einen Raben, als Symbol für Raab, der auf einem Türkenkopf sitzt und ihm mit dem Schnabel das Auge auspickt. Bis zum 16. Jahrhundert sind die Schwarzenberg also ein freies Geschlecht von vielen mit begrenztem Aktionsradius. Der Schritt zu weiter reichendem Einfluss hängt eng mit dem Dreißigjährigen Krieg zusammen, der die Landkarte Europas veränderte – und verdienten, adeligen Kriegsherren die Möglichkeit gab, Besitz und Wohlstand zu vermehren.

Den Grundstein für ihre böhmischen und österreichischen Besitztümer und somit für eine Herrschaft, die über Franken hinausreichte, legten die Vorfahren Karl Schwarzenbergs zu Beginn den 17. Jahrhunderts. Georg Ludwig (1586–1646) schloss eine ungewöhnliche, dafür umso einträglichere Ehe, welche die Herrschaft Murau in Schwarzenberg'schen Besitz brachte. Die Burgherrin von Murau, Anna Neumannen, wie sie sich selbstbewusst mit der damals noch verwendeten weiblichen Endung schrieb, war zum Zeitpunkt der Eheschließung 81 Jahre alt, somit 50 Jahre älter als Georg Ludwig, hatte bereits fünf Männer überlebt – und verfügte über ein entsprechend ansehnliches Vermögen und einen demgemäßen Ruf. Im Volk war sie gefürchtet, man sagte ihr Hexenkünste nach und argwöhnte, sie könne Missernten herbeizaubern, um sich daran zu bereichern. Tatsächlich soll sie Hexer und Zauberer beschäftigt haben, aber nicht selbst zur Tat geschritten sein. Georg Ludwig hatte Glück, er überlebte sie, und sie vermachte ihm jene Burg, die – 1628 bis 1643 zum Schloss umgebaut – heute der steirische Stammsitz der Familie ist. Obwohl Anna Protestantin war, wurde sie in der katholischen Elisabethkirche in Murau beigesetzt – aber immerhin so, dass ihre Gruft die Kirchenmauer durchbrach und ihr Haupt außerhalb des Kirchenraumes zu liegen kam.

Die böhmischen Herrschaften, die in der Folge den eigentlichen Reichtum der Familie ausmachen sollten, und den ersehnten Fürstenstand brachte Johann Adolf I. (1615–1683) ein. Im Familienarchiv finden sich noch seine Handschriften, die erstaunlich leserlich sind. Die großen, kräftigen, spitzen Züge lassen auf ein entschiedenes, klares und willensstarkes Wesen schließen – passend für einen Mann, der es als kaiserlicher Minister offenbar verstand, die Gunst der Stunde und des obersten Monarchen zu nutzen. Johann Adolf I. erhielt vom Kaiser im Jahr 1654 die Herrschaften Bürglitz, Nischburg und Kurschowitz zum Pfand und erwarb im gleichen Jahr das Recht, sich dauerhaft in Böhmen niederzulassen. In kurzer Folge erwarb er die Herrschaft Wittingau (Třeboň) und die anliegenden Gebiete Frauenberg und Kornhaus. 1670 wurde er kaiserlicher Minister und in den Fürstenstand erhoben. Ab nun saß ein Schwarzenberg nicht mehr auf der Grafen-, sondern auf der Fürstenbank, das Geschlecht der Schwarzenberg gehörte nun zu den böhmischen Großgrundbesitzern, den »Hochgeborenen« – was den Spielraum der Dynastie politisch wie heiratstechnisch weiter öffnete und den Aufstieg der Familie beschleunigte. Fürst Johann Adolfs Sohn Ferdinand (1652–1703) lässt das neue Selbstverständnis der Familie in sein Testament einfließen: Wenn einer seiner Nachkommen zwei Söhne hat, soll das Vermögen auf zwei unabhängige Linien aufgeteilt werden, die bereits beschriebene Primogenitur und die Sekundogenitur.

Die neu zu Fürsten ernannten Schwarzenberg waren zwar nicht

so alteingesessen wie die altfürstlichen Häuser oder andere deutsche Dynastien wie die Fürstenberg, Hohenzollern, Reuss, sie fielen eher unter die Kategorie jener, die der Kaiser aufgrund ihres Landbesitzes in den kaiserlichen Erblanden und in der Hoffnung auf politische Loyalität an sich band wie etwa auch die Lobkowicz und Auersperg. Durch geschickte Heiratspolitik gelang es ihnen jedoch sehr bald, zu einem Geschlecht ersten Ranges aufzusteigen. Der Enkel Johann Adolfs I., Fürst Adam Franz (1680–1732), wurde Erbe des umfangreichen Besitzes, den seine Tante Marie Ernestine Fürstin von Eggenberg hinterlassen hatte. Die Herrschaften Orlík, Klingenberg, Netolic und Krumau stießen zum Vermögen und erhoben die Schwarzenberg endgültig über den Durchschnitt der Neufürsten. Der Höhepunkt an Rang und Wohlstand war erreicht. Die Schwarzenberg wurden nun auch »Herzoge von Krumau«.

Seit dem Ende des 18. Jahrhunderts mehren sich die, wie Karls Vater in seiner Familienmonografie schreibt, »Schicksalsschläge«, die in Wahrheit nicht viel mehr sind als die Vorboten eines neuen Zeitalters. Vor 1848 waren die Schwarzenberg Großgrundbesitzer, nach der Grundentlastung, bei denen ihnen von 640 000 Hektar Besitz und Pacht in Böhmen nur mehr 178 000 Hektar Eigenbesitz übrig blieben, begriffen sie recht bald, dass das Feudalwesen nach alter Tradition keine Zukunft mehr hatte, und verlegten sich äußerst erfolgreich auf das Dasein als feudale Kapitalisten. Die Schwarzenberg verwalteten im 19. Jahrhundert ein gigantisches agrarisches und zunehmend auch industrielles Wirtschaftsimperium: Erträgnisse aus Grundbesitz waren die Haupteinnahmequelle – sie wurden durch die Industrialisierung der Landwirtschaft noch verbessert: Fruchtwechselwirtschaft, moderne Düngungsmethoden, planvoll gelenkte Viehzucht, rationeller Einsatz von Arbeitskräften. Schon 1791 war der Schwarzenberg'sche Schwemmkanal zwischen Moldau und Donau fertig gestellt worden, noch heute ein frühindustrielles Naturdenkmal. Damit waren die Absatzmärkte Wien und Prag für das Schwarzenberg'sche Holz erreichbar. Johann Adolf II. Fürst Schwarzenberg (1799–1888) führte neue Feldfrüchte wie Raps und

Zuckerrüben ein, veredelte den Hopfen zum Saazer Hopfen und baute groß angelegte Dränagen für seine Ländereien. Systematisch widmete er sich der Käseindustrie, baute Fischteiche in großer Manier und veredelte seinen Waldbestand, sodass auch Resonanzhölzer und Streichhölzer daraus gewonnen werden konnten. Nur bei den Seidenraupen hatte er kein Glück. Wenn sich Karl Schwarzenberg heute selbstironisch als »Landwirt« bezeichnet, so hat das aus historischer Sicht durchaus eine höhere Berechtigung. Fürst Johann Adolf brachten seine Erneuerungen in der Landwirtschaft den stolzen Titel »Fürst unter den Landwirten und Landwirt unter den Fürsten« ein.

Nach 1848 stiegen die Schwarzenberg noch stärker ins Industriegeschäft ein, da die Landwirtschaft durch die Agrarreform als einzige Einnahmequelle nicht mehr reichte. In der Steiermark bauten sie die Turracher Eisenwerke aus, in Schwarzbach in Südböhmen bauten sie Grafit ab. 1907 lieferte das Werk ein Viertel der Weltproduktion, 98 000 Zentner Grafit. Und schließlich die Bierindustrie: Unter Johann Adolf II. entwickelten sich die Standorte in Wittingau, Protiwin und Laun nach der Einführung maschineller Produktion nach 1860 zu Großunternehmen, gleichzeitig setzte die Zuckerproduktion voll ein. Die Schwarzenberg wurden von altmodischen Großgrundbesitzern zu einer adeligen Industriedynastie, die auch vor den in ihren Kreisen bisweilen argwöhnisch betrachteten neuen Institutionen des Kapitalismus nicht Halt machte. In einer Epoche, in der die alten Gesellschaftsregeln ihre Bedeutung verloren, versuchten sie sich auf dem neuen Markt mit seinen Wettbewerbsformen zu bewähren. Der bereits erwähnte Johann Adolf II. gründete gemeinsam mit den Auersperg, Fürstenberg und Anselm von Rothschild 1855 die Creditanstalt für Handel und Gewerbe und wurde ihr Verwaltungspräsident. Die Bank existiert bis heute unter dem Namen Bank Austria Creditanstalt. Johann Adolf setzte den Bau der Franz-Josephs-Bahn durch und bemühte sich um den Anschluss Leobens an das Verkehrsnetz der Südbahn. Typisch für das neue Selbstverständnis war schon damals die Verquickung von Standes- und Berufsinteressen: Johann Adolf II. war Vizepräsident der Weltausstellungskommission im Jahr 1873 und saß im Herrenhaus sowie im böhmischen Landtag. Nicht der ererbte Stand alleine bildete sein Selbstverständnis, sondern auch das, was er erreicht hat. Der Adel dürfe nicht »eine durch Geburt und Stellung bloß exklusive, für sich bestehende, abgeschlossene Kaste« bilden, sondern müsse sich durch seine Fähigkeiten »einen Vorzug, eine Auszeichnung vor den übrigen Staatsbürgern erwerben«, schrieb Kardinal Friedrich Fürst Schwarzenberg (1809–1885) über die Anforderungen der neuen Zeiten an die Blaublütigen.

In dieser Phase wurden die Schwarzenberg zum Prototyp einer in Wirtschafts- und Rechtsfragen versierten Aristokratie, die ebenso wie der gerade entstehende bürgerliche Industrieadel ins Banken- und Unternehmertum einstieg. Natürlich konnten sie dabei auf Möglichkeiten zurückgreifen, die in den Jahrhunderten zuvor durch Unterdrückung und Leibeigenschaft geschaffen worden waren. Sie waren selbstverständlich Profiteure des feudalen Systems. Aber gleichzeitig betrieben sie, was der österreichische Historiker Hannes Stekl eine »patriarchale Versorgungstradition« nennt: Zur Ehre und zum guten Ruf des Hauses gehörte, die Verantwortung gegenüber dem eigenen Personal wahrzunehmen. Sie agierten wie ein Staat im Staat. Sie sorgten beispielsweise auch für ihren eigenen Beamtennachwuchs. Das »ökonomische Institut« auf der Schwarzenberg'schen Herrschaft in Krumau, dem auch eine Forstschule angeschlossen war, zählte im 19. Jahrhundert zu den modernsten Privatanstalten Österreichs. Vor allem die Primogenitur legte bei der Auswahl ihrer höheren Beamten auch Wert auf eine humanistische Bildung, während ansonsten bei der Auswahl der Mitarbeiter wirtschaftliche und landwirtschaftliche Kenntnisse im Vordergrund standen. 1845 musste die Schule aufgelöst werden, das Fürstenhaus stiftete aber eine gleichwertige Anzahl von Stipendien an mittleren und höheren Lehranstalten.

Wer für den Fürsten arbeitete, bekam Bett- und Hauswäsche, Kerzen und Seife zur Verfügung gestellt. Kosten für Übersiedelungen und Begräbnisse wurden übernommen. Das mag heute wenig wertvoll erscheinen, in damaligen Zeiten war es jedoch ein Privileg. Der Dienst an der Gemeinschaft, die christlich-soziale Verpflichtungsidee der josephinischen Karitas waren und sind Bestandteil der Familientradition. Das 1823 gegründete »Allgemeinen Witwen- und Waisen-Pensions-Institut« hieß im Volksmund Schwarzenberg'sches Pensionsinstitut, weil der Fürst der Protektor war. Fürst Josef II. stand auch an der Spitze des Zentralvereins zur Unterstützung der Notleidenden – im Vergleich waren die direkten Almosenausgaben mit etwa sechs bis sieben Prozent der Hofstaatsauslagen aber gering.

Die Beschäftigung zahlreicher Menschen wurde als Verpflichtung angesehen – bis in jüngste Zeit. So etwa gründete das Haus Schwarzenberg noch vor Kaiserin Maria Theresias Pensionsnormale für den Staatsdienst im Jahr 1766 einen eigenen Pensionsfundus für leitende Angestellte. Diese zahlten ein Jahresfixum ein und erhielten dafür eine Pension. Dieses System einer Betriebspension wurde nach dem Zweiten Weltkrieg durch die »Fürst Adolph zu Schwarzenberg'sche Siedlungsstiftung« weitergeführt, die Mitarbeitern zinsenlose Darlehen für den Wohnbau und eine Zusatzpension bereitstellte. Im Jahr 2003 wurden die Zuwendungen schließlich eingestellt. Das System, das Mitarbeitern eine Pension nach Beamtenvorbild mit 80 Prozent des Letztbezugs garantierte, ließ sich nicht mehr finanzieren, wie viele Aspekte der fürstlichen Karitas heute nicht mehr verwirklichbar sind. Dennoch haben sich ganze Generationen an Angestellten und Arbeitern im Stammschloss Murau in der Steiermark mit Schwarzenberg'scher Hilfe ihre Grundstücke finanziert, sie bauten ihre Häuser und heizten sie im langen steirischen Winter mit kostenlos als »Deputat« zur Verfügung gestelltem Brennholz aus den eigenen Revieren. Noch heute wird von der Belegschaft selbstverständlich erwartet, dass die Fürstenfamilie zum Begräbnis von Mitarbeitern erscheint.

Die Schwarzenberg waren, wenn man so will, milde Kapitalisten. Dabei versuchte die Dynastie auch, die Spannungen zwischen deutschen und tschechischen Volksgruppen auf ihren Besitzungen auszugleichen. Das ging sogar so weit, dass man spöttisch und zugleich anerkennend von einer »dritten Nation« im Lande sprach, der Nation der Schwarzenberger. »Die Schwarzenberge sind niemals im Guten noch im Bösen überschwänglich gewesen. Das märchenhafte Mäcenatentum der Liechtensteiner, die enthusiastische Frömmigkeit der Stolberge ist ihnen ebenso fremd geblieben wie die Halsstarrigkeit dieser«, schrieb Karls Vater über den Charakter seiner Familie. Die Schwarzenberg waren eben ordentliche Verwalter, keine Romantiker.

Zur Zeit des Zusammenbruchs der österreichisch-ungarischen Monarchie, bevor die Schwarzenberg durch die erste tschechische Bodenreform im Jahr 1929 insgesamt zwei Drittel ihrer Besitzungen verloren, umfassten die böhmischen Besitzungen eine Fläche von 176 146 Hektar. Der »Schwarzenberger Karpfen« aus Wittingau und Frauenberg und der »Schwarzenberger Käse« waren »eingetragene« Marken, wiewohl es solche zu diesem Zeitpunkt in dieser Form noch nicht gab. In zehn Bierbrauereien wurde fast eine halbe Million Hektoliter Bier pro Jahr ausgestoßen, die Zuckerfabriken verarbeiteten jährlich eine Million Zentner Zuckerrüben, die größtenteils aus eigenem Anbau kamen. Jährlich wurden 600 000 Festmeter Holz lukriert, die die Grundlage für die hoch entwickelte Papier- und Holzindustrie Südböhmens bildeten. Die Grafitwerke in Schwarzach lieferten 800 Waggons Grafitraffinaden und die Produktion von Bau- und Dungkalk aus den Werken in Cheynow, Jinonic und Krumau erreichte 2000 Waggons im Jahr. Die Schlösser in Krumau, Frauenberg, Wittingau, Protiwin, Libějic, Rotenhof, Ohrad und die Prager Palais bargen reiche Kunstwerte. Über zwanzig Schlösser und Burgen gehörten den Schwarzenberg, sie hatten das Patronat über 120 Kirchen. Über 25 dicht beschriebene Seiten im Schwarzenbergisches Jahrbuch braucht es, um all die Besitzungen, Zinshäuser, Ziegeleien, Meiereien, Werke und Pachten aufzulisten. Hätte es einen Großkonzern wie Unilever (1930 gegründet) zu diesem Zeitpunkt schon gegeben – er hätte höchstwahrscheinlich Schwarzenberg geheißen.

Karl Schwarzenberg übernahm ein, gemessen an dem, was einmal war, nur mehr rudimentär vorhandenes materielles Vermögen – allerdings eines, das mit einer gigantischen immateriellen Tradition aufgeladen war. Zu Recht meinte Schwarzenberg, dass der Murauer Forstbetrieb, der heute das Zentrum der steirischen Aktivitäten der Firma Schwarzenberg ausmacht, von der Bedeutung her »hinter jedem Konsum-Zentrum oder einer Mercedes Werkstätte« rangiere. Und über das andere, historische Erbe seiner Familien scherzte er des Öfteren, dass er auf eine gewisser Art und Weise sein »eigenes Museum zu verwalten habe«. Gemäß der Familientradition – und auch im Testament seines Onkels konkret niedergeschrieben – war es nun seine Aufgabe, dieses materielle wie immaterielle Vermögen zusammenzuhalten und für die nächste Generation zu verwahren. Dafür, im Nachhinein gesehen nur dafür, war er erzogen worden.

Die familiäre Grundhaltung hat sich über die letzten eineinhalb Jahrhunderte in dieser Frage erstaunlich wenig verändert – nicht nur was eine standesgemäße Erziehung, sondern auch was eine standesgemäße Ehe angeht. Karls Eltern setzten auch in dieser Frage hochtrabende Erwartungen in ihren Sohn. Sein Vater wünschte sich selbstverständlich eine standesgemäße Heirat. Er war der Meinung, der Charakter und die Zuneigung kämen bei einer – natürlich nur katholischen – Braut dann von selbst. Standesgemäß hieß in seinen Augen die Verehelichung mit einem ebenfalls reichsunmittelbaren Fürstenhaus wie dem eigenen. Zu den reichsunmittelbaren, auf der Reichsfürstenbank mit Sitz und Virilstimme wirklich introduzierten Fürstenhäusern zählten nach einer von Kaiser Ferdinand ersonnenen Rangfolge aus dem Jahr 1837 die Familien Arenberg, Lobkowitz, Salm-Salm, Salm-Kyrburg, Dietrichstein, Auersperg, Fürstenberg, Schwarzenberg und Thurn-Taxis. Liechtenstein war ein souveränes Haus. Die Mutter wiederum versuchte ihrem »Kary« die noch nicht vergebenen Prinzessinnen der europäischen Hocharistokratie ans Herz zu legen. Wie ihr Mann war sie in dieser Frage wesentlich ambitionierter als ihr Sohn. Die Eltern entstammten eben noch einer Zeit, als die Qualität einer Verbindung nicht von Gefühlen allein, sondern auch von der Mitgift bestimmt war. Oder wie es Karls Vater so pragmatisch formulierte: Es geht um Allianzen, »die geeignet waren, dem Haus Ehre und Nutzen zu bringen.«

Das Haus Hardegg hatte – abgesehen davon dass es kein Fürstenhaus war, was nicht so schwer wog, weil die Hardegg erstens ein sehr altes Geschlecht waren und zweitens großen Grundbesitz hatten – vor allem einen entscheidenden Makel: die Nazi-Vergangenheit von Thereses Vater. Der auf Schloss Ulrichskirchen in Niederösterreich residierende Johannes Graf Hardegg hatte sich, wie andere Vertreter des Adels auch, von Adolf Hitler und seinem Dritten Reich persönliche Vorteile erwartet, war sehr bald deren Organisationen beigetreten und brachte es bis zum SA-Führer. Der Adel hatte schon im Ständestaat in den 1930er-Jahren eine Aufwertung erlebt. Sowohl Engelbert Dollfuß als auch Kurt von Schuschnigg holten Angehörige der alten Aristokratie in ihre Regierungen. Adelige waren auch prominent in der paramilitärischen Heimwehr vertreten, angeführt von Heimwehrführer und Vizekanzler Ernst Rüdiger Fürst Starhemberg. Antirepublikanismus, Abwehr der Moderne, Bekämpfung der Sozialdemokratie und Antibolschewismus verbanden Adelige, Regierung und katholische Kirche. Die Habsburger bekamen unter Schuschnigg die Wälder und Schlösser ihrer Familienstiftung wieder und das Familienoberhaupt verlangte als »Otto von Österreich« ins Grundbuch eingetragen zu werden.

Die völkische Verherrlichung von Tradition, Blut, Boden und Führertum faszinierte ganz offensichtlich einen großen Teil der Aristokratie, sie sammelte sich unter anderem in dem 1908 gegründeten »Deutschen Klub«. In den 1930er-Jahren schrieb dieser in seine Satzung: »Mitglieder können nur Deutsche arischer Abkunft sein, die sich zu den Grundsätzen des deutschen Nationalsozialismus bekennen.« An seiner Spitze stand ein Mann, der als Flügeladjutant des Thronfolgers Franz Ferdinand und Ritter des Maria-Theresien-Ordens einer der hohen Beamten am Hof gewesen war: Karl Freiherr von Bardolff. 1937 ging Bardolff gemeinsam mit dem von Hitler hoch geschätzten Arthur Seyss-Inquart an die Gründung eines »Deutschsozialen Volksbundes in Österreich«. Zu den Proponenten zählten laut Gerichtsakten aus dem Jahr 1945 »durchwegs waschechte Nazis, die sich vom Dritten Reich ein goldenes Zeitalter erwarteten.« Auf der Liste standen unter anderen: Graf Hans Abensperg-Traun, Baron Bachofen von Echt, Schriftsteller Egon Cäsar Conte Corti, Graf Peter Czernin, Graf Philipp Gudenus aus Waidhofen/Thaya, Prinz Karl Anton Rohan. Proponenten waren auch wichtige Wirtschaftsleute wie Georg Meindl von der Alpine Montan und der Ex-Präsident der Exportförderung Ernst Prinzhorn.

Im Gauakt von Thereses Vater findet sich der Auftrag, »SS- und SA-Männer, die von mir zugewiesen wurden, im Schießen auszubilden«. Während des Juli-Putsches habe Kamerad Fellner-Feldegg die SA-Männer im Rundfunkgebäude gedeckt, notierte Hardegg. Weiter führte er stolz an, Versammlungen der Vaterländischen Front seien »durch Streuen von Stinkbomben empfindlich« gestört worden. Torpediert wurden auch die Bemühungen Otto von Habsburgs, über Baron Friedrich von Wiesner die legitimistischen Gruppen in Österreich zu einen: Hardegg berichtete über einen Einbruch zur Sammlung kompromittierender Dokumente, die der illegalen NS-Leitung übergeben wurden. Alles, um »gegen den berüchtigten Wiesner Stimmung zu machen, sodass es den Monarchisten nicht gelang, Einheitlichkeit in ihre Bestrebungen zu bringen«. Während Karls Adoptivonkel Heinrich also von SS-Führer Himmler persönlich ins Konzentrationslager Buchenwald eingewiesen wurde, hatte sich Thereses Vater schon als Illegaler für den Nationalsozialismus entflammt – die Konflikte zwischen denen, die dabei waren, und denen, die unter Hitlers Terrorregime gelitten hatten, gab es nach dem Zweiten Weltkrieg auch in den so genannten »besten Familien«.

Karl Schwarzenbergs Eltern waren von der Wahl ihres Sohnes also nur bedingt enthusiasmiert. Wiewohl die Familie ein offenes Haus pflegte – die Mutter akzeptierte beide Freundeskreise ihres Sohnes, sowohl den aristokratischen als auch den jüdisch-intellektuellen, auch sozialistisch geprägten, den sich Karl über seine Studienfreunde selbst erschlossen hatte –, gab es natürlich Standesdünkel. Im Schwarzenberg'schen Familienarchiv findet sich noch heute eine eigenhändig vom Vater erstellte »Ahnenprobe« Karls, die seine beste, reine Abstammung dokumentiert. Nur wer 16 adelige Ururgroßeltern nachweisen kann, konnte sich zur »Crème« der Aristokratie zählen. Über niedrigeren Adel mokierte man sich im Hause Schwarzenberg auch schon mal als »die Vönchens«; der Umgang mit regierenden Dynastien war für alle Familienmitglieder selbstverständlich. Karl lernte als junger Mann die gerade im heiratsfähigen Alter befindlichen belgischen, dänischen, griechischen und holländischen Prinzessinnen kennen – mit der späteren Königin Sofia von Spanien ging er in Wien aus. Als er Jahrzehnte später im Dezember 1990 als Kanzler Havels zu einem Staatsbesuch in Spanien war, kam es zu einem amüsanten Wiedersehen. Als sie ins Schloss einzogen und vom Protokollchef angekündigt wurden, begrüßte Königin Sofia Karl Schwarzenberg von der anderen Seite des Saales bereits mit einem verschmitzten Lächeln. Bei ihr angekommen fragte Havel: »Darf ich Ihnen meinen Kabinettschef vorstellen?« Die Königin antwortete schmunzelnd: » Ich glaube, den kennen wir viel länger als Sie.«

Letztendlich akzeptierten Karls Eltern seine Wahl. »Sie war zwar kein Hochadel, sondern nur ein gräfliches Haus, nach den Standesregeln konnte man sagen ›es geht halt grad noch‹«, erinnert sich ein Zeitzeuge, »in der Familie wurde das dann auch so kommentiert: ›Zumindest eine genetische Auffrischung‹«. »Ich kannte die Prinzessinnen, die herumgelaufen sind, alle. Aber ich wollte Thesi. Es war eine Liebesheirat«, erzählt Schwarzenberg. Nachsatz: »Der Ruf des Schwiegervaters war natürlich sehr umstritten.« – »Mein Vater war ein Nazi«, sagt Therese Schwarzenberg freiheraus. Es fand sich aber in den Annalen eine Begebenheit, die der Verbindung zwischen Karl und Therese eine historisch bedeutsame Dimension gab: Einer von Thereses Vorfahren, Ferdinand Graf Hardegg, Kaiserlicher Feldoberst, Kaiserlicher Hofkriegsrat, hatte im 16. Jahrhundert die Verteidigung der Festung Raab gegen die Türken anvertraut bekommen. Weil die kaiserlichen Mittel für die Besoldung seiner Truppen ausblieben, musste er die Festung aufgeben und wurde dafür zu einem überaus grausamen Tod verurteilt. Ihm wurden am 16. Juni 1595 gleichzeitig die rechte Hand und sein Kopf abgehauen, und das war noch ein Glück, denn das erste Urteil, das nach Protesten abgemildert worden war, hätte vorgesehen, dass zuerst seine rechte Hand abgeschlagen und auf einen Speer gesteckt und der arme Graf daraufhin gehängt werden sollte und »sein Leib drey Tage nacheinander die Sonne bescheinen lassen« sollte. Sein Nachfolger als Kommandant in Raab wurde jener Adolf Graf Schwarzenberg, dessen Heldentaten die Familie ihren Raben im Wappen verdankt.

Dass das Verhältnis Karls zu seinem Schwiegervater ein nicht ganz einfaches war, zeigt auch die Tatsache, dass Karl einen Erbschaftsstreit mit Hans Hardegg anfing. Thereses Bruder, der einzige Sohn der Familie und Erbe, hatte sich noch als Jusstudent 1965 nach einer missglückten Staatsprüfung erschossen. Die Familie stand ohne männlichen Erben da. Aus diesem Grund wurde der Ehemann von Thereses älterer Schwester Maria, der Italiener Alceo (Graf) Bulgarini, zum Nachfolger Hans Hardeggs aufgebaut, der 1973 starb. Sein Sohn Maximilian, 1966 geboren, wurde von seinem Großvater adoptiert – der Vater, ein recht erfolgreicher Großfarmer, kümmerte sich um den Familienbetrieb, der Sohn garantierte die Erbfolge. Karl und Therese Schwarzenberg einigten sich schließlich mit den Hardeggs auf einen Vergleich.

Die zehn Jahre dauernde Wartezeit zwischen erstem Kennenlernen und Gang zum Traualter verbrachten Kary und Thesi, wie Freunde sie nannten, nicht anders als die meisten anderen jungen Erwachsenen zu dieser Zeit: bewegt. Karl Schwarzenberg hatte es bereits zu mehreren Auftritten in den Gesellschaftskolumnen der österreichischen Tageszeitungen gebracht. Der *Express am Montag* berichtete im Jahr 1961 sogar, sein Adoptivonkel Heinrich habe ihm sein Taschengeld gekürzt, weil der Name des Erbprinzen in der bekanntesten Societyspalte »Adabei« aufgetaucht sei. An derlei Sanktionen erinnert sich Schwarzenberg ungern, sehr wohl aber an sein Faible für schöne Frauen. Und er wäre nicht ein formvollendeter Gentleman, würde er nicht auch für diese Schwäche eine ebenso passende wie zurückhaltende Formulierung finden: »Ich hatte immer ein ›rowing eye‹«, sagt Schwarzenberg.

Noch im Jahr 1965, zwei Jahre vor der Hochzeit, berichtete der Gesellschaftsreporter der *Revue* von einem »bürgerlichen Gspusi« Schwarzenbergs mit einem der hübschesten Wiener Fotomodelle. Und sein Freund John Sailer erinnert sich an die gemeinsamen Eroberungen ihrer Sturm-und-Drang-Zeit: »Kary war an schönen Frauen interessiert, ein Model konnte ihm den Kopf verdrehen. Er stand auf verruchte, gefallene Frauen, die er dann retten wollte. Die Welt der Künstler und Schauspieler hat ihn fasziniert. Ich wollte anständige, auch adelige Frauen zu Fall bringen. Also sind wir uns nie in die Quere gekommen. Revierprobleme gab es keine.« – »Mich haben viele schöne Damen interessiert und Thesi hat sich nicht für mich interessiert. Sie hat mich zehn Jahre lang warten lassen, und das war damals eine furchtbar lange Zeit – heute, in meinem Alter, ist das wie eine Woche«, resümiert Schwarzenberg.

In den zehn Jahren von 1957 bis zum Erbantritt 1965 und der Hochzeit 1967 lotete Karl gewissermaßen auch die beiden Seiten seiner Existenz aus. Noch war er formal nicht viel mehr als ein Student, jugendlicher Prätendent auf ein altes Erbe, Schwarzenberg cand. sozusagen. Auf der einen Seite stand die aristokratische Welt seiner Eltern, der leiblichen wie der Adoptiveltern, die Familienfeste und Geburtstagsfeiern, Hochzeiten und Empfänge, die er als bereits adoptierter Erbprinz nun auch verstärkt wahrnehmen musste. Es war jene Welt, für die er auf Wunsch seines Onkels Jus und Forstwirtschaft zu studieren hatte und für die er seine Forstpraxis in Murau absolvierte. Und dann gab es die Welt seiner bürgerlichen Freunde – wobei der Begriff bürgerlich für sie im politischen Sinne nur zum Teil zutraf –, die auf den ersten Blick so gar nicht zur blaublütigen Umgebung passte. Sie war abseits der Jacquingasse und des Palais Schwarzenberg beheimatet, in den damals angesagten Bars, Cafés und Tanzlokalen, aber auch in den politischen Debattierclubs. Es war die Sphäre der Journalisten und Intellektuellen, der Künstler und Schriftsteller – kurz gesagt jene Welt, in die Karl, wäre es nach seinen persönlichen Wünschen gegangen, als Journalist eingetreten wäre. »Am liebsten wäre Kary wohl Kaffeehausliterat und Politiker geworden – nach österreichischem Strickmuster. Oder Kolumnist in einer Zeitung«, meint sein Bruder Friedrich noch heute.

Karl Schwarzenberg hat die Künstlerrunden nie gegen die Prinzenhochzeiten ausgespielt, er übernahm in beiden Gesellschaften seine eigene Rolle – zu Überschneidungen kam es aber nur selten. Eher noch zu Konflikten: Auch für den späteren Ehemann waren Nachtausflüge in Künstlerlokale bis in die Morgenstunden keine Ausnahme, gerne schlief er am nächsten Morgen länger. Seine Familie, die jetzt quasi den standesgemäßen Teil seiner Existenz ausmachte, hatte mit seinen Abstechern in die andere Welt zurechtzukommen. »Mein Vater war ein schwieriger Ehemann, sein Tagesablauf war schon geregelt, aber gemütlich geregelt. Nächtelang weg mit Freunden im Kaffeehaus, Aufstehen nicht vor zehn; er hat sein Leben mit Bohemiens gelebt und dann oft wieder bis drei in der Nacht gearbeitet«, erinnert sich sein ältester Sohn Johannes. »Er war sicher nicht jemand, der es seiner Frau leicht gemacht hat.« – »Eigentlich muss alles nach seinem Kopf gehen – obwohl er im Grunde gutherzig und liberal ist. Eine Schwäche ist sein Hang zum Chaos. Dieser Stil liegt mir nicht. Aber ich akzeptiere ihn«, schilderte Therese Schwarzenberg in einem Zeitschrifteninterview Anfang der 1990er-Jahre ihre Ehe. Im Verfolgen seiner privaten Interessen und seines ganz persönlichen Lebensentwurfs, der außerhalb der ausgetretenen Spuren einer klassisch-adeligen Biografie, aber aufgrund seiner Herkunft und seiner Stellung auch nie in den Bahnen einer bürgerlichen Künstlerexistenz verlaufen konnte, war Karl Schwarzenberg konsequent und bis zu einem gewissen Grad auch rücksichtslos. »Ich bin nicht sehr fähig auf einen Partner einzugehen und insofern bin ich ein schlechter Partner, ich gehe meinen Weg alleine. Ich bin ein Egozentriker, wohl auch ein Egoist.«

Wie die meisten Männer seiner Generation – und auch die meisten danach – hatte er einerseits sehr klassische Vorstellungen von der Rollenverteilung zwischen Mann und Frau, wollte andererseits aber eine Begleiterin an seiner Seite, mit der er sich »nicht langweilt« (Schwarzenberg). Wiewohl er mit der Wahl von Therese in gewissem Sinne »ausbüxste« (sein Bruder Friedrich), weil sie eben nicht ganz den Vorstellungen der Eltern entsprach, stand es für ihn immer außer Frage, dass er eine Adelige heiraten würde. Ihm war wohl bewusst, welche Verantwortung nicht nur auf ihn, sondern auch auf seine Frau zukommen würde, und schloss daraus, dass jemand aus den gleichen Kreisen eher Verständnis für diese Art des Lebens haben werde. »Schon Heraklit sagte ›Heirate eine aus deinem Dorfe‹, und daran habe ich geglaubt. Ehen aus dem gleichen Milieu halten leichter als alle anderen. Es gibt einen gemeinsamen Background, gemeinsame Interessen und eine gemeinsame Kultur. Über gleiche Sachen lachen zu können, instinktiv die gleiche Reaktion zu haben, macht es sehr viel leichter«, erklärt Schwarzenberg. Eine Vorstellung, die für die Generation seiner Kinder keine Bedeutung mehr zu haben scheint: Karl Schwarzenbergs Tochter Anna Carolina, in der Familie »Lila«, vom Vater liebevoll »Frosch« gerufen, ist mit einem Londoner Drehbuchautor verheiratet, sein ältester Sohn Johannes – »Aki« – ist mit einer Bürgerlichen liiert.

Mit Therese hoffte Karl eine Frau gefunden zu haben, die einerseits bereit war die Familienaufgaben zu übernehmen, gleichzeitig aber auch eine interessante und starke Persönlichkeit war. Sie hatte tatsächlich beide Qualitäten, und wie meistens, wenn zwei besonders eigenständige und starke Persönlichkeiten zusammenfinden, sprengt deren Beziehung die althergebrachten, gängigen Muster der herkömmlichen Ehe. Das junge Ehepaar Schwarzenberg beschloss nach der Hochzeit zuerst einmal, aus der Stadt – und damit auch aus dem Umkreis der »Nachtschattengewächse«, die bislang Karls zweites Leben ausgemacht hatten – in die Natur zu ziehen. Karl Schwarzenberg zeigte seiner Braut sein Schloss in Ramingstein, ein Domizil in Schrattenberg, aber schließlich entschieden sie sich für Murau.

Der einstige Wohnsitz der sagenumwobenen Anna Neumann war von den Schwarzenberg zuletzt – und damit sind die letzten Jahrhunderte gemeint – nur selten genutzt worden, sie hatten den bequemeren Schlössern in Wien, Böhmen und Deutschland den Vorzug gegeben. Von den massiven Gemäuern, den alten, knarrenden Holzböden, den imposanten Öfen, die einzeln beheizt werden müssen, um das Anwesen warm zu halten, geht bis heute ein ganz eigener Charme aus. Schloss Murau, das auf einem Felsen oberhalb des Ortes liegt, hat nichts von der barocken Verspieltheit des Wiener Palais Schwarzenberg. Es ist eine wehrhafte Burg, gleichzeitig erinnern sein stolzer, mit Arkaden versehener Innenhof und der nahezu quadratische Grundriss an jene massiven Vierkanthöfe, die für die Bauernhausarchitektur im österreichischen Mühlviertel typisch sind. Auf seine Art strahlt dieses Anwesen etwas von der Ursprünglichkeit, Rohheit und Schwere aus, die das böhmische Granitmassiv der österreichischen Grenzlandschaft verleiht. Murau war kein schlechter Ort, um ein neues Kapitel in der Geschichte der Familie Schwarzenberg aufzuschlagen – eines, das nach den Verlusten in Böhmen ein stärker österreichisches sein sollte. »Ich dachte damals, meine Kinder sollen in der Steiermark aufwachsen. Meine Vergangenheit, die sah ich als mein Packerl, das ich alleine zu tragen hatte. Es sollte meine Familie nicht belasten«, sagt Schwarzenberg. Therese Hardegg, aufgewachsen in Niederösterreich, verliebte sich sofort in das Haus und die Landschaft: »Der Geruch des Steinbodens auf dem Gang oder des Brennholzes, das gestapelt neben den Öfen in den Zimmern lag; das war reine Sinnesfreude.«

In Murau versuchte sich Karl Schwarzenberg als das, wofür er, wie er einer Journalistin in einem Interview recht realistisch anvertraute, eigentlich kein Talent hatte: als Ehemann. Das Schloss wurde hergerichtet. Karl trat dem örtlichen Bauernbund bei. Als PR-Berater des Hauptverbands der Wald- und Grundbesitzer erfand er den Werbeslogan »Sie sind mit Recht auf dem Holzweg«. Der hohen Wiener Politik hat er fürs Erste entsagt, dafür engagierte er sich vor Ort und lebte das »normale Leben eines Landedelmannes«, wie er selbst sagt. Er ging viel auf die Jagd, kümmerte sich um seinen Wald und unter anderem auch darum, dass der Luchs in die Steiermark zurückkehrte. Dazu führte er extra ein Luchspärchen aus der – wie kann es anders sein – damaligen Tschechoslowakei ein. Es blieb also gewissermaßen in der Familie.

Aus dieser Zeit stammen auch sein inniges Verhältnis zur steirischen ÖVP und seine Freundschaft zu Altlandeshauptmann Josef Krainer senior und zu dessen Sohn und Nachfolger Krainer junior. 1988 übernahm er die ehrenvolle und gar nicht nur repräsentative Aufgabe des Joanneums-Präsidenten. Das Joanneum ist das steirische Landesmuseum. Als Präsident verblüffte Schwarzenberg die steirische Kulturszene mit damals fast noch ketzerischen Vorschlägen wie Kultursponsoring – Anregungen, die er sich nicht zuletzt in seiner Funktion als Beiratsmitglied des New Yorker Museums of Modern Art geholt hatte. Ende 1991 trat er von dieser Aufgabe zurück. Weiters wird er Präsident der österreichischen Torberg-Gesellschaft, nimmt am Ennstaler-Kreis teil, einem 1951 gegründeten sehr konservativen Gesprächszirkel, und lädt immer wieder Freunde aus der Wiener Zeit nach Murau auf das Schloss. Große Namen, die die lokalen Bewohner nur aus den Zeitungen kennen, tauchten übers Wochenende in der Zweitausend-Seelen-Stadt auf und sorgten für ungewohntes Flair zwischen den Bergen. Der Kabarettist Helmut Qualtinger stöhnte einmal, als Schwarzenberg ihm seinen Lieblingsteich zeigte: »Das ist so schön, das halt ich nicht aus.«

Am 13. Dezember 1967 kam Schwarzenbergs Sohn, mit vollem Namen Johannes Nepomucenus Andreas Heinrich Joseph Karl Ferdinand Johannes Evangelist die Heiligen Drei Könige Achaz Michael Maria, zur Welt. Fast genau ein Jahr später, am 16. Dezember 1968, folgte die Tochter Anna Carolina Antoinette Elisabeth Theresia Olga Adelheid Maria. Die Kinder kommen in die Volksschule in Murau, Therese fängt ihre Ausbildung als Ärztin am Landeskrankenhaus Stolzalpe an. Karl beginnt sein dreißigstes Lebensjahr als der friedliche Fichtenzüchter, der er eigentlich nie sein wollte.

Wer die jüngste Ausgabe des »Gotha«, des genealogischen Handbuchs des Adels, zu Hand nimmt, findet in Band XV der Reihe Fürstlicher Häuser im Kapitel »Schwarzenberg« zwei Eintragungen, die darauf hinweisen, dass die Normalität in Murau nicht von Dauer war – und die Ehe zwischen Karl und Therese Schwarzenberg tatsächlich die herkömmlichen Dimensionen sprengte. Das deutsche Adelshandbuch listet penibel Verwandtschaftsverhältnisse auf und ist so etwas wie die Standesbibel der Aristokratie und fehlt in keinem blaublütigen Haushalt – als Beweis der eigenen Wohlgeborenheit ebenso wie als standeseigenes Disziplinierungswerkzeug. Scheidungen, Adoptionen, bürgerliche »Mesalliancen« – all das ist für alle Mitglieder der vermeintlichen besseren Gesellschaft dort nachzulesen und wohl auch nachzutratschen. Am 25. November 1987, gerichtlich bestätigt vom Wiener Bezirksgericht Innere Stadt mit 16. Mai 1988, wurde der jüngste in der Ehe geborene Sohn Karl Philipp, genannt »Witti«, von Thomas Prinzhorn, seinem leiblichen Vater, adoptiert und führt »infolge den Namen Prinzhorn«, wie die deutschen Adelshüter penibel vermerken. Am 18. Oktober 1988 ließen sich Karl und Therese Schwarzenberg in Wien scheiden, wie der »Gotha« weiter festhält.

Das ist ein Kapitel, das die Familie Schwarzenberg verständlicherweise nur ungern aufschlägt: Ehebruch, Scheidung, Vaterschaftstests sind Themen, die, gerade wenn sie in Zusammenhang mit aristokratischen und, nebenbei bemerkt, tiefgläubigen Familien fallen, die Boulevardpresse magisch anziehen und die Öffentlichkeit besonders interessieren. Karl Philipp Ernst Ferdinand Alwig Kilian kam am 12. Mai 1979 in Wien zur Welt und entsprang einer langjährigen außerehelichen Beziehung zwischen Therese Schwarzenberg und Thomas Prinzhorn. Prinzhorn ist in Österreich bekannt als Papierindustrieller, vor allem aber als hoher Funktionär der Freiheitlichen Partei. Therese Schwarzenberg erwähnt ihren »Freund Thomas« in ihrem im Jahr 1995 erschienen Buch »Mein Weg zurück ins Leben«, in dem sie eindrucksvoll ihre Genesung von jenem Skiunfall zu Weihnachten 1992 schildert, der sie zu einer Tetraplegikerin, also zu einer vom Kopf abwärts Gelähmten machte, an mehreren Stellen offen und völlig selbstverständlich. Prinzhorn begleitete sie zu jener Spezialbehandlung in Houston, die ihr wieder Mut machte, an ihrer Lähmung zu arbeiten, und war auch an ihrer Seite, als sie von den USA zurück nach Wien transportiert wurde. »Thomas als mein großer Beschützer flog ebenfalls mit und hatte alle Fäden in der Hand«, notierte sie. Gleichzeitig schreibt sie, dass selbstverständlich auch »mein Mann

Kary« am Krankenbett in St. Gallen war, wo sie zum zweiten Mal operiert wurde. Kurz darauf erlitt Schwarzenberg in Prag eine Herzattacke. Schlimmeres konnte verhindert werden, weil seine damalige Begleiterin, die damalige Medizinstudentin Vladimira Eretová, ihn sofort ins Krankenhaus nötigte. Das war auch der Grund, warum Thomas Prinzhorn und nicht er seine Frau nach Houston begleitete. Er besuchte Therese später mit den Kindern in Houston. Eretová, mittlerweile Gynäkologin, und Schwarzenberg verbindet bis heute eine sehr enge Beziehung, die untrennbar mit dem Prager Leben des Fürsten verbunden ist.

Karl Schwarzenberg hat sich lange gegen die Adoption Karl Philipps durch Thomas Prinzhorn gewehrt, letztlich aber nachgegeben. Man kam zum Schluss, dass es für den im Schulalter Befindlichen besser wäre, klare Verhältnisse zu schaffen, damit er sich die Neckereien und Verleumdungen erspare. »Ich habe ab meinem sechsten Lebensjahr gewusst, wer mein Vater ist«, erzählte Karl Philipp, der wie seine Geschwister im Schwarzenberg'schen Familienverbund aufwuchs, einmal in einem Zeitschrifteninterview, »ich liebe beide und habe zu beiden ein ausgezeichnetes Verhältnis.« Durch die Adoption ist Karl Philipp nicht mehr erbberechtigt, auch die Scheidung zwischen Karl und Therese Schwarzenberg hat erbrechtliche Gründe. Karl Schwarzenberg hatte sie nicht verlangt, seine Frau wollte sie.

Andere Männer würden wüten und toben, Schwarzenberg trug seine Emotionen auch in dieser Situation nicht nach außen. Festzustellen, dass sein jüngster Sohn nicht von ihm ist, war, wie er sagt, »einer der härtesten Momente überhaupt. Aber wenn man schon etwas geschenkt bekommt, muss man sich damit auseinander setzen. Der liebe Gott prüft einen nicht dort, wo man es haben will.« Karl Schwarzenberg hält sich zugute, mit diesen Themen in einer Art und Weise umgegangen zu sein, die das Wohl der Kinder, und vor allem jenes des jüngsten Sohnes Karl Philipp, nicht gefährdete. Die eine oder andere Klatschgeschichte wurde gedruckt – im Wesentlichen konnte dieser Aspekt der Familiengeschichte aber aus der Seitenblicke-Gesellschaft herausgehalten werden. Karl hat eine sehr enge

Beziehung zu, wie er betont, »seinem Sohn«, auch das Verhältnis zu seiner geschiedenen Frau, die die ehemalige gemeinsame Wohnung im ersten Stock des Ostflügels des Palais Schwarzenberg bewohnt, ist intakt. »Thesi war eine wirklich große Liebe meines Lebens, ich habe eine starke Frau gesucht, sonst wäre mir noch fader geworden. Die Beziehung zu ihr ist heute gut, wir haben die jeweiligen Blödheiten ausgelebt. Für mich ist der Witti genauso mein Kind wie die beiden anderen – auch wenn ich nicht der biologische Vater bin. Ich habe dieses Kind wahnsinnig gerne.«

Schwarzenberg, für den als Bub Krieg und Vertreibung zum prägenden Lebensereignis wurden, schaffte es, seinen Sohn sicher durch eine sensible Lebensphase zu schiffen. Das ist eine Leistung, die all die politischen Leitartikel, die über ihn geschrieben wurden, nicht aufwiegen können. Den Schwarzenberg ist gelungen, was in vielen Familien schwer fällt: über die bürgerlichen Konventionen einer klassischen Ehe hinweg einen Modus des Zusammenlebens zu finden, der es allen Betroffenen – mit Ausnahme Thomas Prinzhorns – ermöglicht, sich als Teil der Gemeinschaft Schwarzenberg zu begreifen. Am 24. Dezember 2004 fand sich die Familie Schwarzenberg – Vater, Mutter, Sohn Johannes, Tochter Anna-Carolina mit ihrem jüngstem Kind und Karl Philipp – beispielsweise in der Schlosskapelle Murau ein, um die Seelenmesse für die am Weihnachtstag sechzehn Jahre zuvor verstorbene Mutter Karls, Antonie, zu feiern.

Schwarzenberg ist glaubensgeprägt. Zur Verwobenheit zwischen Adel und Kirche bekennt er sich. Nach dem Zweiten Vatikanischen Konzil hat er sich im Gegensatz zu den allermeisten blaublütigen Familienchefs das Patronatsrecht über die Kirchen in seinem Einflussgebiet nicht ablösen lassen – so auch in Murau. Nach der Seelenmesse fuhr die Familie ins Forsthaus Turrach, das ebenfalls im Besitz der Familie ist, um gemeinsam Weihnachten zu feiern. »Es ist egal, ob auf einem Wiener Gericht irgendein Akt existiert. Wir sind kirchlich verheiratet und aus diesem Grund für immer ein Paar«, sagte Karl Schwarzenberg einer tschechischen Zeitung. Therese ist mit dem Satz zitiert: »Wir sind eine Familie, ich, Karl und unsere drei Kinder.« – »Für Kary und Thesi gilt eine gewisse Bereitschaft, sich über bürgerliche Konventionen hinwegzusetzen – was ich als etwas Aristokratisches akzeptiere«, sagt John Sailer über jene Ehe, die vor 37 Jahren an einem sonnigen Apriltag geschlossen wurde und trotz Scheidung auf ihre Art weiter besteht. Karls Sohn Johannes Schwarzenberg fasst es noch pointierter zusammen: »Man muss ja nicht nach bürgerlichen Kriterien leben, vor allem wenn man nicht bürgerlich ist.«

5. IM DISSENS

Der 23. Juli 1983 war ein ungewöhnlich heißer Sommertag. Die Luft über Schloss Schwarzenberg bei Scheinfeld in Mittelfranken schien stillzustehen, auf der Koppel dösten die Pferde der Familie Schwarzenberg im Schatten eines Apfelbaumes vor sich hin. Kurz vor Mittag kurvte ein dunkelgrüner Ford Granada die Straße zur Burg hinauf. Die Insassen wirkten erschöpft.

Die Schlossstraße führt ihre Besucher unterhalb der Burgmauer, über der sich das eigentliche Schlossgebäude samt Kapelle und Wirtschaftsgebäude wie ein gestrandeter Ozeandampfer erhebt, weiter entlang der Längsseite des Anwesens, schließlich den Hügel hinauf und, quasi von hinten, durch einen bunt bemalten Torbogen in den Burghof hinein. Nicht von ungefähr hatten die Architekten diese Zufahrt gewählt, so werden die Imposanz und die Erhabenheit des Anwesens jedem, der es besucht, vor Augen geführt. Man soll beeindruckt sein, noch bevor man dem Schlossherrn sein Anliegen vorbringen kann. Denn Schloss Schwarzenberg hat zwei Gesichter: Das eine, das sich in der Vorderansicht zeigt, ist das einer mächtigen, wehrhaften, fast ein wenig unheimlichen Burg. Entrückt steht sie oberhalb der Stadt Scheinfeld, bewachend, aber auch ein wenig bedrohlich. Vom Eingang auf der Rückseite hingegen öffnet sich das charmante, liebliche und harmlose Gesicht des Schlosses. Es ist, als betrete man ein gemütliches Dorf. Das eigentliche Machtzentrum, das Schloss, steht gut versteckt hinter einem Park, der auf beiden Seiten von Wirtschaftsgebäuden eingegrenzt wird. Früher wohnten die »Herrschaften«, wie es hier heißt, im Schloss; nach dem Krieg, in dem das Anwesen als Flüchtlingslager, Spital und Wohnraum diente, zog eine Privatschule hier ein. Wenn Karl Schwarzenberg heute mit seiner Familie auf seinen deutschen Stammsitz fährt und die Fahne vor dem schwarzen Turm gehisst wird, dann übernachtet er in einem der ehemaligen Wirtschaftsgebäude.

Schloss Schwarzenberg bei Scheinfeld war, wiewohl der älteste Sitz der Familie, nicht der wichtigste. Aber obwohl Österreich und Tschechien in Karl Schwarzenbergs Leben eine größere Rolle spielen mögen, ist er Franken als der Urheimat seiner Familie sehr verbunden. Das Fränkische gehört untrennbar zu seinem Selbstverständnis. Hier wurde der jüngste Sohn Karl Philipp (Prinzhorn) getauft. Johannes Schwarzenberg ließ die Familie in Murau, Tochter Lila in Wien taufen. Als die Kinder noch klein waren, wurde jedes Jahr ein Teil des Sommers hier verbracht. Mittlerweile kommt »Durchlaucht«, wie die Bediensteten sagen, nur ein- oder zweimal im Jahr und erweckt den herrschaftlich eingerichteten Trakt mit seinem großen Salon und dem massiven Kamin und vor allem die Küche der Frau Herthe Werner, die in zweiter Generation für die »Herrschaften« sorgt, wieder zum Leben.

An jenem schwülen Sommertag im Juli 1983 sollte eine Entscheidung fallen, die Schloss Schwarzenberg für einige wenige Jahre über das durchschnittliche Schicksal einer ehrwürdigen, aber im wahrsten Sinne des Wortes abgelegenen Burg hinausheben würde: Der Name des Schlosses sollte bis zum Zusammenbruch des Kommunismus im Jahr 1989 zu einem Synonym für Freiheit und Widerstand werden. Und Schwarzenberg sollte nicht nur wegen Scheinfeld, sondern auch wegen einer weit größeren Initiative, die sich den Unterdrückten und der Verteidigung der Menschenrechte im Osten verschrieben hatte, eine neue Lebensaufgabe finden. Eine, die seinem Interesse für Mitteleuropa, seiner besonderen Beziehung zur Tschechoslowakei und seinem intellektuellen Horizont gerecht wurde. Schwarzenberg sollte aufhören ein bloß »freischaffender Politiker« zu sein.

In dem dunkelgrünen Ford saß das Ehepaar Vílem und Helena Prečan und sie hatten bereits eine lange Reise hinter sich – nicht nur an diesem Tag. Prečan, vier Jahre älter als Karl Schwarzenberg, hatte als Historiker am Historischen Institut der Karlsuniversität Prag gearbeitet, bevor er im Jahr 1970 suspendiert worden war. Der unmittelbare Anlass war ein Buch, das er im Jahr 1968 veröffentlicht hatte. Es hieß »Die sieben Tage von Prag« und beschrieb unverblümt die Reaktion seiner Landsleute auf die Invasion der russischen Truppen, die beendeten, was als »Prager Frühling« in die jüngere Geschichte der Tschechoslowakei einging.

1968 wurde nicht nur im Westen zu einem magischen Jahr. Der Traum von friedlicher Revolution, von Selbstbestimmung und Freiheit trieb auch eine ganze Generation von Tschechen auf die Straße. Sie demonstrierten nicht nur für Alexander Dubček, der am 6. Januar als erster Zentralsekretär die Führung der Kommunistischen Partei übernommen hatte und versuchte, einen »Sozialismus mit menschlichem Antlitz«, eine Art dritten Weg zwischen Kommunismus und Kapitalismus zu verwirklichen, sondern auch für das umfangreiche Reformprogramm, das unter anderem Pressefreiheit und Aufhebung der Zensur, Demokratisierung, Versammlungsfreiheit, Abbau des Zentralismus und wirtschaftliche Reformen mit einem Abrücken von der Planwirtschaft vorsah. In der Nacht vom 20. auf den 21. August 1968 beendeten sowjetische Boden- und Luftlandetruppen und die »befreundeten« Armeen der sozialistischen Bruderstaaten das Experiment, es folgte die »Normalisierung«. Hinter diesem Ausdruck versteckt sich eine grausam repressive Politik gegenüber Andersdenkenden. Sie wurden systematisch schikaniert, beobachtet, schließlich ihrer Berufe und damit der beschränkten Perspektiven, die der Kommunismus bot, beraubt.

Zeigte sich der Andersdenkende nicht kooperativ, legte ihm das Regime in den meisten Fällen die Emigration nahe. Später berühmt gewordene Dissidenten wie Václav Havel weigerten sich auszuwandern, andere wie die Prečans sahen das Exil als bessere Alternative. Sie verließen Prag im Jahr 1976 und zogen nach Hannover, blieben aber wie die meisten Dissidenten mit Kopf und Herzen in Prag. Prečan pflegte seine Kontakte zu Studienkollegen und anderen Wissenschaftern weiter. Viele von ihnen hatten ihre Arbeit bereits verloren und werkten als Bauarbeiter, Putzfrauen oder Lagerverwalter. In ihrer Freizeit fuhren sie aber fort zu beobachten, zu forschen und zu schreiben. Sie wurden freischaffende, unabhängige Historiker, Literaten, Journalisten und Künstler – kurz Dissidenten.

Das Medium des Dissidenten war der »Samisdat«. Bereits nach der Niederschlagung des Prager Frühlings im Jahr 1968 begannen Intellektuelle, Künstler, Maler und Literaten im Untergrund zu publizieren, einen wahren Boom erlebte die »Samisdat«-Literatur dann zu Beginn der 1980er-Jahre. »Samisdat« kommt aus dem Russischen und heißt so viel wie »selbst herausgeben«, was der tatsächlichen Erscheinungsform der Texte entsprach. Auf Schreibmaschinen – in der Tschechoslowakei war es die blau-weiße bullige »Consul« – mit Durchschlagpapier von Vertrauensleuten abgetippt, meist nur in 12- oder 14-facher Ausführung, wurden die Blätter entweder lose weitergegeben oder sogar gebunden und mit Bildern und Illustrationen geschmückt verteilt. Die Kolportage erfolgte nach dem Kettenbriefprinzip unter Freunden und Vertrauten. Oft wusste der Überbringer aber auch nicht, für wen seine – intellektuell heiße – Ware bestimmt war.

Mit der »Schreibmaschinen-Kultur« reagierte die Zivilgesellschaft im Osten auf die Unterdrückung durch die kommunistischen Machthaber. Mit besonderer Härte griff das Regime in den Jahren 1977 bis 1979 nach der Gründung der »Charta 77« und in den Jahren 1981 bis 1983 durch; meist fanden sich die Strafgesetzbuchparagrafen 98, 100 und 118 in den Anklageschriften: Subversion, Aufwiegelung oder unerlaubtes Unternehmertum. Trotz aller Drohungen, Verhaftungen und Kerker entstand über die Jahre unaufhaltsam ein Netzwerk aus unabhängigen Kleinverlagen, geheimen Vervielfältigungswerkstätten, philosophischen und literarischen Vortragsrunden, Haustheatern und »Untergrund-Universitäten«, in denen die Menschen sich die Sehnsucht und den Hunger nach dem erfüllten, was in der Unterdrückung am kostbarsten erscheint: Gedankenfreiheit und unzensurierte Information. Der Schriftsatz dieser Werke aus der Prä-Gutenberg-Ära, wie Historiker die »Samisdat«-Epoche auch nennen, ist vielleicht nicht so exakt gesetzt und sie sind nicht teuer gebunden – dennoch ist der bibliophile Anspruch dieser Eigenverlagsprodukte unverkennbar. »Samisdat« war nicht nur ein Hort für politische Agitation, sondern auch eine Form der »ästhetischen Selbsterhaltung« (der Dissident František Starek). Immer öfter schafften es die »Samisdat«-Publikationen auch in die so genannte »Grauzone« – zu jenen Menschen, die sich zwischen Abneigung und Anpassung an das System bewegten, um Berufs- und Lebensperspektiven nicht aufs Spiel zu setzen.

Bis heute wirkt in den ehemals kommunistischen Ländern Europas diese ganz besondere Lese- und Schriftkultur, die damals in den privaten Wohnzimmern und Nebenräumen von Kirchen entstand, nach – zumindest bei der älteren Generation. Wer erfahren musste, was es heißt, verbotene Literatur zu konsumieren, schätzt den freien Zugang zum Wort umso mehr. Die Bedeutung, die die »Samisdat«-Literatur für die Dissidenten vor dem Jahr 1989 hatte, erklärt auch den unbedingten Glauben an die Macht des Wortes, den beispielsweise Havel in der ersten Phase seiner Präsidentschaft lebte. Das Leben im Untergrund kreiste um Verbotenes und gerade noch Erlaubtes, um das, was zwischen den Zeilen steht, und das, was man nicht sagen darf. »In Wahrheit leben«, die berühmte Formulierung Havels, kann ihren moralischen Impetus nur für den entfalten, der gezwungen war in Unfreiheit, also etwa ohne »Samisdat« zu leben. So wie der »Samisdat« seine Daseinsberechtigung mit der Samtenen Revolution und der Wiederherstellung eines demokratischen Systems verlor, so hat sich auch die Dissidentenmoral in den Augen vieler Tschechen überlebt. Ähnlich wie im Westen die »Alt-68er« mitunter von den Nachgeborenen milde als ewig gestrige Revolutionäre belächelt werden, sind die Dissidenten mittlerweile zu zwar ehrenvollen, aber ein wenig verstaubten Figuren der Vergangenheit geworden. Die Antipathie gegen die Intellektuellen rührt auch daher, dass nicht wenige »Normalbürger« ihnen unterstellen, aus ihrer politischen Verfolgung ein Privileg gemacht zu haben.

In jenem heißen Juli des Jahres 1983 war von alldem natürlich noch keine Rede, der Eiserne Vorhang war Realität, die Entspannung zwischen den beiden Machtblöcken, die im Jahr 1975 mit der Unterzeichnung der Helsinki-Schlussakte in einem symbolisch wichtigen Akt kumulierte, war gerade wieder in einer äußerst kritischen Phase angelangt. Die im so genannten »Korb Drei« der Helsinki-Schlussakte aufgelisteten Menschenrechte hatten nach 1975 eine Kettenreaktion ausgelöst. Als Erstes formierte sich am 12. Mai 1976 in Moskau eine »Öffentliche Gruppe zur Überwachung des Helsinki-Abkommens«. Im selben Jahr folgten ähnliche Gruppen in der Ukraine, in Litauen, ein Jahr später in Georgien und Armenien. In der Tschechoslowakei bildete sich die »Charta 77«, in Polen das »Komitee zu Verteidigung der Arbeit« (KOR). Im Jahr 1982 wurde dann die Internationale Helsinki-Föderation für Menschenrechte mit Sitz in Wien gegründet, ein informeller Zusammenschluss dieser nationalen, auf Privatinitiative agierenden Organisationen.

Fast zwei Jahre lang hatten die Machtblöcke um die Formulierungen in »Korb Drei« gerungen. Ursprünglich war die Idee einer europäischen Sicherheitskonferenz von sowjetischer Seite ventiliert worden, der Westen ließ sich nur zögerlich darauf ein. Gegen Ende der Verhandlungen entdeckte der Westen die Garantie der Menschenrechte als Forderung, die Sowjetunion ging nur widerwillig mit. In der Schlussakte wurden die Menschenrechte letztlich als individuelles Recht aufgefasst, das es zu achten gilt. Der Osten wollte sie zuvor als kollektivistisch definieren, zuletzt hatten die Kommunisten sogar versucht eine Präambel hineinzuschmuggeln, in der festgehalten werden sollte, dass der »Korb Drei« den »Gesetzen und Gebräuchen« der teilnehmenden Staaten unterworfen sei. Ebenfalls vergeblich. Schließlich folgte man einer Kompromissformel, die die Finnen entwarfen – und die im Wesentlichen den westlichen Vorstellungen folgte. Damit konnte ab sofort die Sorge um Menschenrechte, die ein Land gegenüber dem anderen äußerte, nicht mehr als Einmischung in innere Angelegenheiten betrachtet werden.

Russland hatte offenbar die Auswirkung seiner Unterschrift unter eine Schlussakte, in der Menschenrechte und das Recht des Individuums, diese zu kennen und auszuüben, bekräftigt wurden, unterschätzt. Wenn ein kritischer Dichter, ein Intellektueller oder ein Künstler wegen einer »Samisdat«-Produktion, Flugzettelverteilung oder sonstiger, in den Augen der kommunistischen Machthaber »aufrührerischer« Tätigkeiten verhaftet wurde, durfte der Westen nun mit vollem Recht protestieren – und der betroffene Staat konnte diesen Protest nicht mehr so einfach als »Einmischung in innere Angelegenheiten« wegwischen. Moral hatte so etwas wie eine politische Kategorie gefunden. Darin lag der Meilenstein des Helsinki-Prozesses. Er sollte der entscheidende Moment für jene langsame, aber zähe Destabilisierung des Ostens werden, die im Jahr 1989 schließlich den Eisernen Vorhand für immer Vergangenheit werden ließ.

Was im Jahr 1975 hoffnungsvoll begonnen hatte, war acht Jahre später, zum Zeitpunkt des Treffens zwischen Prečan und Schwarzenberg, aber schwer ins Stocken geraten. Der Helsinki-Prozess wurde immer mehr zum Exerzierfeld des Kalten Krieges. Die Ausstrahlung westlicher Radioprogramme in den Osten, allen voran »Radio Free Europe« und »Voice of America«, wurde wieder gestört, direkte Telefonverbindungen wurden reduziert, der Briefpostverkehr erschwert, der Kontakt mit Ausländern und Diplomaten verhindert.

Auch Prečans wenige, aber verlässliche Postkanäle von Hannover nach Prag wurden auf die Probe gestellt. Eine der Schlüsselfiguren, die tschechische Soziologin Jiřina Šiklova, die aber nur als Krankenschwester und als Putzfrau im tschechoslowakischen Rundfunk arbeiten durfte, war im Jahr 1981 ebenfalls für zehn Monate inhaftiert worden, nachdem eine große »Samisdat«-Sendung aus England von der tschechoslowakischen Staatspolizei abgefangen worden war. Sie war in einem Wohnmobil eines deutschen Touristenpaares über die Grenze geschmuggelt worden; diesen Beförderungsweg nannte die Dissidentenszene »Caravans«. Es gab auch andere bewährte Kurierwege wie die »Vacso da Gama«, die Ende der 1970er-Jahre über den schwedischen Kulturattaché in Prag verlief, oder »GWG«, nach »Geh weg!«, die der deutsche Historiker Bedřich Loewenstein organisierte, der bis zum Jahr 1979 Dolmetscher und Übersetzer an der bundesdeutschen Botschaft in Prag war. Fast alle Sendungen enthielten

Nachrichten über die Fortschritte der »Charta 77«, die Dissidentenszene und politische Verfolgung. Die Botschaften, die mitmachten, profitierten also ebenfalls: Sie hatten Zugang zu hervorragenden Informationen über die innere Lage der Tschechoslowakei.

Šiklova, die sich selbst ironisch die »Postbotin« nannte, spielte bei all diesen Verbindungen eine entscheidende und überaus heikle Rolle: Sie übernahm die Distribution nach Paketerhalt. Ihre Aufgabe war es, jene Materialien, die Prečan ab dem Jahr 1981 meist über den damaligen Kulturattaché an der deutschen Botschaft Wolfgang Scheur schickte, in Empfang zu nehmen und an die Dissidenten weiterzuleiten. Der Codename dieser Aktion lautete »Goethe«, die Abkürzung »JWG«. Die Übergaben erfolgten zum Teil unter agentenfilmähnlichen Zuständen. Der Kofferaustausch im Lift eines anonymen Wohnhauses gehörte ebenso dazu wie die sorgfältige Tarnung der Schriften in unauffälligen Tragtaschen aus Fallschirmseide mit Reißverschluss, die damals ein Verkaufsschlager in Prag waren – ob auch aus diesem Grund, lässt sich nur vermuten. Šiklova hat einmal die Eintragungen »JWG«, »Goethe«, »G. Amad«, »Wolf« und ähnliche in ihren Kalendern der Jahre 1983 bis 1986 gezählt und kam auf eine dreistellige Zahl.

Ohne Leute wir Šiklova und Scheur wäre ein Großteil der unter kommunistischer Herrschaft produzierten Literatur und Essays unwiederbringlich verloren gewesen. Ein Stück Geistesgeschichte abseits der Staatspolizeiakte, diplomatischer Depeschen und offizieller Parteiberichte wäre für die Nachwelt verschwunden, für immer. Diese Vorstellung quälte auch Prečan. Seitdem er im Exil war, setzte er alles daran, zu dokumentieren, was abseits der offiziellen Kanäle und Podien in seiner Heimat gedacht, gesungen, gedichtet, geschrieben und gezeichnet wurde. Das war es auch, worüber Prečan mit Schwarzenberg beim Mittagessen – es gab gefüllte Paprika mit Kartoffeln – sprechen wollte.

Vílem und Helena Prečan waren am 23. Juli 1983 schon frühmorgens in Hannover aufgebrochen und nach Frankfurt gefahren, wo sie jenen Ford Granada entgegennahmen, der ihnen die Fahrt nach

Scheinfeld zur Hölle machte. Nicht weil er nicht ausreichend motorisiert gewesen wäre, sondern weil bei jener »Präparierung«, für die er in eine Frankfurter US-Werkstätte gebracht worden war, offenbar auch das Lüftungssystem manipuliert worden war. Der Ford sollte als neues Schmugglerfahrzeug dienen und verfügte jetzt zwar über ein ausgeklügeltes Versteck für bis zu zwölf Kilo Bücher und Zeitschriften, das auch den gründlichsten Grenzkontrollen an der tschechoslowakischen Grenze standhalten sollte, aber eben auch über ein unverdrossen heiße Luft ausstoßendes Innengebläse. Ins Schwitzen würde der Bote der verbotenen Literatur also in jedem Fall kommen. Das Auto war übrigens für einen Österreicher, den Lehrer Helmut Bachmann, der damals in der Wienerwaldgemeinde Purkersdorf lebte, bestimmt. Bachmann fuhr alle drei Monate nach Prag und hatte sich bereit erklärt, Kurier zu spielen. Der Ford Granada erfüllte seine Aufgabe bestens: Nicht ein einziges Mal bis zum Jahr 1989 sollte das Versteck gefunden werden.

Prečans Wohnung in Hannover hatte sich seit seiner Emigration zu so etwas wie einer Privatsammlung des tschechischen Widerstands im deutschsprachigen Raum entwickelt. Von Beruf Historiker, vom Naturell Archivar hatte der Exilant begonnen zu sammeln und zu horten, was er aus seiner Heimat in die Hände bekam: die losen Feuilletonblätter eines Ludvík Vaculík ebenso wie Stücke von Havel. Bald platzte die Wohnung aus allen Nähten, die Aktenordner, in denen Prečan sorgfältig Gesprächsnotizen, Artikel, Briefe und Fotos sammelte, stapelten sich längst nicht mehr nur in seinem Arbeitszimmer. Relativ bald begann Prečan die Idee eines eigenständigen Dokumentationszentrums für die tschechische Dissidentenkultur zu forcieren. Das, was er privatim aufgebaut hatte, wollte er in größerem Rahmen etablieren. Das Zentrum sollte nicht nur Archiv sein, sondern auch Forschungszentrum, eine Andockstation im Exil für all jene tschechischen Intellektuellen, die nicht die Möglichkeit hatten, ihre Texte offiziell zu publizieren und nie sicher sein konnten, ob sie ihnen erhalten bleiben würden – eine Vorstellung, die heute in Zeiten von Sicherheitskopien, E-Mails und tragbaren Speichern fast unmöglich erscheint. Prečan wollte nicht mehr und nicht weniger, als das kulturelle, politische und gesellschaftliche Gedächtnis der tschechischen Nation zu bewahren – für einen späteren Zeitpunkt, wenn es in ein freies Land zurückkehren konnte.

Mit befreundeten Dissidenten wie Jiří Pelikan in Rom, Pavel Tigrid in Paris, Ivan Medek und Zdenek Mlynar, der zu dieser Zeit am Institut für internationale Beziehungen in Laxenburg südlich von Wien arbeitete, hatte Prečan über sein »Hirngespinst« damals bereits gesprochen. Mlynars Frau hatte dann auch den Kontakt zu Schwarzenberg hergestellt. Medek, der 1978 infolge des von Kreisky erteilten allgemeinen Asylrechts für »Charta 77«-Unterzeichner nach Wien emigriert war, gehörte zu den eifrigsten »informellen Mitarbeitern« der Oppositionssender »Voice of America« und »Radio Free Europe«. Über seine Wohnung im 17. Wiener Gemeindebezirk liefen einige sehr ertragreiche Informationsflüsse aus Prag über Wien zu den Radiostationen.

Schwarzenberg hielt Prečans Projekt von Anfang an für »eines der wichtigsten überhaupt, insbesondere, da das sich in der Grauzone oder ganz im Untergrund entwickelnde geistige Leben zweifellos die Grundlage für eine natürliche Existenz in der Zukunft ist«, wie er in einem Brief an Prečan schrieb. Damals wie heute kokettierte Schwarzenberg übrigens mit seiner mittlerweile eingeübten Rolle als aristokratischem Sonderling böhmischer Provenienz. »Verzeihen Sie zunächst, dass ich Ihnen auf Deutsch schreibe, aber pro tempore ist die böhmische Abteilung der FS-Zentralkanzlei (FS steht für Fürstlich-Schwarzenbergisch, Anm.) nicht in Betrieb, und wenn Sie von mir handschriftlich etwas bekommen, so würden Sie es, fürchte ich, erst nach einer Beratung mit einem Hieroglyphenforscher entziffern können«, leitete er sein Schreiben ein.

Was fehlte, war Geld. Es sollte noch gut zwei Jahre dauern, bis das Projekt, das bei jenem Mittagessen in Scheinfeld erstmals konkrete Züge annahm, tatsächlich verwirklicht werden konnte. Prečan hatte sich bereits an verschiedene wissenschaftliche und politische Institutionen in Deutschland gewendet, die ihm zwar interessiert zugehört hatten, aber nicht bereit waren eine finanzielle Basis zu geben. Das Interesse an den Nachbarn im Osten war in Deutschland wie in Österreich zu dieser Zeit gering. Die politische Situation schien einzementiert, die Hoffnung auf einen Systemwechsel minimal. »Die Hauptursache war wohl, dass sich fast alle daran gewöhnt hatten, die Zweiteilung Europas als so verfestigt zu sehen; dass also das Prinzip der sowjetischen Herrschaft, einschließlich des sowjetischen Verständnisses oder Nicht-Verständnisses von Menschenrechten, über die östliche Hälfte wie ein ehernes Naturgesetz dastand«, erinnert sich der Politikprofessor Anton Pelinka, der später als österreichischer Helsinki-Präsident aktiv war. Prečan hatte auch an den Sicherheitsberater des US-Präsidenten Jimmy Carter, Zbigniew Brzezinski, geschrieben. Die amerikanische Schiene sollte sich als die erfolgreichere erweisen. Eine Spende des »National Endowment for Democracy« in der Höhe von 50 000 Dollar brachte im Jahr 1986 das dringend notwendige Startkapital für das Dokumentationszentrum. Schwarzenberg reagierte entschlossen und schnell. »Warum nicht auf Schwarzenberg? Es gibt Platz genug und es wäre in der Tradition der Familie«, bot er Prečan Wohnraum für ihn selbst und das bereits untrennbar mit ihm verwachsene Archiv an. Noch heute nimmt Prečans Wohnbüro mehrere Zimmer im ersten Stock eines ehemaligen Wirtschaftgebäudes auf Schloss Schwarzenberg ein – auch wenn der Großteil des Materials mittlerweile als Teil des Nationalmuseums in Prag aufbewahrt wird.

Zu jenem Zeitpunkt, als das tschechoslowakische Archiv auf Schloss Schwarzenberg einzog, die alten Speicher adaptiert und eine kleine Wohnung mit Gästezimmer für Wissenschafter eingerichtet wurde, die in Ruhe studieren und schreiben wollten, drehte sich bereits der Großteil von Schwarzenbergs »öffentlichem Leben« um die Förderung von Andersdenkenden im kommunistischen Europa.

Das Dissidentenarchiv war somit eine logische Ergänzung seiner sonstigen Tätigkeit – und es sollte maßgeblich dazu beitragen, dass der Name Schwarzenberg in den Intellektuellenkreisen jenseits der Grenze nicht mit jahrhundertlanger Unterdrückung der arbeitenden

Masse identifiziert wurde, sondern mit der Unterstützung der tschechoslowakischen Nation, die im Selbstverständnis der Dissidenten in den Jahren 1948 bis 1989 im Untergrund fortbestand.

Im Juli 1968 war Karl Schwarzenberg erstmals nach zwanzig Jahren gemeinsam mit seiner Frau Therese, die mit Tochter Lila schwanger war, wieder in die Tschechoslowakei gereist. Die Krise zwischen den Reformern rund um Dubček und der Sowjetführung stand knapp vor ihrem Höhepunkt. Gerade einmal drei Tage verbrachte das junge Ehepaar in der Tschechoslowakei und dennoch ist Schwarzenberg jede Minute dieser Reise in Erinnerung geblieben.

Karl zeigte Therese nicht nur die Stätten seiner Jugend, das Stammschloss der Sekundogenitur mit fast mythischer Bedeutung, Orlík; Frauenberg, auf Tschechisch Hluboká, das Prachtschloss der Primogenitur seines Onkels Adolph; und schließlich das Familienpalais in Prag. Er konnte ihr auch jenen Teil seiner Identität vor Augen führen, die in Österreich nur in Erzählungen fortlebte. Und natürlich war er stolz demonstrieren zu können, was der Name »Schwarzenberg« in der Tschechoslowakei noch immer für eine Bedeutung hatte.

Damals konnte man das Visum an der Grenze beantragen und musste nicht, wie in den Jahren der »Normalisierung« danach, zwei Wochen darauf warten, bis es die tschechoslowakische Botschaft in Wien ausstellte. »Wissen Sie, dass Sie einen Namen haben, der bei uns sehr berühmt ist?«, fragte ihn der tschechoslowakische Zöllner freundlich auf Deutsch, als Karl seinen Schweizer Pass vorlegte. »Ich weiß«, antwortete Schwarzenberg ebenfalls auf Deutsch. Der Zöllner wurde neugierig. »Und, sind Sie verwandt?«, fragte er. »Ja«, meinte Schwarzenberg lächelnd. Nun nahm der Zöllner Haltung an: »Ja, sind Sie vielleicht überhaupt ...?« Karl Schwarzenberg, den der Fortgang des Gesprächs schon recht amüsierte, antwortete nun auf Tschechisch: »Samozřejmě!« – »Natürlich!« Im Nachhinein lässt sich schwer sagen, was Schwarzenberg mehr beeindruckte: die Tatsache, dass sein Name offenbar auch in den letzten zwanzig Jahren seinen guten Ruf nicht verloren hatte, dass er obendrein auch noch persönlich von einem wildfremden Grenzbewacher erkannt wurde – oder das Ritual, das auf das Erkennen hin folgte. Schwarzenberg und seine Frau wurden nämlich höflich gebeten auszusteigen und zum schäbigen Grenzwachhäuschen mitzugehen. Dort hatten die anderen Zöllner Aufstellung genommen, um »pan Kniže«, also dem »Herrn Fürsten« ehrfurchtsvoll die Hand zu schütteln. Nur eine Grenzsoldatin hielt sich beim Defilee der Schwarzenberg abseits und beobachtete das ganz und gar nicht volksrepublikanische Verhalten ihrer Kollegen befremdet und mit unverhohlenem Abscheu. Gut möglich, dass sie später den ersten Eintrag für Schwarzenbergs Staatspolizeiakte lieferte. Überprüfen lässt sich das derzeit noch nicht, nach tschechischem Recht können nur Betroffene und deren Angehörige die Herausgabe der Spitzelakte fordern, Schwarzenberg lehnt das für sich ab.

Das Grenzerlebnis sollte das einzige erfreuliche Zwischenspiel dieser Reise sein, ansonsten war die Stimmung gespannt. In Orlík sagte ihm ein Kindheitsfreund auf die Frage, wie die Lage denn wirklich sei: »Wenn es noch Ordnung gäbe, wäre es wie im Protektorat.« In Frauenberg, wo die Primogenitur Schwarzenberg ein verspieltes Schloss im neugotischen Tudorstil bewohnt hatte, bevor sie enteignet worden war, erlebten Karl und Therese Schwarzenberg ein Stück kommunistischer Geschichtsneuinterpretation am eigenen Leib. Die ursprünglichen Schlossherren, die Familie Schwarzenberg, sei in den 1950er-Jahren ausgestorben, erklärte der Führer den Touristen. Karl Schwarzenberg rief aus »Ne!« – »Nein!«. Der Führer blieb stur: «Wissen Sie das sicher?« – »Ich sage doch, sie sind nicht ausgestorben.« – »Aber ich sage Ihnen«, insistierte der Guide. Ein alter Mann lief Karl nach der Führung nach und fragte ihn: »Sind Sie nicht etwa ...?« In Prag traf Schwarzenberg auch mit einem Freund seines Vaters, dem Schauspieler und Kabarettisten Jan Werich, zusammen. »Wissen Sie, ich bin kein Politiker. Aber als kulturell Prominenter werde ich zu verschiedenen Empfängen und Banketts geladen und da ist mir aufgefallen, dass in den letzten Wochen die Leute aus Spanien, Portugal und Lateinamerika verschwunden sind, die hier eine bilaterale kommunistische Bewegung aufbauen wollten.« Zum Abschied schenkte er Schwarzenberg einen Band seiner gesammelten Werke, in den er schrieb: »Im roten Juli 1968.« Er steht heute in Schwarzenbergs Murauer Privatbibliothek.

Werich irrte sich nur um einen Monat. Drei Wochen später war der Glaube an einen eigenen tschechoslowakischen Weg durch die Invasion der russischen Truppen beendet. Kurz darauf zeigte sich, was es mit der »Nation der Schwarzenberger« auf sich hatte: Das Palais in Wien füllte sich mit tschechischen Flüchtlingen, die über die Grenze gekommen waren, nun an Karl Schwarzenbergs Tür läuteten und Sätze sagten wie: »Ich bin Josef Novotny, der Sohn des Schwarzenbergischen Försters in Prachatic« oder »Ich bin der Enkel des Fischers aus Třeboň«. Die Angaben wurden im alten Angestelltenverzeichnis überprüft, man gab ihnen Essensbons und sorgte sich wenn nötig um eine Unterkunft. »Therese wunderte sich damals sehr und ich musste ihr erklären, dass das bei uns immer so war«, erinnert sich Schwarzenberg.

Erst Ende der 1970er-Jahre reiste Schwarzenberg wieder in die Tschechoslowakei. 1978, um seinem Sohn Aki und dessen jüngerer Schwester ihre Heimat zu zeigen, 1980, um Onkel Arnošt, den Bruder seines Großvaters, zu begraben. Er hatte stets darauf bestanden, im Land zu bleiben, Flucht war für ihn kein Thema. Verbunden mit der Gegend rund um Orlík, Pisek und Tochovic ließ er sich seine Liebe zur Heimat auch nicht durch Lager- und Gefängnisaufenthalte verderben. Sein größter Wunsch war, neben seinem Bruder in der Familiengruft in Orlík begraben zu werden – ein Wunsch, dessen Erfüllung sich als äußerst schwierig erwies, weil er am 22. Dezember 1979 starb und kein Beerdigungsdienst bereit war ihn zu überstellen. Also wurde er in Prag kremiert und die Urne einige Monate später nach Orlík überstellt. Bei der Beisetzung am 26. April 1980 erlebte Schwarzenberg noch einmal eine beeindruckende Demonstration der Schwarzenberg: Eine große Anzahl an Einheimischen ließ sich nicht davon abhalten, einem Schwarzenberg, den viele noch persönlich gekannt hatten, die letzte Ehre zu erweisen – und den jungen Familienspross aus Österreich zu bestaunen. Die Gruft war zur Messe berstend voll. »Ich bin mir wie ein lebendes Mastodon vorgekommen«, meint Schwarzenberg. Skurril gestaltete sich auch die Rückfahrt. Der tschechische Geheimdienst rechnete offenbar damit, dass Schwarzenberg das Begräbnis als Vorwand benutzt hatte, um Familienschmuck auszuführen. Dabei hatte Onkel Arnošt nichts von Wert hinterlassen – abgesehen von einem Hochzeitsalbum von Karl Schwarzenbergs Eltern, die im Jahr 1934 in der St. Niklaskirche auf der Prager Kleinseite geheiratete hatten. Schwarzenberg zeigte das Album, die Zöllner nahmen sein Auto aber dennoch auseinander. Das ist eine für all jene, die nie eine Grenze in den kommunistischen Osten passieren mussten, sondern heute selbstverständlich in ein EU-Nachbarland fahren, eine unvorstellbare Szene. Wie in einem absurden Theaterstück bewahrten beide Seiten ihre Rollen: Der Zöllner tat so, als wäre Schwarzenberg irgendein Tourist, und Schwarzenberg tat so, als wäre der Zöllner nur irgendein Zöllner.

Auf informellen Wegen hatte die Familie Schwarzenberg über all die Jahre mit ehemaligen Angestellten, Freunden und Angehörigen »drüben« Kontakt gehalten; fallweise wurden Medikamente geschickt, dann wieder Farben oder Blattgold geschmuggelt, um etwa die Kapelle in Čimelic zu restaurieren. Hin und wieder war auch ein Stück Dissidentenliteratur darunter, stets unter Pornoheftchen versteckt, die die Zöllner beschlagnahmen und unter der Hand verkaufen konnten. In den *Blau-Weißen Blättern,* dem damals noch halbjährlich erscheinenden Nachrichtenblatt der Schwarzenberg'schen Betriebe, wurde regelmäßig über die Entwicklung in der Tschechoslowakei berichtet.

In der Familie Schwarzenberg wollte man sich, anders als im Rest des Landes, nicht damit abfinden, dass Böhmen für immer hinter dem Eisernen Vorhang verloren sein sollte. Karl Schwarzenberg erinnert sich noch heute an die prophetische, fast sture Überzeugung seines Vaters, dass der Kommunismus endlich sei. Karl Schwarzenberg senior dachte dabei weniger daran, dass er das Ende noch selbst erleben würde, sondern rechnete, wie meist, in historischen Dimensionen jenseits einer Generation. Für ihn war die Tschechoslowakei eben nur unter »Protektorat« der Sowjetunion, wie er mehrmals in seinen Essays und Glossen für Exiltschechen schrieb. Einmal analysierte er auch das neue – kommunistifizierte – tschechoslowakische Staatswappen: Statt dem Krönchen hatte das Regime dem Löwen einen roten Stern verpasst, das slowakische Doppelkreuz wurde durch eine Flamme ersetzt. »Heraldisch gesehen ist das völlig richtig«, meinte er sarkastisch, »es handelt sich um keinen souveränen Staat, sondern um ein Land, das unter Herrschaft der Herren vom Roten Stern steht. Und das Kreuz wurde durch das Höllenfeuer ersetzt.« Wenn man so will, verfolgten die Schwarzenberg privatissime ihre ganz persönliche Ostpolitik.

Auch wenn sich Karl zu diesem Zeitpunkt nicht aktiv im Dissidentennetzwerk engagierte, waren sein Interesse für den Osten und sein Eintreten für einen Dialog allgemein bekannt – diesseits wie jenseits des Eisernen Vorhangs. Der steirische Altlandeshauptmann Josef Krainer erinnert sich etwa an einen privaten Ausflug, den Schwarzenberg im Jahr 1982 für den steirischen ÖVP-Landtagsklub nach Krumau und Prag organisierte: »Der Ruf der Schwarzenberg war auch in dieser Zeit beim Volk durchaus intakt.« Wenn jemand gegen die Kommunisten ist, kann er kein Schlechter sein, selbst wenn er einen adeligen Namen trägt, dachten sich wohl viele Tschechen – ideologiegestärkte Feindpropaganda und Umerziehung hin oder her.

Als Karl Schwarzenberg Mitte des Jahres 1985 das Amt des Präsidenten der Helsinki-Förderation übernahm, fand seine Politik eine neue Plattform. War sein Name bislang privat an Hilfesuchende weiterempfohlen worden, stand er nun öffentlich für die Unterstützung von Menschenrechten. Bei Schwarzenbergs Bestellung hatte Altbundeskanzler Kreisky maßgeblich mitgemischt. Im März 1984 waren IHF-Generalsekretär Gerald Nagler und Förderer Heinz Wittgenstein an den Altbundeskanzler herangetreten und hatten ihn gefragt, ob er Interesse an dieser Aufgabe hätte. Alle Beteiligten kannten sich – Kreisky und Wittgenstein aus dem schwedischen Exil, Nagler war mit einer Wittgenstein verheiratet. Kreisky lehnte ab, begrüßte jedoch, dass das IHF-Generalsekretariat in Wien sein Quartier aufschlagen wollte.

»Wir waren damals auf der Suche nach einer Persönlichkeit, die Integrität hatte, ohne parteipolitische Bindung, die die Problematik kannte und über die entsprechenden politischen und historischen Kenntnisse verfügte«, erinnert sich Nagler. Unweigerlich tauchte der Name Schwarzenberg auf. Schwarzenberg brachte zudem andere »Qualitäten« für diese ehrenamtliche Aufgabe mit: Er war finanziell unabhängig, hatte Tagesfreizeit und konnte aufgrund seiner guten Kontakte in beiden politischen Lagern die Überparteilichkeit und aufgrund seiner persönlichen Biografie die moralische Integrität der Helsinki-Föderation repräsentieren. »Ich habe einen Onkel gehabt, der in Buchenwald saß, und ich habe einen Onkel gehabt, der mir viel erzählt hat, der in den Uranbergwerken in der Tschechoslowakei längeren Aufenthalt genommen hat«, fasste er einmal die Beweggründe zusammen, die sich aus seiner eigenen Familiengeschichte heraus ergeben. Jetzt lohnte sich auch, dass Schwarzenberg – wiewohl Bauernbundmitglied – in seinem Lebenslauf keinen aufdringlichen politischen Stallgeruch angezogen hatte.

Es gibt dutzende Organisationen, die sich der Förderung des Guten und Schönen verschreiben, und zumeist suchen sie sich einen prominenten Namen als Aushängeschild. Schwarzenberg machte der IHF von Anfang an klar, dass er kein Interesse daran hatte, Titelmäzen zu sein: »Ich will nicht nur den Namen hergeben, sondern voll arbeiten. Das war meine einzige Bedingung.« Das setzte er dann auch um. Sein damaliger Generalsekretär Nagler erinnert sich, dass er mindesten zweimal pro Woche im Palais zu Lagebesprechungen geladen war. Schwarzenbergs roter Porsche machte im Schnitt rund 60 000 Kilometer pro Jahr, das meiste davon auf holprigen Oststraßen; in seinem Schweizer Pass häuften sich die Grenzstempel der tschechoslowakischen, ungarischen und polnischen Zöllner. Schwarzenberg bekam nie länger als für drei Tage ein Visum. Juni und Juli 1984, März, April 1985, März, Oktober 1986, Juni, Oktober, Dezember 1987, April, August, September 1988 nach Tschechien, Oktober 1985, Januar 1986 und September 1987 nach Ungarn, August 1988 nach Polen, Dezember 1987 und Januar 1988 nach Moskau – das sind die Reisedaten, die nicht nur seine Helsinki-Tätigkeit markieren, sondern auch die Wiederaufnahme jener Lebensfäden, die im Jahr 1948 abrupt gekappt worden waren. Denn als Helsinki-Präsident durfte Schwarzenberg jetzt wieder leichter in die ČSSR einreisen.

In diesem Lebensabschnitt erarbeitete sich Schwarzenberg, auf die fünfzig zugehend, endgültig den Respekt der republikanischen Öffentlichkeit. Aus dem Adabei-Fürsten, zu dem ihn die Presse bisweilen Anfang der 1980er-Jahre stilisiert hatte – in der Tat glänzte Schwarzenberg damals auch als stilvoller Gastgeber rauschender Partys in seinem Palais und schien Wien einen Hauch von Monaco zu verleihen –, wurde der Homo politicus mit mitteleuropäischem Horizont. »Nachdenklich, liberal und stets ansprechbar«, lobte ihn die Presse. Er sei jemand, »der sich ohne großes Getue engagiert, sobald er glaubt von ›Nutzen sein zu können‹«, und lebe damit die »unauffällige Version des kategorischen Imperativs«. Schwarzenberg selbst macht nie einen Hehl daraus, dass er seine Tätigkeit für die Helsinki-Föderation nicht nur aus seiner persönlichen Prägung heraus als etwas Selbstverständliches auffasste, sondern auch als eine Art aristokratische Berufung verstand. Zeit und Geld in fremder Menschen Schicksale zu stecken, Dissidenten moralisch zu unterstützen, hatte sicher auch mit seinem bedingungslosen Zugehörigkeitsgefühl zum erweiterten Mitteleuropa zu tun, aber eben auch mit einer Lebensauffassung, zu welcher der Dienst an der Gemeinschaft dazugehört. »Die Schwarzenberg standen niemals abseits, sie waren Marschälle, Kardinäle, Ministerpräsidenten. Wir haben gelernt uns dort einzusetzen, wo wir etwas zustande bringen«, formulierte er einmal. Als Präsident der Helsinki-Föderation bot sich Schwarzenberg endlich jene politische Plattform, die für eine Persönlichkeit seines Zuschnitts passend war. In dieser Funktion traf er erstmals Václav Havel und während seiner Tätigkeit gelang es ihm auch, jene Kontakte zu knüpfen und zu intensivieren, die er dann als Kanzler an der Seite Havels in das Ansehen der wiedererstandenen Tschechoslowakischen Republik ummünzen konnte.

Schwarzenberg griff dabei auch auf Erfahrungen zurück, die er Ende der 1960er-Jahre im »Centre Européen de Documentation et Information« gemacht hatte. Diese sehr konservative, hochrangige und äußerst abendländische Politikergruppierung hatte es sich zur Aufgabe gemacht, das damals unter Franco-Herrschaft stehende Spanien an Europa heranzuführen. Generalsekretär war Georg Gaupp-Berghausen, eine politische Persönlichkeit, die Schwarzenberg neben dem Publizisten Klaus Dorn zu den prägenden in seinem Leben zählt. Er hatte ihn auch mit der Gedankenwelt des »Centre Européen« bekannt gemacht. »Das Centre Européen war für mich wie eine politische Hochschule, Helsinki funktionierte spiegelbildlich. In Spanien habe ich mit Faschisten geredet, in der ČSSR mit Kommunisten. Das Wesentliche ist, nicht von vornherein zu sagen, mit denen redet man nicht. Man muss auf seinem Standpunkt beharren, aber gesprächsbereit sein.«

Es ist Schwarzenbergs langer Blick für die Geschichte, sein nachhaltiges und unermüdliches Eintreten, das ihn als Präsident der Helsinki-Föderation auszeichnete. Von Zeitgenossen zum Teil etwas spöttisch als privates politisches Hobby eines exaltierten Adeligen betrachtet, oft als k.u.k. Nostalgiepolitik abgetan, sollte sich seine Politik des langsamen Aushöhlens von innen heraus als erfolgreich erweisen. Die offizielle Politik wagte sich in jenen Jahren so gut wie nie weit heraus. Auch wenn im Nachhinein jeder der größte Freund und Unterstützer der Dissidenten gewesen sein will – der Eiserne Vorhang war in jenen Jahren nicht nur physisch, sondern auch psychisch die Grenze der handelnden Politiker. Im neutralen Österreich noch weit mehr als in Deutschland, das sich eine gewisse Begeisterung für die Heroen des Widerstands leistete. Als der deutsche Bundeskanzler Helmut Kohl im Januar 1988 bei einem offiziellen Pragbesuch nur Kardinal Tomášek und nicht Havel traf, war die Presse empört. Der Kabinettschef des österreichischen Bundeskanzlers Franz Vranitzky fuhr im gleichen Jahr mit Schwarzenberg nach Prag und hatte sogar Skrupel, Havel als Privatmann in einem Café zu treffen – ganz zu schweigen von Vranitzky. Durch die internationale Presse ging die Episode des Vranitzky-Besuchs in Prag im Frühling 1989. Während alle Welt wusste, dass der eben aus dem Gefängnis freigelassene Václav Havel vermutlich binnen kurzem eine wichtige Rolle in seinem Land spielen würde, vermied Franz Vranitzky jeden persönlichen Kontakt und schickte nur eine hochrangige Beamtin in Havels Wohnung. Außenminister Mock lud Havel während eines offiziellen Besuchs zumindest einmal zum Frühstück in die österreichische Botschaft. »Die Österreicher waren wirklich daneben«, urteilt die Publizistin Barbara Coudenhove-Kalergi.

Die Arbeit für die Helsinki-Föderation war ein ständiges Tauziehen mit den kommunistischen Behörden. Im Wesentlichen ging es darum, vor Ort präsent zu sein, also die lokalen Helsinki-Komitees zu unterstützen, kleine Kongresse und Veranstaltungen auf kommunistischem Boden abzuhalten, den Dialog zu den offiziellen Stellen zu suchen, die westliche Presse über all dies zu informieren und zu hoffen, dass auch die kontrollierten Medien im Osten eine Kleinigkeit darüber schreiben würden – in den Jahren vor dem Umbruch 1989 war das alles ein diplomatisches Minenfeld. Die IHF versuchte natürlich auch zu provozieren – und damit abzutesten, wie weit die kommunistischen Machthaber bereit waren das Recht auf freie Meinungsäußerung zu respektieren.

Manche Situationen entbehrten nicht der Komik. Etwa als am 15. Oktober 1985 die IHF in Budapest ins Hotel »Duna Intercontinental« zu einem Kulturforum lud, an dem ungarische Dissidenten gemeinsam mit der US-Autorin Susan Sontag und dem deutschen Hans Magnus Enzensberger teilnehmen sollten – da blieben die Türen nämlich auf Weisung von höchster Ebene versperrt. Und das obwohl der Reformkurs des kommunistischen Parteichefs János Kádár zuvor Hoffnung auf Entspannung geweckt hatte: Für die Dauer des bis Ende November tagenden KSZE-Kulturforums hatte man Hausdurchsuchungen gestoppt. Regimekritiker wie György Krassó wurden nicht mehr überwacht, Regisseur Rezsö Forgács vorzeitig aus dem

Gefängnis entlassen. (Er hatte die unglückliche Idee gehabt, eine Lesung mit ein paar erotischen Szenen mit leicht bekleideten Damen zu inszenieren – und war wegen »öffentlicher Obszönität« zu sieben Monate Haft verurteilt worden.) Improvisation war also gefragt: Das IHF-Kulturforum übersiedelte in die Villa eines ungarischen Filmemachers. Weil es dort nicht genügend Getränke gab – immer wichtig für Dissidenten –, fuhr Schwarzenberg zum nächsten Laden, kaufte ein paar Kisten Bier und schleppte sie eigenhändig in den ersten Stock. Der Literat und Übersetzer Arpad Gönz erzählte ihm später, als er ungarischer Staatspräsident und Schwarzenberg Kanzler Havels war, sein erster Eindruck von ihm sei der eines Kistenschleppers gewesen.

Am 11. November 1988 hatte die IHF gemeinsam mit der »Charta 77« und vier weiteren unabhängigen Menschenrechtsgruppen zu einem »historischen Seminar« nach Prag geladen. Es sollte um die tschechoslowakischen Schlüsseldaten, 1918 (Republikgründung), 1938 (Münchner Abkommen), 1948 (kommunistische Machtergreifung) und 1968 (Prager Frühling), gehen. Da mit Repressionen zu rechnen war, gab es im Rahmen von »Czechoslovakia '88 – A different Seminar« auch Veranstaltungen in Wien. Eine weise Voraussicht: Václav Havel, der als Vorsitzender des Vorbereitungskomitees das Seminar in Prag eröffnen sollte, hatte alle Teilnehmer rund zehn Minuten früher geladen. »Ich erkläre das Seminar somit für eröffnet«, war alles, was er sagen konnte. Dann wurde er arretiert und die Versammlung aufgelöst.

Zu den wichtigsten Reisen Schwarzenbergs als IHF-Präsident gehörte sicher jene vom 25. bis 31. Januar 1988 nach Moskau. Es war das erste offizielle Treffen einer westlichen Menschenrechtsdelegation mit offiziellen und oppositionellen Vertretern der Sowjetunion überhaupt. Aufgrund dieser Reise sollte die 19-köpfige Delegation ihre Einschätzung abgeben, ob die Menschenrechtskonferenz, die auf Wunsch der Sowjets in Moskau abgehalten werden sollte, tatsächlich den Menschen zugute kommen würde – oder nur dem Image der kommunistischen Führung. Die Veranstaltung begann prompt mit einem Eklat. »Gospodin von Schwarzenberg«, wie er in Russland tituliert wurde, müsse sich entscheiden, so Fjodor Burlatzkij, der sowjetische Mister Chairman des ersten Treffens zwischen der internationalen Helsinki-Förderation und dem offiziellen sowjetischen Menschenrechtskomitee, ob er hier eine Show abziehen oder einen konstruktiven Dialog beginnen wolle. »An jedem anderen Ort hätte ich das als Beleidigung aufgefasst«, erinnert sich Schwarzenberg. Die Helsinki-Delegation, die auf offizielle Einladung zum Lokalaugenschein gekommen war, hatte sich nämlich vermehrt: Der oppositionelle »Presseklub Glasnost« unter der Führung von Lew Timofejew war dazugestoßen; es wäre also erstmals zu einer Begegnung zwischen den (handzahmen) offiziellen und den inoffiziellen Bürgerrechtsaktivisten gekommen – ein historischer Schritt des Dialogs zwischen starren Fronten. Die Glasnost-Gruppe hatte kurz zuvor ein Menschenrechtsseminar mit 500 Teilnehmern veranstaltet und galt als Brückenkopf der neuen Dissidentenbewegung. Die offizielle Sowjetunion schaltete auf stur. Man kenne diese »so genannte Glasnost-Gruppe nicht« und Timofejew schon gar nicht, so sei das nicht vereinbart gewesen. Das Tauziehen endete mit einer »Geste im Geist der Glasnost«. Timofejew durfte sprechen, lobte Gorbatschows neue Politik und überreichte dem Komitee eine Liste von 200 Sowjetbürgern, die noch immer wegen ihrer Überzeugung eingesperrt waren: »Sie sind verhaftet worden, obwohl sie auch nicht mehr gesagt haben als das, was Sie, Genossen Professoren, heute hier vertreten haben. Der einzige Unterschied liegt in den Zeiten, die sich geändert haben.«

Auch sonst waren die Eindrücke gemischt: Schwarzenberg und die mitreisenden Politiker und Wissenschafter durften mit Vertretern religiöser Minderheiten zusammentreffen, mit entlassenen politischen Häftlingen und mit Menschen, die aus Gewissensgründen zwangspsychiatriert wurden. Im Institut für Forensische Medizin beschwerte man sich vor den Westlern sogar über die Landespresse, weil sie vorsichtig über den Missbrauch der Psychiatrie berichtet hatte. Der sowjetische Justizminister beeindruckte mit seinen

Informationen über die geplante Reform des Strafrechts und der Gerichtsbarkeit. Wie brüchig der Reformprozess und wie stark das Prinzip Ignoranz in der Nomenklatura damals noch waren, zeigt wiederum die Wortmeldung des stellvertretenden Innenministers: »In der Sowjetunion gibt es keine politischen Häftlinge und es hat sie nie gegeben.«

Als Ergebnis der Reise verständigte man sich schließlich auf eine dreiteilige Menschenrechtskonferenz. Vom 30. Mai bis 23. Juni 1989 gab es, zweihundert Jahre nach der Französischen Revolution, ein erstes Treffen über die menschliche Dimension in Paris. Vom 5. bis 29. Juni 1990 würde eine zweite Zusammenkunft in Kopenhagen folgen und vom 10. September bis 4. Oktober 1991 kam man in Moskau zusammen. »Es wurde die erste internationale Konferenz nach dem Putsch. Paris setzte die Maßstäbe für die künftigen Treffen, und damit auch für Moskau. In Kopenhagen gab es wichtige Fortschritte (...) und in Moskau, unter dem unmittelbaren Eindruck des Putsches gegen Gorbatschow, gelang es, die innere demokratische Ordnung der KSZE-Staaten unter den Schutz der Schlussakte zu stellen«, erinnert sich der damalige deutsche Außenminister Hans-Dietrich Genscher in seinen Memoiren.

Die tschechoslowakischen Behörden sollten sich bis zuletzt als die stursten im Umgang mit der Helsinki-Föderation zeigen. Am 21. Januar 1989 verweigerten sie Schwarzenberg die Ausstellung eines Visums. Schwarzenberg wollte für Havel intervenieren, der wegen »Rowdytums« arretiert worden war, weil er einen Blumenstrauß zum zwanzigjährigen Gedenken an Jan Palachs Feuertod am Sockel des Reiterdenkmals am Wenzelsplatz niederlegt hatte. Nur einen Tag zuvor hatte der tschechoslowakische Außenminister noch freundlich lächelnd ein neues Helsinki-Agreement unterschrieben. Am 8. März 1989 platzte ein Termin mit ČSSR-Regierungsvertretern, weil der Vertreter der tschechoslowakischen Helsinki-Gruppe, Jiří Hajek – Ex-Außenminister und prominenter Regimekritiker – der sechsköpfigen IHF-Delegation angehörte. Das war ein Grundprinzip der IHF: Die lokalen Vertreter mussten bei jedem

Gespräch anwesend sein. »Ich glaube nicht, dass mein Chef diese Delegation empfangen wird«, meinte ein sichtlich aufgewühlter Ministersekretär des Justizressortchefs Antonín Caspar. »Entweder mit Hajek oder gar nicht«, antwortete Schwarzenberg. Das Gleiche passierte bei Innenminister František Kincl. Am 20. Oktober 1989 verhinderte der Prager Staatssicherheitsdienst die Abhaltung einer Generalversammlung des IHF und nahm mehrere Personen fest, darunter auch Hajek. Schwarzenberg, Havel und der österreichische Nationalratsabgeordnete Kurt Bergmann entgingen nur knapp der Verhaftung, weil sie von bereits Verhafteten aus einem vorbeifahrenden Auto am Weg von Havels Wohnung zum Veranstaltungsort, einem Café, gewarnt wurden: »Verschwindet schnell, sie verhaften alle.« Bergmann, der kein Tschechisch sprach, dachte zuerst, das Geschrei aus dem Taxi sei eine Ovation für Havel. Das tschechoslowakische Regime war, wenige Tage vor dem Jahrestag der Staatsgründung nach dem Ersten Weltkrieg am 28. Oktober, offensichtlich bereits hochnervös.

Im Gegensatz dazu stand die Ehrfurcht, mit der Schwarzenberg abseits der kommunistischen Kader immer wieder empfangen wurde. »Sind Sie in der Reisegesellschaft Ihrer fürstlichen Gnaden?«, wurde der Journalist Hans Rauscher 1988 gefragt, als er beim Portier des Hotels »Intercont« seinen Schlüssel verlangte. »Selbst im Prager Nobelhotel ›Esplanade‹ wichen Kellner und Portiere ehrfürchtig zurück, wenn der Fürst auftrat, und überboten einander an Dienstbeflissenheit. Der fürstliche Name löst in der ČSSR ähnliche Emotionen aus wie der Name Habsburg in Österreichs Monarchistenzirkeln. Daher die glasigen Augen des Personals beim Anblick des fließend Tschechisch sprechenden Repräsentanten des alten Adelsgeschlechts«, notierte das österreichische Wochenmagazin *profil* leicht verwundert. Genau darin lag Schwarzenbergs besondere Eignung für die Aufgabe als IHF-Präsident. Die Menschen vertrauten ihm und respektierten ihn. Sein Engagement bestand darin, Aufsehen durch persönlichen Einsatz, mitunter auch Gefährdung, zu erregen. Den schmalen Grat zur Profilierungssucht, zum Vorwurf der persönlichen Eitelkeit überschritt Schwarzenberg nie. Er sucht das Rampenlicht für die gemeinsame Sache, nicht für sich. »Ich bin hier nur Stellvertreter, Stellvertreter für die so zahlreichen unbekannten und die vielen bekannten Männer und Frauen, die sich in ganz Europa oft unter Einsatz ihres Lebens und ihrer Freiheit in den Kampf für Menschenrechte begeben haben«, sagte er in seiner Dankesrede anlässlich der Verleihung des Menschenrechtspreises des Europarates am 10. Mai 1989 an die IHF. Lech Walesa, Gründer der unabhängigen polnischen Gewerkschaft »Solidarnosc«, war der zweite Preisträger.

Es ist schwer vorstellbar, wie es einem Menschen geht, der seine Heimat als Kind verloren hat und gut vierzig Jahre später zurückkehrt und feststellen muss, dass er kraft seines Namens, teilweise aber auch aufgrund seines doch charakteristischen Aussehens wieder erkannt wird. Über Gefühle zu sprechen gehört nicht zu den ausgeprägten Seiten Schwarzenbergs, was einerseits an seiner Erziehung, andererseits an seiner Generation liegt. Die Landschaft seiner Jugend ließ sein Unterbewusstes und seine Träume dennoch nicht los. Erst als er 1968 mit seiner Frau das erste Mal wieder nach Böhmen, wie er seine Heimat beharrlich nennt, reiste, hörte er auf von ihr zu träumen. Als er 1978 seinem ältesten Sohn Aki Orlík und Čimelic zeigte, brach er beim Anblick eines alten Stücks Tapete, das sich im Lehrerzimmer des mittlerweile zu einer Schule umgebauten Schlosses Čimelic erhalten hatte, in Tränen aus.

Er habe mehrere Patriotismen, antwortet Schwarzenberg gerne, wenn er gefragt wird, ob er sich nun als Österreicher, Franke, Schweizer oder Tscheche fühle. Indem er dem tschechoslowakischen Widerstandsarchiv in Scheinfeld eine Heimat gab und als Präsident der Helsinki-Föderation selbst etwas dafür tun konnte, dass sein Böhmen wieder auferstand, erfüllte er nicht nur eine Art familienbiografischen Auftrag, nämlich seinem Vaterland zu dienen, Schwarzenberg konnte in den 1980er-Jahren auch wieder an seine persönliche Geschichte anknüpfen. Ein Teil seiner Identität, die er in Österreich zwar nie verloren, aber auch nie strapaziert hatte, lebte wieder auf. »Ein Emigrant verliert seine Heimat und gewinnt zwei Fremde«, meint der Publizist Alfred Polgar. Ab dem Jahr 1985 war Schwarzenberg als Helsinki-Präsident drauf und dran, diese eherne Regel zu widerlegen – wie das Jahr 1989 zeigen sollte auf eine Art und Weise, wie er es selbst wohl nie zu träumen gewagt hätte.

6. DER FÜRST ALS KANZLER

Der 29. Dezember 1989 war der schönste Tag im Leben von Karl Schwarzenberg. So sagt er es selbst. Er begann als ein für diese Jahreszeit in Prag typischer kühler Wintermorgen und auch im Veitsdom, der prächtigen gotischen Kathedrale am Hradschin, war die Luft klar und bitterkalt. Schwarzenberg hatte rechts hinter Václav Havel im Kirchenschiff Platz genommen, inmitten jener Gruppe von Beratern und Freunden, die in den kommenden zwei Jahren von der Burg aus die Geschicke der Tschechoslowakei maßgeblich mitbestimmen sollten. In den – vor allem – ausländischen Medien sollte die Dissidententruppe auf dem Hradschin schnell Kultstatus erlangen. Dichter, Künstler, Studenten und Intellektuelle als Staatsmänner – Bohemiens auf der Burg: Das hatte unvergleichlichen Charme für die westliche Welt. Wo immer er auftrat, wurde er als lebende Sensation, als Inkarnation des Philosophenkönigs gefeiert. Havel könne mit seiner Mannschaft jederzeit ein Theaterstück zur Aufführung bringen, schrieb ein Prager Blatt einmal scherzhaft über den Poetenstaat. Tatsächlich waren in den zweieinhalb Jahren von 1990 bis zur Auflösung der tschechoslowakischen Föderation im Sommer 1992, die als die erste postrevolutionäre Phase in die Geschichte eingingen, die Gesetze herkömmlicher Politik außer Kraft gesetzt. Für kurze Zeit regierten nicht Pragmatismus und Machtstreben allein die Burg, sondern die Idee einer »Politik als praktizierte Sittlichkeit« (Havel). Überspitzt formuliert kam ein höchst idealistisches Staatsstück zur Aufführung – und Schwarzenberg sollte darin eine zentrale Rolle spielen.

Kurz bevor sich die Festgäste im Veitsdom versammelt hatten, um der vom Prager Kardinal František Tomášek zelebrierten Tedeum-Messe von Antonín Dvořák zu lauschen, war Havel unter Fanfarenstößen, Salutschüssen sowie dem endlosen Beifall und Jubelrufen der Bevölkerung zum ersten Präsidenten der wieder freien Tschechoslowakei gewählt worden. Dass Havel seine Wahl durch die Kirche feiern ließ, hatte einen hohen Symbolwert. Schon einmal, 41 Jahre zuvor, im Jahr 1948 – Schwarzenberg war damals zehn Jahre alt –, hatte ein Prager Kardinal namens Josef Beran einen Staatspräsidenten mit dem Tedeum gefeiert. Damals war es Klement Gottwald, der erste kommunistische Präsident, der im Veitsdom Platz nahm. Es war ein umstrittener Akt. Ihn mit jenem Mann zu wiederholen, der zur überragenden Symbolfigur der Wende wurde, gab der Kirche nicht nur Gelegenheit, ihren einstigen kommunistischen Kniefall zu relativieren, Havel wies der katholischen Kirche damit auch ihre Rolle im neuen, postrevolutionären Staat zu: Es ist die eines kundigen Bühnenbeleuchters. Regisseur wollte Havel, der die Symbolik seiner Handlungen stets sorgfältig abschätzte, selbst sein. So durfte die Kirche die neuen Repräsentanten der Republik illuminieren – im würdigen Inszenieren von Prunk und Pomp hat sie schließlich zweitausend Jahre Erfahrung –, Macht und Einfluss wie im Nachbarland Polen sollte der Klerus in der demokratischen Tschechoslowakei aber nicht bekommen. Mit dem Tedeum schloss sich auch das kurze und gewaltlose Kapitel der »Samtenen Revolution«, wie die sechs Wochen zwischen dem 17. November und Havels Wahl zum Staatspräsidenten im Westen genannt werden. Nun war klar, dass der »Albtraum endgültig vorbei war«, wie Schwarzenberg es formuliert. Die Tschechen selbst sprechen von der Samtenen Revolution lieber schlicht und ergreifend vom »November«, »Listopad« – ein Wort übrigens, das die ursprüngliche Poesie der tschechischen Sprache demonstriert. Wörtlich übersetzt heißt es so viel wie »Blätterfall«.

Der Fall des kommunistischen Regimes kam unvorhergesehen. Alles begann mit einer angemeldeten Studentendemonstration in memoriam Jan Opletals, jenes Medizinstudenten, der bei einer Demonstration gegen die Nazi-Okkupation 1939 angeschossen worden und dann gestorben war. In Berlin war gerade die Mauer gefallen, aber die

Kommunisten in Prag zeigten sich unbeeindruckt. Der Revolutionsfunke sprang über, als die Polizei besonders hart gegen die Demonstranten vorging. Plötzlich hieß es, ein Student sei getötet worden. Diese Information stellte sich später als falsch heraus, mobilisierte aber die arbeitenden Massen. Die weiteren Geschehnisse folgten dem bewährten Muster historischer Revolutionen: Der Widerstand formierte sich in parteiübergreifenden Initiativen, dem »Bürgerforum« in Tschechien und der Plattform »Bürger gegen Gewalt« in der Slowakei. Massendemonstrationen, Generalstreik, Theaterbesetzungen versuchte das Regime zuerst mit einem Wechsel an der Spitze der kommunistischen Partei ruhig zu stellen – erfolglos. Als am 25. und 26. November fast eine drei viertel Million Menschen im Letna-Park demonstrierten – normalerweise Aufmarschgebiet für die Staatsfeierlichkeiten zum Tag der Arbeit – und tags darauf jene, denen am 1. Mai gehuldigt wird, nämlich die Arbeiter, ihre Solidarität mit den Regimegegnern durch einen Generalstreik bewiesen, zerbrach die alte Macht.

Schwarzenberg musste die dramatischen Ereignisse von Wien aus verfolgen. Die tschechoslowakische Botschaft hatte ihm, als er am 17. November sofort um ein Einreisevisum ansuchte, barsch beschieden, er sei eine unerwünschte Person. Erst zwei Wochen später traf er in Prag ein – und fand seine zweite Heimatstadt in Aufruhr. In die Grauschattierungen der vernachlässigten Altstadthäuser, in die eintönigen Beige-, Oliv- und Brauntöne der kommunistischen Bekleidungsindustrie mischten sich die Nationalfarben Rot, Weiß und Blau und die fröhliche schwarz-weiße Anarchie der Revolutionstypografie. Überall im öffentlichen Raum – in den U-Bahn-Stationen, an Baustellengittern und Häuserfronten – klebten handgeschriebene, primitiv vervielfältigte Plakate mit Aufrufen zum Protest, Informationen über nächste Veranstaltungen und eiligst produzierte Wandzeitungen. Die Menschen verharrten oft minutenlang vor diesen Informationstapeten, manche verstört, andere fassungslos, viele ungläubig, dass einfach niemand kam, der sie daran hinderte, in aller Öffentlichkeit »verbotene« Information zu konsumieren. An den

Revers der Mäntel und im Haar der Frauen tauchten Bänder in der rot-weiß-blauen Trikolore auf. Es gab sie in jedem »Prior«, den Geschäften der staatlichen Kaufhauskette, in verschiedenen Breiten zu erstehen. Sie wurden zu einem der Maskottchen der Wende – und bescherten der kommunistischen Mangelwirtschaft ihren letzten Absatzschlager.

Als Gustav Husák am Abend des 10. Dezember im tschechoslowakischen Staatsfernsehen seinen Rücktritt bekannt gab, begossen Havel und Alexander Dubček, die im Prager Kellertheater Laterna Magica das Revolutionshauptquartier aufgeschlagen hatten, die Nachricht mit Tränen und drei Flaschen Sekt. Die Revolution hatte endgültig gesiegt. Havels Name erschien immer öfter auf Plakaten und Graffitis mit dem Zusatz »na hrad« – »auf die Burg«. Erstmals war diese Forderung am 24. November lautstark deklamiert worden, als Havel gemeinsam mit Dubček auf dem Balkon des Verlagshauses der Sozialistischen Partei am Wenzelsplatz von den versammelten Demonstranten begeistert gefeiert wurde. Wenig später tauchten in Schaufenstern und an Litfaßsäulen, bisweilen auch in Umkleideräumen in Fabriken, in Küchen und Wohnzimmern Plakate auf, die Havel zusammen mit dem berühmten ersten Präsidenten der Tschechoslowakischen Republik Masaryk zeigten. Hätte es noch eines Beweises bedurft, hier hing er: Havel war zu diesem Zeitpunkt bereits lebende Legende.

Schwarzenberg und Havel hatten sich erst relativ spät persönlich kennen gelernt. Havel stand unter ständiger Beobachtung der Staatspolizei und auch Schwarzenberg wurde, sobald er in seiner Funktion als Helsinki-Präsident in die Tschechoslowakei einreiste, stets von auffällig unauffälligen Herren in Blousons eskortiert. Meistens waren die professionellen Beobachter zu zweit. »Unser Treffen wäre ein Treffen von vier Polizisten gewesen, was hätte das gebracht?«, meint Schwarzenberg über die schwierigen Bedingungen der Kontaktaufnahme. Im Frühsommer 1987 ließ Havel Schwarzenberg über Prečan ausrichten, dass er ihn doch gerne persönlich treffen würde. Schwarzenberg reiste vom 12. bis 15. Juni nach Prag, als Treffpunkt wurde ein lärmendes Lokal am Wenzelsplatz ausgemacht, das heute nicht mehr existiert. Die Begegnung sollte knapp vor Mitternacht stattfinden. Kurz zuvor war Schwarzenberg in der Klasterni Vinarna, einem Lieblingslokal Havels, auch mit anderen Chartisten beisammengesessen.

Es waren zwei Männer mit sehr unterschiedlichen Biografien, die an diesem Abend zusammenkamen, um sich erstmals gegenseitig »abzuklopfen«. Der eine böhmischer Aristokrat im österreichischen Exil, weltgewandt und polyglott, der andere nur um ein Jahr älter, Prager Großbürgersohn in der inneren Emigration, ohne jegliche politische Erfahrung, dafür voller Ethos und der Überzeugung, dass eine unpolitische Politik möglich ist. Gemeinsam war beiden, dass sie eine Vision von einer anderen Tschechoslowakei hatten – und dass sie Repräsentanten jener aristokratischen und bürgerlichen Oberschicht waren, welche die Kommunisten nach 1948 konsequent zu vernichten versucht hatten.

Die tschechoslowakische Elite hatte nie die Chance bekommen, sich voll zu entfalten. Zuerst von den Habsburger unterdrückt, 1938 ihrer jüdischen, 1945 ihrer deutschen, 1948 der bourgeoisen und 1968 schließlich ihrer intellektuellen Repräsentanten beraubt, konnte sie ihre Sehnsucht nach Größe nur in der kurzen Phase der Ersten Tschechoslowakischen Republik verwirklichen. Es ist daher nicht verwunderlich, dass der Gründerpräsident Masaryk in Tschechien heute ebenso kultische Verehrung genießt wie die von Aufbruch und Radikalität geprägte kubistische Kunst jener zwei Dekaden von 1918 bis 1938. Havel sollte in seiner Zeit als Präsident bewusst an seinen letzten demokratisch gewählten Vorgänger anknüpfen. Nicht nur indem er sich mit dem Titel »Dichterpräsident« in eine Ehrenreihe mit dem »Gründerpräsidenten« stellte, später sollte er einmal zu einem besonders feierlichen Anlass in der Limousine seines Vorgängers, einem Tatra 80, vorfahren. Gerne zog er sich am Wochenende in Masaryks Zufluchtsort in Lány unweit von Prag zurück. Am deutlichsten aber wurde die Referenz an Masaryk bei Havels erster Neujahrsansprache. Masaryk hatte seine erste Ansprache mit einem

Zitat von Comenius eröffnet, Havel beendete seine erste Rede mit einer Paraphrase desselben: »Deine Herrschaft, mein Volk, ist zu dir zurückgekehrt.«

Bei ihrer ersten Begegnung trank Havel Bier, Schwarzenberg nur Wasser, weil er noch in der gleichen Nacht zurück nach Wien musste und die Alkoholkontrollen – es waren 0,0 Promille vorgeschrieben – streng waren. Knapp zwei Stunden, bis ein Uhr nachts, unterhielten sich die beiden. Sie sprachen über Schwarzenbergs Engagement in der Helsinki-Föderation, über das Dokumentationsarchiv in Scheinfeld – in Dissidentenkreisen wurde der eigentliche Sitz, das Schloss Schwarzenberg, verständlicherweise nie genannt – und über den Besuch Michail Gorbatschows, der im April nach Prag gekommen war. Sehr ausführlich ließ sich Havel erklären, warum Schwarzenberg so viel Zeit, Mühe und Geld in die Menschenrechtsarbeit investierte. Dieses vorsichtige Abtasten, begleitet vom im Dissens genährten Misstrauen war normal. Dissidenten hatten sich angewöhnt, sich bei Begegnungen in der Öffentlichkeit nicht zu begrüßen, sondern nur versteckt zu erkennen zu geben – zu groß war die Angst vor Repressalien. Schwarzenberg und Havel kamen damals überein, weiter in Kontakt zu bleiben. Bei jedem Pragbesuch sollte Schwarzenberg sich melden und nach Möglichkeit werde man sich wieder persönlich treffen.

Letztlich lassen sich die Begegnungen zwischen den beiden vor der Wende 1989 an einer Hand abzählen. Dennoch erkannte Schwarzenberg die Sonderstellung Havels innerhalb der Dissidentenbewegung. »Er war sichtlich der Mittelpunkt von allem. Er hat die verschiedensten Gruppen vereinen können, die 48er, die 68er, die ganz Jungen wie Alexander Vondra, die in der Phase der Normalisierung groß geworden waren, und die Christen. Niemand hat an seiner Lauterkeit gezweifelt, er war vermittelnd, nicht konfrontativ.«

Gleichzeitig wurde dem Westler Schwarzenberg bei diesem Besuch aber auch vor Augen geführt, wie weltfremd und abgekapselt die Chartisten waren – und wie wenig sie von der Technik der Macht verstanden. »Die Leute haben viel mehr Zeit als hier im Westen und gleichzeitig haben sie kein Zeitgefühl. Manche waren fast beleidigt, wenn ich mich nach eineinhalb Stunden Gespräch verabschiedete. Es gibt eine gewisse Isolierung, ich hatte manchmal den Eindruck, dass die nicht ganz in der Realität leben. Sie haben keine Vorstellung von der Mobilität der Menschen im Westen. Meine größte Befürchtung war, dass ich jemanden beleidigt habe, weil ich nicht genug Zeit für jedermann hatte«, erzählte er Prečan kurz darauf. Der Dissidentengeneration, die im Zuge der Wende 1989 an die Spitze der Politik geriet, fehlten fast alle wesentlichen Voraussetzungen zum Überleben an der politischen Spitze: Sie waren weder organisatorisch geschult noch machttaktisch erfahren. Im Gegenteil: Sie gingen mit zum Teil fast naiven Vorstellungen an ihre postrevolutionären Ämter heran. Das Gute, Wahre, Wirkliche sollte sich durchsetzen – denn das waren die Kategorien ihres Lebens im Widerstand gewesen. Havel wendete etwa viel Zeit für das Verfassen seiner Reden auf, während andere Politiker, viele aus der so genannten »Grauzone«, das ihren Redenschreibern überließen und ihre Hauptaufgabe im Fraternisieren und Intrigieren sahen. Sie hatten sich mit dem System vorsichtig arrangiert, dafür durften sie begrenzt Karriere machen und im Ausland studieren. Sie konnten zwar nicht dichten, dafür sprachen sie Englisch. Und statt Pullovern und wilden Bärten im Gesicht trugen sie korrekt gescheitelte Frisuren und – wie der Makroökonom und nachrevolutionäre Finanzminister und heutiger Staatspräsident Václav Klaus – einen scharf gestutzten Oberlippenbart. Sie sollten es sein, die nach der unmittelbaren Revolutionszeit bei den Wahlen im Juni 1992 die parlamentarische Macht im Parlament übernahmen und die, wie es in der Geschichtswissenschaft heißt, »pragmatische« Phase der postkommunistischen Ära in Tschechien einleiteten. Sie siegten, weil das Bedürfnis der Bevölkerung nach moralischer Orientierung nach drei Jahren offensichtlich gestillt, der Hunger nach Marktwirtschaft aber noch groß war.

Offiziell trat Schwarzenberg das Amt des Kanzlers bei Havel mit 52 Jahren erst am 11. Juli 1990 an, inoffiziell wurde er am Abend des erstens Treffens im Sommer 1987 zu dessen ständigem Berater.

Mit seinem organisatorischen Talent, seinen internationalen Kontakten und seinem politischen Instinkt konnte er wie kein anderer Havels machtpolitisches Defizit mildern. Er kannte die westlichen Denkkategorien, war gleichzeitig aber tief vertraut mit der älteren und jüngeren Geschichte des Landes. Außerdem sprach er fließend Tschechisch – wenngleich mit einem für manche ungewohnten, ein wenig altmodisch klingenden Akzent. Der Literat, den Freunde als höflichen, aber fast ein bisschen scheuen und mitunter unsicheren Menschen beschreiben, sah in Schwarzenberg zu Recht den idealen Begleiter, auch weil er sich nicht scheute ihm seine Meinung zu sagen. Es gab nicht viele, die sich trauten am Mythos Havel zu kratzen. Schwarzenberg gehörte definitiv zu diesen, und das schätzt Havel bis heute.

»Zu dieser Zeit haben wir nicht großartig zwischen Politikern und Beratern unterschieden. Es existierte keine hierarchische Struktur. Wir waren mehr wie Freunde, die Meinungen austauschten, und ich habe zu guter Letzt entschieden, wie es mir aufgrund dieser gemeinsamen Debatten als richtig erschien. Schwarzenberg half mir natürlich in politischen Angelegenheiten. Charakteristisch für ihn war, dass er es war, der in vielen insbesonders empfindlichen, pikanten und problematischen Situationen die Stirn geboten hat, mir den Rücken stärkte und verschiedene verzwickte Lagen löste. Es heißt ja, dass die Schwarzenberg immer treue Herrscher gewesen sind. Ich weiß nicht, ob das stimmt, aber Karel war in der Tat ein sehr loyaler Mensch. Zu der Zeit, als wir zusammenarbeiteten, war er bereit, auch sehr unangenehme Dinge von meinen Schultern auf seine zu nehmen«, erinnert sich Havel.

Und der Fürst konnte zupacken. Eine seiner ersten Aufgaben Anfang Dezember 1989, als er endlich nach Prag reisen durfte, bestand darin, Kopiermaschinen, Faxgeräte und Papier nach Prag zu liefern – also materiellen Nachschub für die Verbreitung des in Revolutionszeiten wichtigsten immateriellen Guts: freie Meinung. Die Presse hatte Auflagen wie noch nie. Regimetreue Parteiblätter wie *Svobodne Slovo* versuchten erste Schritte am freien Meinungsmarkt. Das frühere Blatt des kommunistischen Jugendverbandes, die *Mlada fronta*, oder das kommunistische »Zentralorgan« *Rudé Právo*, heute als linksgerichtete Zeitung *Právo* (Recht) bekannt, sollten später folgen. Gleichzeitig erschienen Untergrundblätter wie etwa die 1988 entstandene *Lidové noviny* (Volkszeitung) nun täglich. Das Zeitungspapier wurde nach wie vor von einer kommunistischen Zentralstelle zugeteilt. Mit einem Kleinlastwagen der Forstdirektion Murau kaufte Schwarzenberg in Wien ein, was der Wagen an Büro-Gerätschaften laden konnte, setzte sich ans Steuer und führ über die Grenze. Zeitungspapier trieb er mit Hilfe seines Freundes Ernst Gideon Laudon, damals Manager bei der Tageszeitung *Kurier*, auf. »Im November 1989 bekam ich einen Anruf von Kary, dass er ganz dringend Papier brauche. Wir kamen überein, dass er uns einen formalen Bittbrief von Havel zukommen lassen sollte, daraufhin würden wir gemeinsam mit der Papierindustrie einen halben Jahresverbrauch nach Prag schicken.« Die Hälfte der Lieferung sollten die Tschechen, die andere die Slowaken bekommen. Für Schwarzenberg ein vertrautes Prinzip, entsprach dieser tschechoslowakische Proporz doch genau dem, was die Große Koalition in Österreich geschaffen hatte. Wenn die eine Seite den Präsidenten stellte, bekam die andere den Vize und umgekehrt.

Nicht nur am Beispiel der Papierrationierung ließ sich erahnen, dass das Verhältnis zwischen Tschechen und Slowaken ein schwieriges sein würde. Der Zusammenhalt bröckelte, beide Seiten entdeckten die politischen Verlockungen des Nationalismus. Die Slowaken fühlten sich tendenziell benachteiligt. Bereits im März 1990 konnte sich das Parlament nicht darauf einigen, wie die neue Republik heißen sollte. Schließlich verständigte man sich darauf, sie im slowakischen Landesteil mit einem Bindestrich (»Tschecho-Slowakisch«) zu schreiben, in Böhmen und Mähren ohne denselben. Einen Monat später wurde aus dem Strich dann ein »und«, wie Briefmarken mit dem Schriftzug »Tschechische und Slowakische Föderative Republik« beweisen. Der »Bindestrich-Krieg« mag skurril anmuten, zeigt aber, wie fest verankert der im Kommunismus stets unterdrückte

Nationalstolz und die Forderung nach Selbstbestimmung waren. Die Bindstrich-Lösung hielt nicht einmal ein Jahr: Im Oktober 1992 beschloss das Parlament nach langen Verhandlungen mehrheitlich die Auflösung der ČSFR.

Schwarzenberg ist bis heute überzeugt, dass der Zerfallsprozess aufzuhalten gewesen wäre, hätte sich das Parlament bei der Ausarbeitung einer neuen Verfassung schneller und hartnäckiger gezeigt. Es lässt sich im Nachhinein schwer sagen, ob das zum gegebenen Zeitpunkt überhaupt noch möglich gewesen wäre. Das gewaltlose Auseinandergehen bildete jedenfalls die unschöne Hintergrundmusik für Havels Rücktritt am 20. Juli 1992 um exakt 18 Uhr – und damit verbunden Schwarzenbergs Amtsende. Nachdem Havel als einziger Kandidat bei der Wahl zum tschechoslowakischen Präsidenten nicht die Stimmen der slowakischen Abgeordneten bekommen und das Parlament der Slowakischen Teilrepublik zwei Wochen später feierlich die Souveränität des Landes erklärt hatte, legte Havel sein Amt nieder und zog sich in sein Wochenendhaus zurück. Schwarzenberg hatte die Aufgabe übertragen bekommen, die tschechoslowakische Flagge auf dem Hradschin einzuholen – für immer. Schwarzenberg: »Das war einer der schlimmsten Momente.« Schwarzenberg verhehlte seine Enttäuschung über die Spaltung der Tschechoslowakei nie. Er habe sich gefühlt wie ein Scheidungskind, sagte er oft und zitierte dazu Konrad Adenauer: »Gott hat dem menschlichen Verstand Grenzen gesetzt, der Dummheit aber nicht.«

Am 29. Dezember 1989, bei der mit Prunk, Weihrauch und Ornat zelebrierten Tedeum-Messe im Veitsdom war das unrühmliche Ende noch kein Thema. Die neue Republik gab ihr erstes großes Lebenszeichen und es sollte ein grundlegend neues sein. Nicht kommunistisches Politsprech, nicht eintönige Uniformparaden, sondern politischer Barock bekamen die Millionen Zuschauer vor den Bildschirmen zu sehen. Havel war sich der einmaligen Aufgabe, dem Präsidentenamt ein neues Gesicht geben zu können, wohl bewusst. Als Dramatiker genoss er den theatralischen Aspekt dieser Aufgabe und das Spiel mit den staatlichen Symbolen. Jede seiner Gesten hatte an diesem Tag ungeheure Symbolkraft. Und so schaffte es auch ein Detail, das angesichts der historischen Dimension des Augenblicks eher nebensächlich war, für großes Aufsehen zu sorgen: Der neue Staatspräsident trug bei seiner Inauguration einen dunklen Anzug mit unübersehbar zu kurzen Hosen. Die Frage, was der frisch gekürte Präsident zur heiligen Messe im Veitsdom tragen sollte, hatte zuvor zu intensiven Debatten in seinem Beraterstab geführt. Havels Frau Olga wollte die pompöse Zeremonie, die ihr eigentlich nicht gefiel, abmildern, indem sie bei einem Prager Schneider einen dunklen Anzug für ihren Mann in Auftrag gegeben hatte. Der hatte in der Eile die Saumlänge verschnitten. Prompt machte der Scherz, die Kommunisten hätten sich schon an die Arbeit gemacht und angefangen die Macht des Präsidentenamtes zurechtzustutzen, die Runde.

In der Folge kaufte Schwarzenberg, den die deutsche Männer-*Vogue* dank seiner klassischen, aber stets mit Understatement getragenen Kombinationen einmal auf Platz 21 der hundert bestangezogenen Männer der Welt reihte, eine Auswahl an feinem Tuch im »House of Gentlemen«, einem traditionellen Herrenausstatter am Wiener Kohlmarkt. Die Sakkos und Hosen, die nicht passten, brachte er dann wieder zurück. Es war nicht das letzte Mal, dass Schwarzenberg seinen Dissidentenfreunden, die ihr Leben in Jeans, verwaschenen Pullovern und hinter Bärten versteckt verbracht hatten, bei der Kleiderwahl beriet. Auch in London im März 1990, bei Havels erstem Besuch bei der britischen Premierministerin Margaret Thatcher, führte »Karel«, wie die Kabinettskollegen ihn nannten, die Delegation in die erste Londoner Einkaufsadresse, zu »Harrods«, zum Einkleiden. Für Außenminister Jiří Dienstbier organisierte er zusätzlich noch einen dunklen Mantel. »Er kannte eben alle diplomatischen Regeln und wusste, wie man sich zu benehmen hat«, erinnert sich Dienstbier. »Für uns, die wir nie zuvor in solchen Funktionen gewesen waren, war das damals eine wirklich große Hilfe.« In Erinnerung ist Dienstbier auch ein Scherz Schwarzenbergs geblieben. Er erklärte ihm die Kunst, bei einem Staatsbankett ein Nickerchen am

Tisch zu machen und dennoch, sobald das Wort an einen gerichtet wird, eine passende Antwort parat zu haben und nicht peinlich aufzufallen. »Weißt du«, meinte Schwarzenberg, »ich habe darin 700 Jahre Erfahrung.«

Noch am selben Tag seiner Angelobung scharte Havel beim Mittagstisch Schwarzenberg und seine anderen Berater um sich, um eine erste Aufgabenteilung vorzunehmen. Havel war die Bedeutung seines Stabes wohl bewusst: »Um ein guter Präsident zu werden, musste ich natürlich in meinem eigenen Büro anfangen. Nicht um meine Macht und meinen Ruhm zu erhöhen, sondern um dem Präsidentenamt wieder seine frühere Bedeutung zu geben und damit die Voraussetzung dafür zu schaffen, dass meine Nachfolger ihrer Heimat besser dienen können«, meinte er. Schwarzenberg bekam den Auftrag, einen »Konsultativrat« mit prominenten Exiltschechen wie Martina Navrátilová, Miloš Forman und Pavel Kohout zusammenzustellen, die für die neue Tschechoslowakei werben und sie beraten sollten. Zu Havels Beratern, die in den Medien bald die wenig schmeichelhafte Bezeichnung »Havel-Mafia« bekamen, gehörten bald Persönlichkeiten aus den unterschiedlichsten Bereichen. Es dominierten Literaten wie Pavel Tigrid oder Jiří Pelikan, Männer aus der Geschäftswelt wie der Schuhfabrikant Tomáš Batá und Ota Šik, vormals Dubčeks Berater für Wirtschaftsfragen. Auch Havels persönlicher Mitarbeiterstab war bunt gemischt: ein Drehbuchautor, ein ehemaliger Theologiestudent, ein Journalist, ein Psychologe, ein Dramaturg, ein Grafiker – sie alle gaben sich informell und gestanden freimütig ein, ein Stück Dilettantismus in die Profiwelt der Politik mitzubringen.

Als eine der ersten Verschönerungsmaßnahmen ließ Havel die düsteren, anonymen Landschaftsbilder aus vergangenen Jahrhunderten in seinem Büro abnehmen und hing anregende, moderne Bilder von befreundeten Künstlern auf. »Sein Büro glich bereits einem Atelier zeitgenössischer Kunstwerke, die die Schreibtische und Telefone fast unsichtbar machten«, erinnert sich Deutschlands Bundespräsident Richard von Weizsäcker später in seinen Memoiren. Ein wenig wirkte die Mannschaft wie ein mittelalterlicher Hofstaat für einen zwar klugen, aber nach Vertrauen und Applaus suchenden Herrscher. Im Zentrum, und gleichzeitig sorgfältig bemüht im Hintergrund zu bleiben, stand Schwarzenberg. Trotz Diskretion wurde der Fürst aus Wien bald zum gern aufgegriffenen Medienthema. In einem beliebten tschechoslowakischen Comic fand er sich in diesen Monaten des Öfteren als einflussreicher Königsmacher im mittelalterlichen Rittergewand und mit breiter Halskrause dargestellt. »Karel, ist es morgens oder abends?«, betitelte eine Prager Tageszeitung schelmisch ein Foto, das Havel und Schwarzenberg auf einer Veranstaltung vertraut tuschelnd zeigte.

Als Kanzler des Präsidialamtes im Range eines Staatssekretärs war Schwarzenberg der oberste Beamte der Prager Burg, vergleichbar mit dem deutschen Kanzleramtsminister. Gleichzeitig hatte er quasi als Burghauptmann rund 450 Mitarbeiter zu befehligen, darunter auch Gärtner, Feuerwehrmänner und Facharbeiter, die vor allem für die umfangreichen Renovierungsarbeiten eingesetzt wurden. Der Hradschin ist nach dem Vatikan die größte Residenz Europas. Seit dem 9. Jahrhundert Herrschersitz haben Generationen an Bewohnern ihn ausgebaut und verschönert. Zu Schwarzenbergs Aufgaben gehörte aber auch die inhaltliche Koordinierung des rund 20-köpfigen Präsidentenkabinetts. Die Kanzlei war die Schnittstelle zwischen Präsidialamt und den Ministerien. Auf Schwarzenbergs Tisch landeten alle wichtigen Dokumente, Gesetzesentwürfe und Initiativen und immer öfter auch Briefe, zu hunderten pro Tag, geschrieben von Gratulanten und Beschwerdeführern – in zunehmender Zahl als Petitionen an die Herrscher verfasst. Manchmal war auch ein Umschlag mit einem dicken Dollarbündel dabei, was in Havels Büro mit dem Scherz quittiert wurde, die ganze Revolution sei wohl doch ein Coup des CIA.

Schwarzenberg selbst bezeichnete sich zurückhaltend stets als »Beamten« oder »Diener«, seine Stelle als »Service- oder Dienstleistungsabteilung«, die er nach »modernen Managementprinzipien« in eine »effizient arbeitende Kanzlei« verwandeln wollte. Seine Aufgabe sei es nicht, eine eigene Handschrift zu hinterlassen, sondern im

Hintergrund zu organisieren. »Jeden Montag fahr ich nach Prag auf den Hradschin, dort habe ich ein Kammerl und wie in jeder Amtsstube dieser Welt erwartet mich dort ein Packerl Post«, versuchte er seine Aufgabe einmal kleinzureden. In Wahrheit war die Kanzlei am Hradschin weit mehr: Da der Staat nach der Revolution bis zu den ersten freien Wahlen im Juni 1990 noch nach der alten kommunistischen Verfassung regiert wurde, hatten Havel und seine Burgmitarbeiter große politische Macht. Die Kommunisten, die das Grundgesetz geschrieben hatten, waren nie davon ausgegangen, dass der oberste Repräsentant der ČSSR einmal kein Parteigänger sein würde – entsprechend großzügig versahen sie ihn mit Vollmachten. Havel hatte das Recht, Gesetze einzubringen, Abgeordnete zu berufen und zu entlassen. Der Einfluss des Präsidenten war umso stärker, weil das tschechoslowakische Parlament in den ersten Monaten nach der Revolution in der Luft hing. Alte kommunistische Abgeordnete saßen neben Dissidenten, die von Havel bestellt wurden. Demokratisch gewählt waren sie beide nicht. Die Regierung unter ihrem Chef Marian Čalfa (1989–1992) arbeitete zwar weiter, das politische Geschehen konzentrierte sich aber eindeutig auf den Hradschin, wo die Symbolfigur der Wende herrschte. Havel wurde so zum einzig demokratisch legitimierten Politiker, der die Republik durch die turbulente nachrevolutionäre Phase trug, innen- wie außenpolitisch. Die Medien fanden auch Worte wie »Schattenkabinett« für Havels Umgebung – wohl nicht ganz zu Unrecht.

Havel und seine Berater waren sich ihrer herausragenden Stellung und der Verantwortung, die sie für das Schicksal der gerade gründlich durchgerüttelten Tschechoslowakei trugen, wohl bewusst. Sie ahnten auch, dass die erste Phase des Taumels und der Freude sehr bald realistischen Problemen weichen würde. Es ging nicht nur um wirtschaftliche Kennzahlen, die allesamt vernichtend waren, sondern auch um die psychologische Verfassung des Landes. Über vier Jahrzehnte Diktatur hatten den Charakter der Menschen geprägt. Der Übergang zu einem neuen Gesellschaftssystem würde nicht nur eine Frage des Wachstums sein. Havel und sein Stab taten, was sie im

Rahmen ihrer Möglichkeiten tun konnten und worin sie sich als kompetent erachteten – sie setzten auf Symbolik und Improvisation.

Der Hradschin, von den Kommunisten verwahrlost, verfügte über keine klassische Büroinfrastruktur. Mehr als einmal passierte es, dass ein Schreiben versehentlich auf kommunistischem Briefpapier getippt wurde und weggeworfen werden musste. Außerdem hatte Husák, der letzte kommunistische Präsident, eine Reihe von rätselhaften Umbauarbeiten vornehmen lassen. Da waren etwa die vielen Waschbecken, die an allen möglichen und unmöglichen Orten installiert waren. Oder die seltsame Zimmeraufteilung: Auf jedem Stock des Nordflügels gab es eine äußerst großzügige Wohnung mit einer kleinen Nebenabsteige.

Erst als Schwarzenberg sich mit den langjährigen Putzfrauen anfreundete – zu jenen Zeiten gelang das etwa, indem man sie regelmäßig mit einer Packung Kaffee einer Westmarke versorgte –, kam er auf des Rätsels Lösung. Husák litt offensichtlich an einer Waschmanie – deshalb die vielen Waschbecken. Die großen Wohnungen samt Nebenräumen waren als Übernachtungsmöglichkeit für verdiente Parteifunktionäre gedacht, die auf Wochenendausflug in Prag weilten. Damit es den Helden der Arbeiterschaft in der Hauptstadt an nichts fehlte, reisten sie selbstverständlich mit ihren »Sekretärinnen« an. Wenn sie über keine verfügten, teilte ihnen der Staatssicherheitsdienst ein Mädchen »zur Arbeit« ein – kurzum, der Hradschin war zu einer Art »Nobelstundenhotel für die kommunistische Nomenklatura« (Schwarzenberg) verkommen. Die vielen Waschbecken nutzen die neuen Burgbewohner im ersten Gang übrigens als improvisierte Schreibtische: Sie legten ganz einfach ein Brett darüber und schon war eine neue Ablage geschaffen. Es fehlte alles: Schreibmaschinen, Computer, Faxgeräte, Briefpapier, moderne Telefone. Als Schwarzenberg einmal mit einem Beamten im Finanzministerium, das am Fuße des Hradschins liegt, telefonierte, war die Verbindung so schlecht, dass beide Seiten in den Hörer brüllen mussten. Ein ausländischer Besucher fragte Schwarzenberg daraufhin: »Warum hast du nicht das Fenster aufgemacht und rübergerufen?«

Ein anderes Mal ließ Havel durch den neu berufenen Innenminister Richard Sacher eine bis dahin immer versiegelte Tür, die in einen Raum neben dem künftigen Präsidentenbüro führte, öffnen. Niemand hatte einen Schlüssel für dieses Zimmer gehabt und der Schock war groß, als die Tür endlich aufgebrochen war: Dahinter kam ein grimmiger Soldat zum Vorschein, das Maschinengewehr im Anschlag. Seine Aufgabe war es offensichtlich, den Geräuschen zu lauschen, die aus den verschiedenen Abhörgeräten in den umliegenden Räumen zu ihm drangen. Havel bat den deutschen Bundespräsidenten Richard von Weizsäcker später um professionelle Hilfe der Bundeswehr bei der Entwanzung des Hradschins.

Als erstes Signal des Neuanfangs wurde die Prager Burg wieder für die Öffentlichkeit geöffnet. Als Nächstes gebar Havel die Idee, eine neue Uniform für die Burggarde zu entwerfen. Unter Husák war die Wachablöse der Gardisten ein militärisches Ritual gewesen, veranstaltet von finster dreinblickenden Soldaten in schlammgrünen Hosen. Havel inszenierte daraus ein 15-minütiges, farbenfrohes Spektakel. Dafür holte er sich Theodor Pištěk, den Kostümbildner Miloš Formans, der den Film »Amadeus« ausgestattet hatte. Pištěk entwarf die rot-weiß-blauen Uniformen, welche die Garde wie Spielzeugsoldaten in Lebensgröße ausschauen lassen. Nur bei der Auswahl der Borten, die die Gardisten als Gürtel tragen, fehlte es an Material vor Ort. Schwarzenberg schickte daraufhin seine rechte Hand, Gerda Neudeck, in Wien zu einem ehemaligen k.u.k. Posamentenhersteller. Dort fand sich eine silbrig-weiß glänzende Borte mit blauem Muster, die Pištěk zusagte. Dass die Garde die Farben der Schwarzenberg'schen Familie trägt, ist reiner Zufall – einer, der Schwarzenberg allerdings jedes Mal erfreut, wenn er durch die Burg spaziert. Kurz darauf erhielt der Rockmusiker Michal Kocáb den Auftrag, eine neue Melodie für die Burgwache zu komponieren. Havel bestimmte auch, dass ein Trompeter in der neuen Uniform jeden Morgen aus einem offenen Fenster der Burg eine Fanfare blasen sollte. Später leitete Kocáb den Abzug der sowjetischen Besatzungstruppen aus der Tschechoslowakei – die Aufgaben waren wahrlich vielfältig und der Einsatz aller enorm.

Vier Stunden Schlaf waren die Regel, nicht nur für den Präsidenten, sondern auch für seine Mitarbeiter. Schwarzenberg sollte wenige Wochen nach seinem Abgang die bereits erwähnte Herzattacke erleiden. Die Einrichtung seiner Dienstwohnung bestand, erinnern sich Besucher an die stürmischen Zeiten auf der Prager Burg, aus nicht viel mehr als einem Bett, einem Nachtkästchen, auf dem sich Aktenmappen stapelten, und einem Eisschrank, gefüllt mit Mineralwasser und einer Auswahl an schottischem Whisky. Schwarzenbergs Aufgaben als Havels rechte Hand lagen natürlich im Organisatorischen, es ging in der Anfangsphase eben auch um die Farbauswahl für die neue Burggarde, die Renovierung der Orangerie im Burgpark und die korrekte Adjustierung. Seine Bedeutung reichte aber weit ins Politische. Eine der wohl wichtigsten Gesten hatte Havel auf Schwarzenbergs Anraten bereits zu einem Zeitpunkt gesetzt, als er noch nicht einmal zum Präsidenten gewählt worden war. Es war ein Signal, das weit reichende Folgen für die Verbesserung der deutsch-tschechoslowakischen Beziehungen haben sollte.

Am 15. Oktober 1989 war Havel für sein Engagement mit dem Friedenspreis des deutschen Buchhandels ausgezeichnet worden. Weil das sozialistische Regime ihm die Ausreise nach Frankfurt am Main verwehrte, schrieb er am 5. November einen Brief an den deutschen Bundespräsidenten Richard von Weizsäcker, in dem er unter anderem sein Bedauern über die Vertreibung der Sudetendeutschen nach dem Zweiten Weltkrieg zum Ausdruck brachte – also bewusst jenes heikle Thema aufgriff, das hauptverantwortlich für die Spannungen zwischen den beiden Ländern war. Und Havel wäre nicht Havel, hätte er nicht auch in diesem Moment sehr passende Worte gefunden: »Ich persönlich verurteile – genauso wie viele meiner Freunde – die Vertreibung der Deutschen nach dem Krieg. Ich erachte sie stets als eine zutiefst unmoralische Tat, die nicht nur Deutschen, sondern vielleicht in noch größerem Maße Tschechen allein sowohl moralische wie auch materielle Schäden zufügte. Wenn auf eine Böswilligkeit mit einer anderen Böswilligkeit geantwortet wird, bedeutet das, dass die Böswilligkeit nicht verdrängt wird, sondern sich ausdehnt.« Aus diesen Zeilen lässt sich aber auch jenes vom Willen zur Aufarbeitung, zum Verständnis und zum Respekt getragene Geschichtsverständnis Schwarzenbergs herauslesen. Zu Recht, denn er war es, der Havel den Anstoß für diesen Brief gegeben hatte. »Die Idee, dem Präsidenten zu schreiben, hat mir der Fürst eingegeben. Und ich möchte, dass er sieht, dass ich auf seine Einfälle nicht vergesse«, schrieb Havel noch am gleichen Tag, an dem er seinen Brief an Weizsäcker losschickte, an Prečan. »Es war wichtig, einen Schritt aus der Verkrampfung zu unternehmen und auf den wesentlichen Schatten der Beziehung einzugehen«, erinnert sich Schwarzenberg.

Auch die Art und Weise, wie Havels Umgebung dafür sorgte, dass dieser Brief mit seiner wichtigen Botschaft nicht im Privatarchiv Weizsäckers verstaubte, sondern seinen Weg in die Öffentlichkeit fand, ist ein Meisterstück an diplomatischem Einfallsreichtum. Havel war ja mittlerweile nicht mehr nur Schriftsteller, sondern der künftige Präsident. Sein Wort der Versöhnung, einmal veröffentlicht, würde also noch größeres Gewicht haben. Man entschied sich dafür, beim Staatssekretär im deutschen Präsidialamt vorzufühlen, ob Interesse bestünde, den Brief vielleicht in der traditionellen Weihnachtsansprache des Staatsoberhaupts zu erwähnen. Einmal mehr war Prečan der Kurier. Seine Aufgabe war es, zu deponieren, dass Havel in der jetzigen Situation eine baldige Veröffentlichung des Briefes begrüßen würde. Es geschah wie gewünscht. Weizsäcker zitierte in seiner Fernsehansprache den, wie er ihn nannte, »wahrhaft denkwürdigen Brief« des »tschechischen Freiheitskämpfers Václav Havel«, der von »sittlicher Kraft und menschlicher Weisheit« zeugt.

Die deutsch-tschechische Frage hatte in der tschechoslowakischen Außenpolitik ab diesem Moment – neben dem Rückzug der sowjetischen Truppen, der Auflösung des Warschauer Paktes und der Förderung der Visegrád-Gruppe gemeinsam mit Ungarn und Polen – absolute Priorität. Alle handelnden Akteure sahen in ihr den Schlüssel zur europäischen Integration, die heftig gewünscht wurde – zuerst auf Ebene der OSZE, dann, sehr rasch, auf Basis der NATO. Um das zu unterstreichen wählten Havel und Außenminister Dienstbier bewusst Ostberlin und München als Ziele ihrer allerersten Auslandsreise am 2. Januar 1990. Niemand sollte Zweifel daran haben, wie wichtig die Aussöhnung mit Deutschland für die neue politische Garde war. Um das zu betonen, sprach sich Havel in München noch einmal deutlich dafür aus, die dunklen Seiten der Geschichte aufzuarbeiten. »Man stelle sich die Wirkung bei uns und vor allem in seiner eigenen Heimat vor«, schreibt Weizsäcker anerkennend in seinen Memoiren. Er beschreibt darin auch eine bezeichnende Begebenheit: Als Havel auf dem Rollfeld einen tschechischen Oberstleutnant passierte, sagte der Offizier vernehmbar: »Da geht unser neuer Oberbefehlshaber, der Soldat Schwejk.«

Die Reaktion auf Havels Reisediplomatie war in der Heimat nicht nur Anerkennung allein, sondern auch Empörung und Protest – vor allem von kommunistischer Seite. Der Prager Korrespondent der *Süddeutschen Zeitung* Michael Frank erinnert sich, dass in der westböhmischen Stadt Tachau (auf Tschechisch Tachov) die Freiwillige Feuerwehr mit Lastwagen, voll beladen mit Sandsäcken, die Zufahrtsstraßen blockierte, aus Angst, die Deutschen kämen über die Grenze um sich ihre Häuser wieder zu holen. In der *Rudé Právo*, dem ehemaligen Presseorgan der kommunistischen Führung, erschienen über Wochen Leserbriefe zum Thema. »Welche Sicherheit gibt uns, die wir im Grenzland leben, Herr Havel mit seiner Erklärung? Sollen wir weiter unsere Häuser bauen oder sollen wir lieber unsere Sachen packen und ins Landesinnere wegziehen?« Die wohl spektakulärste Aktion gegen die Versöhnungspolitik war ein Hungerstreik des Bürgers Miroslav Klén am Altstädter Ring, den er dann allerdings nach einem Gespräch mit Havel abbrach.

Über vierzig Jahre hatte die offizielle Geschichtsschreibung das Schicksal der Sudetendeutschen geschönt. Es habe erstens nie Deutsche auf tschechoslowakischem Boden gegeben, so die revisionistische Doktrin. Die, die es gab, seien allesamt Nazi-Kollaborateure und die, die vertrieben wurden, seien Faschisten. Nicht weniger verzerrt ist das Bild, das in manchen Teilen der Sudetendeutschen Landsmannschaft von den »Tschechen« hochgehalten wird. Auf beiden

Seiten der Grenze waren große ideologische Gräben zu überwinden. Politische Symbolik war gefragt. Der deutsche Präsident Weizsäcker antwortete auf Havels Besuch mit einer Reise nach Prag – just am 15. März 1990, dem Jahrestag des militärischen Einmarsches der deutschen Truppen in die Tschechoslowakei. Bei diesem Besuch vereinbarten die beiden Staatschefs, die sich mittlerweile auch persönlich gut verstanden, dass sie gemeinsam zu den Salzburger Sommerfestspielen reisen würden. Havel hatte die Zusage, die Eröffnungsrede zu halten, bereits vor der Revolution gemacht und wollte nun eine allzu herzliche »Begrüßungshalbumarmung« (Weizsäcker) mit dem wegen seiner Wehrmachtsvergangenheit umstrittenen österreichischen Bundespräsidenten Kurt Waldheim vermeiden. Der Plan ging auf, es kam nur zu einem kurzen Händedruck, der jedoch im Geschubse und Gedränge der Fotografen und Entourage, darunter auch Schwarzenberg, unterging.

Zwei Jahre später sollte dieser erste politische Besuchsreigen zwischen Havel und Weizsäcker im deutsch-tschechoslowakischen Nachbarschaftsvertrag münden. In dem 35 Artikel umfassenden Schriftstück hielten beide Seiten fest, dass sie keine territorialen Ansprüche gegeneinander hegten, Konflikte ausschließlich friedlich lösen wollten und Deutschland die Integration der Tschechoslowakei in die Europäische Union unterstützen werde. Im Rückblick gesehen wurden mit Havels Brief an Weizsäcker die entscheidenden Weichenstellungen für die bilaterale Annäherung gemacht. »Dieser Brief hat sich sehr gelohnt«, meint Schwarzenberg, »und es war außerdem wichtig, dass dieser Akt schon vor dem Umsturz passierte, damit er nicht als Opportunismus gilt.« Auch am Zustandekommen des nachfolgenden Nachbarschaftsvertrags hatte Schwarzenberg entscheidenden Anteil. Der Weg zum Abschluss war schwierig, wie sich Jiří Dienstbier erinnert, der als tschechoslowakischer Außenminister mit Hans-Dietrich Genscher Hauptverhandler war: »Im November 1991 hatten wir den Vertrag praktisch fertig, aber der deutsche Bundeskanzler Helmut Kohl verzögerte seine Unterschrift. Er hatte Wahlen, brauchte dafür die Unterstützung der bayrischen CSU, die wiederum wollte die Sudetendeutschen nicht verlieren. Wir wiederum hatten im Juni 1992 Wahlen und wollten nicht, dass das Thema Versöhnung im Zentrum des Wahlkampfes stand.« Dienstbier erinnert sich an Schwarzenbergs entscheidende Rolle: »Er rief Kohl in dieser Phase immer wieder an.« Anerkennender Nachsatz: »Er konnte ja jeden in Europa anrufen, das war sehr viel wert.«

»Wenn ich eine Gabe hatte, dann war es die, interessante Menschen kennen zu lernen«, meint Schwarzenberg über sein Kontaktnetz, das er nun in den Dienst Havels stellte. Abgesehen von seinen Beziehungen zu Europas Aristokratie, die er aufgrund seiner Herkunft automatisch erworben hatte, konnte er als Kanzler auch auf die politischen Begegnungen der letzten dreißig Jahre zurückgreifen. Schwarzenberg hatte bestimmt nicht in jeder Staatskanzlei einen Kontaktmann (oder eine Kontaktfrau) sitzen, aber mit einigen der zentralen Schaltstellen der westlichen Welt war er bestens verbunden. So kannte er etwa Sir Charles Powell, den außenpolitischen Sekretär der britischen Premierministerin Margret Thatcher; Ira von Fürstenberg hatte sie bekannt gemacht. Richard Clarke, »Assistant Secretary of State for Politico-Military Affairs« unter US-Präsident Ronald Reagan, wurde ihm von Gerd Bacher und der damaligen US-Botschafterin in Wien, Helene van Damm, vorgestellt. Den bayrischen Ministerpräsidenten Max Streibl kannte Schwarzenberg aus seiner Münchner Studentenzeit. Kohl war Schwarzenberg Mitte der 1970er-Jahre bei einem Geburtstagsfest für den deutschen Wirtschaftsmagnaten Otto Wolff von Amerongen am Wolfgangsee erstmals begegnet. Im Zentrum der Feierlichkeiten stand damals der deutsche Bundeskanzler Helmut Schmidt, Kohl, der noch Ministerpräsident von Rheinland-Pfalz war, saß etwas abseits allein auf einer Bank. Schwarzenberg setzte sich zu ihm und die beiden Herren unterhielten sich lange.

Mehr als zwei Jahrzehnte später sollte die am Wolfgangsee erworbene Gesprächsbasis zu Kohl von entscheidendem Vorteil sein. Um die Verhandlungen für den ersehnten deutsch-tschechoslowakischen Nachbarschaftsvertrag voranzutreiben, hatte Havel seinen Kanzler im August 1991 mit entsprechendem Pouvoir ausgestattet und zur Kohl'schen Sommerresidenz in St. Gilgen geschickt – eine Gegend, die Schwarzenberg aus seiner Jugend wohlvertraut war. Strobl, wo er im Haus seiner Großmutter gelebt hatte, liegt vis-à-vis am Ufer des Wolfgangsees. Es war so etwas wie ein letzter Versuch, eine äußerst schwierige Mission, denn die Gespräche, die am 27. Februar 1991 begonnen hatten, waren seit Sommerbeginn praktisch ausgesetzt. Beide Seiten waren so stark unter Druck ihrer jeweiligen Interessengruppen geraten, dass eine Einigung unmöglich schien. Die Deutschen hatten zuletzt die Entschädigung von nationalsozialistischen Opfern von Zugeständnissen der tschechoslowakischen Regierung gegenüber den Sudetendeutschen abhängig gemacht. Dieses Junktim wollte die Prager Seite nicht akzeptieren. Im Mai hatte Havel in einem Vier-Augen-Gespräch mit Kohl ein Fünf-Punkte-Paket unterbreitet, das vorsah, dass die Vertriebenen in ihre Heimat zurückkehren könnten, die tschechoslowakische Staatsbürgerschaft bekämen und als solche über die so genannte Kupon-Privatisierung wieder Grund und Boden erwerben könnten. Es war ein äußerst großzügiges Angebot, das Havel vor der heimatlichen Öffentlichkeit wohlweislich geheim gehalten hatte. Kohl informierte weder seinen Außenminister noch die Vertreter der Sudetendeutschen von diesem Vorschlag und ließ Havels persönlichen Versuch somit ins Leere laufen.

Es lag an Schwarzenberg, die verfahrene Situation zu retten. Gut sechs Stunden, bis halb zwei Uhr morgens – unterbrochen nur von einer kalten Pfälzer Schlachtplatte, bestehend aus Blut- und Leberwurst, Bratwurst, dazu Sauerkraut und Bauernbrot, die Kohls Frau Hannelore servierte –, wurde intensiv beraten. Schließlich kam man überein, zu einer letzten Verhandlungsrunde am 1. September 1991 auf Schloss Schwarzenberg in Scheinfeld zusammenzukommen – ein Verhandlungsort, der sowohl für die tschechoslowakische als auch für die deutsche und die bayrische Seite als »neutraler« Boden gelten konnte. Von dieser Nacht existieren keine Aufzeichnungen, besiegelt wurde das Ergebnis per Handschlag. In Scheinfeld gelang dann der Kompromiss, der den Weg zur Vertragsunterzeichnung frei machte.

Er bestand in einem beidseitigen Rückzug. Man einigte sich darauf, die gegenseitigen vermögensrechtlichen Ansprüche aufgrund innenpolitischer Rücksichten aus dem Vertragswerk auszuklammern. Eine Lösung dieser Frage sollte erst 1997 im Rahmen des deutsch-tschechischen Zukunftsfonds möglich sein – übrigens in Form einer von beiden Regierungen dotierten Stiftung, wie es von Schwarzenberg während der Verhandlungen in Scheinfeld vorgeschlagen worden war.

Der deutsch-tschechoslowakische Nachbarschaftsvertrag brachte somit nicht den so sehr gewünschten großen Schlussstrich unter die Geschichte, aber er war ein wichtiges Signal – vor allem für die tschechische Gesellschaft. Das Tabu Vertreibung war endgültig aus der Verdrängung, auch aus dem Bereich des Halb- und Nichtwissens geholt und zum Gegenstand einer zwar kontroversiellen, aber öffentlichen gesellschaftlichen Diskussion geworden. Der Versuch einer Vergangenheitsbewältigung samt Entschädigung war gescheitert, der Prozess der Vergangenheitsaufarbeitung aber initialisiert. Kritikern, denen dieses »Sich-der-eigenen-Geschichte-Stellen« in Tschechien und anderen postkommunistischen Ländern zu langsam geht, hält Schwarzenberg immer wieder vor Augen, wie lange der Weg des Begreifens in den westlichen Ländern gedauert hat. »Auch in Deutschland hat man sich nach den Reeducation-Maßnahmen der Amerikaner zunächst einmal nur mit dem Wiederaufbau beschäftigt. Erst in den späten 50er-Jahren begannen die jungen Leute zu fragen: ›Vater, Großvater, was hast du gemacht?‹«

Es war auch dieses Verständnis sowohl für die westliche als auch für die östliche politische Denkweise, die Schwarzenberg in einer einmaligen historischen Koinzidenz zum richtigen Mann am richtigen Ort zum richtigen Zeitpunkt machte – und manchmal auch für Überraschungen auf der Gegenseite sorgte. Als Schwarzenberg im März 1990 bei Verhandlungen zwischen der Tschechoslowakei und Österreich als Berater auf tschechoslowakischer Seite auftrat, löste das einige Überraschung bei der österreichischen Delegation aus. »Keiner kennt unsere Geschichte besser als mein Freund Karl

Schwarzenberg. Er ist Patriot und gleichzeitig ein Weltenbürger. Einen besseren Mann für diese schwere Aufgabe können wir uns nicht wünschen«, meinte Havel bei seiner Bestellung.

Politiker können immer dann besonders erfolgreich sein, wenn sie die Gabe der Empathie, das Verstehen mehrerer Standpunkte, mit politischer Weitsicht verbinden können. Gerade auf einem Kontinent, der reich an nationalen und historischen Besonderheiten ist, ist der Typus jenes europäischen Politikers besonders wertvoll, der aus der Vielfalt nicht die Abgrenzung, sondern das Gemeinsame destilliert. Der nicht in Staaten, sondern in Regionen denkt. Der misstrauisch ist gegen die Infektion mit patriotischer Begeisterung. Der gerade im Konflikt zwischen verwandten Nachbarstaaten wie beispielsweise Tschechien und Österreich in der Lage ist, hinter die Gemütskulissen zu blicken. Und zu erklären, dass die Probleme auch darin liegen, dass beide Völker ihr gemeinsames Erbe, ihre gemeinsame Identität krampfhaft beiseite geschoben hätten und stattdessen das Verdrängte bei ihrem jeweiligen Nachbarn abladen. Vielfach geht diese Eigenschaft mit der Erfahrung der persönlichen, biografischen Bipolarität einher, wie sie für Schwarzenberg oder den deutsch-britischen Politiker und Soziologen Lord Ralf Dahrendorf, den deutsch-französischen Grünen Daniel Cohn-Bendit oder den Luxemburger Premierminister Jean-Claude Juncker typisch ist. Letzterer versteht es etwa glänzend, aus seiner genauen Kenntnis der benachbarten Deutschen und Franzosen politisches Kapital zu schlagen.

Gerne erzählt Schwarzenberg die Geschichte eines tschechisch-österreichischen Treffens, bei dem auf österreichischer Seite Bundeskanzler Franz Vranitzky, Finanzminister Ferdinand Lacina und der Generalsekretär im Außenamt Thomas Klestil saßen. Die Prager Vertreter hießen damals: Finanzminister Josef Klaus, Außenminister Jiří Dienstbier, Kanzler Karl Schwarzenberg. Er ist »einer der größten Europäer unserer Zeit«, sagt Havel über Schwarzenberg: »Er ist ein außerordentlicher Tscheche, ein außerordentlicher Europäer und ein außerordentlicher Mensch. Obwohl er gezwungen war, den größten Teil seines Lebens außerhalb seiner Heimat zu verbringen, ist er immer ein Patriot geblieben. Obwohl er als Aristokrat geboren wurde, ist er ein überzeugter Demokrat und Kämpfer für die Menschenrechte.«

Schwarzenberg hat die drei Jahre auf dem Hradschin immer als die wichtigsten in seinem Leben empfunden. »Es war wunderschön, mithelfen zu können. Es war faszinierend, mit Václav Havel zusammenzuarbeiten. Alles hat seinen Preis, aber es ist dafür gestanden.« Für den Böhmen Schwarzenberg war es ein Akt der Selbstverständlichkeit, bereitzustehen, wenn das Heimatland einen braucht. Für den Adeligen Schwarzenberg muss es auch eine Art Genugtuung gewesen sein, den Wiederaufbau jener Republik mitzugestalten, an deren gewaltsamem Ende die Vertreibung seiner Eltern stand. Für den Politiker Schwarzenberg war es eine Jobangebot, auf das es schlicht und ergreifend kein »Nein« als Antwort geben konnte. Für Havel hat Schwarzenberg Spuren hinterlassen, nicht nur als Kanzler, sondern auch als Senator. »Eine gewisse Würde, Noblesse, eine Gentlemenhaltung, die ihm eigen ist oder zu ihm gehört, existiert weiter und wird auch wahrgenommen. Das ist zugleich auch etwas, an das die tschechische Politik zum Teufel nochmal nicht herankommt. Dabei wäre es so wichtig, dass diese Charakterzüge in unserem öffentlichen Raum wirken.«

Auch heute wird Karl Schwarzenberg jedes Mal, wenn er in den Veitsdom zur Schwarzenberg'schen Familienkapelle geht, an jenen 29. Dezember des Jahres 1989 erinnert, der den Beginn seiner Zeit auf dem Hradschin markiert. Er hat dort eine Tafel mit einem Bibelzitat anbringen lassen, das die unwiederbringliche Stimmung jener Wendetage einfängt. Es ist der Psalm 126, der die Befreiung aus der babylonischen Gefangenschaft schildert: »Als der Herr das Los der Gefangenschaft Zions wendete, da waren wir alle wie Träumende. Da war unser Mund voll Lachen und unsere Zunge voll Jubel.«

7. DER ERBSTREIT

Wenn die Familie Schwarzenberg zu einer Pressekonferenz lädt, dann fühlen sich Journalisten so, als wären sie auf einem eleganten Empfang. Statt der üblichen Häppchen gibt es fein belegte kleine Tartelettes, statt Kaffee aus der Thermoskanne offene Teeauswahl, Sekt und frischen Espresso und statt in einem nichtssagenden, modernen Konferenzraum sitzt man im Marmorsaal unter schwerem Barockprunk. An sich sollten am 14. Dezember 2004, vier Tage nach Karl Schwarzenbergs 67. Geburtstag, nur die Ergebnisse eines Architekturwettbewerbs für eine Erweiterung des Fünf-Sterne-Hotels im Palais Schwarzenberg präsentiert werden. Anders als vergleichbare Wiener Luxusherbergen verfügt das Palaishotel im Familienbesitz nur über 44 Zimmer – zu wenig, um im Konkurrenzkampf im obersten Sektor mithalten zu können. 25 Zimmer sollen durch ein futuristisches Nebengebäude auf dem Areal der alten Gartenglashäuser entstehen, weitere 33 durch den, wie es unverdächtig hieß, »Umbau des Familientraktes« dazukommen.

Obendrein versprach die Pressekonferenz einen der seltenen gemeinsamen Auftritte von Vater Karl und Sohn und »Erbprinz« Johannes Schwarzenberg – wiewohl sich der Vater im Jahr 2000 offiziell aus den österreichischen Geschäften bereits zurückgezogen hat, ist nach wie vor in erster Linie er es, der die Familie und damit auch das Unternehmen Schwarzenberg nach außen vertritt. Der Abend hätte also einen gewissen familienhistorischen Charme bekommen können – wäre der Vertreter der jungen Schwarzenberg'schen Generation, Aki, nicht kurzfristig ausgefallen, weil er mit »Magengrippe, Fieber und Schüttelfrost« im Bett lag, wie sein Vater erläuterte.

Eine Zäsur markierte diese Veranstaltung dennoch, gab Schwarzenberg doch bekannt, was für Generationen vor ihm wohl undenkbar gewesen wäre: Die Familie, die derzeit den westlich gelegenen linken Flügel des Palais bewohnt, wird zu Gunsten einer Hotelerweiterung im Laufe des Jahres 2006 ausziehen. Der Symbolcharakter könnte nicht höher sein: In einem der letzten noch in Familienbesitz befindlichen Palais, und das seit dem Jahr 1716, werden die alteingesessenen Bewohner wohlbetuchten Touristen auf Zeit weichen.

Das Hotel war, zumindest in der Außenwirkung, immer das Prunkstück im Schwarzenberg'schen Imperium, dessen Wert gegenwärtig auf 300 Millionen Euro geschätzt wird. Nach der Beschlagnahme durch die Nazis im Jahr 1940 und der starken Zerstörung durch Bombenangriffe im Februar 1945, die den östlichen Flügel fast gänzlich aushöhlten, wurde es mit privaten Mitteln wieder aufgebaut. In den 1960er-Jahren war es eine Pension, in den 1970er-Jahren baute es Karl Schwarzenberg zum Luxushotel um. Für alle darauf folgenden Adaptionen holte sich Schwarzenberg renommierte Architekten: 1984/85 Hermann Czech, was mit dem Architekturpreis honoriert wurde. Das zweite Mal bekam er ihn für das von Günther Domenig gestaltete Kraftwerk in Unzmarkt. In den 1990er-Jahren engagierte Schwarzenberg Paolo Piva, der die Designersuiten im zum Park gelegenen Seitentrakt betreute. Den aktuellen Umbau wird Wolfgang Tschapeller übernehmen, der auch schon die neu errichtete Bezirkshauptmannschaft in Murau gestaltete – nicht immer zur Freude der lokalen Politgrößen, die den Hang zur baulichen Moderne im Schwarzenberg'schen Denken mitunter nicht so leicht nachvollziehen können.

Der Umbau des Palais und der damit verbundene Auszug der Familie markiert den vorläufigen Höhepunkt in der unternehmerischen Geschichte der Familie Schwarzenberg, die in Österreich vom Bewahren, Erhalten und vom Rückzug aufs (forstliche und gastgewerbliche) Kerngeschäft gezeichnet ist. Offensiv agierte Schwarzenberg nur in Tschechien, wo er sich um die Restitution der durch die Kommunisten enteigneten Güter bemühte und, was den Besitz der

Sekundogenitur anbelangt, auch erfolgreich war. Die Restitution des weit größeren Besitzes der Primogenitur, dessen Enteignung Karl als Kind noch miterlebte, erfolgte nicht – was zum bereits erwähnten erbitterten Streit mit seiner Adoptivschwester Elisabeth Pezold führte.

Als Schwarzenberg im Jahr 1965 als 28-Jähriger das Erbe seines verstorbenen Adoptivonkels Heinrich antrat, wurde das Klischee vom Märchenprinzen geboren. Aus einem verarmten tschechischen Aristobuben wurde quasi über Nacht der milliardenschwere, weltgewandte Clanchef, der obendrein auch noch in der Politik Karriere machte. »Erlaube mir, dass ich in Zukunft dein Oberarschlecker sein darf«, soll Josef Festetics, der Bruder des Verhaltensforschers Antal Festetics, damals im Scherz zu ihm gesagt haben. Schwarzenberg spricht nonchalant auch gern vom »Kasten«, wenn er Schloss Murau meint, von der »Bude«, dem Palais, und vom »Beisl«, dem dazugehörigen Haubenlokal – fast so, also wolle er sich von dem ganzen Besitz emotional distanzieren.

In der Tat residierte der junge Mann mit einem Mal im Schloss und verfügte auch über einen Butler – kurzum, er besaß alle Insignien des Reichtums. Der *trend* nannte Schwarzenberg Anfang der 1980er-Jahre die »moderne Ausgabe eines vielseitigen Barockfürsten«, der sich zugute halten kann, »mehr probiert zu haben als jeder andere Standesgenosse.« Aber der märchenhafte Reichtum war ein Erbgeschenk, das von Anfang an mit hohen Auflagen verbunden war. Karls Adoptivonkel Heinrich hatte ihm nicht nur die Verantwortung für den aktuellen Besitz übertragen, sondern in seinem Testament, verfasst am 24. November 1960, auch eine Art Auftrag verfügt: Karl müsse sich, so er seinem letzten Willen entsprechen will, auch um die Rückerstattung des von den Kommunisten ab dem Jahr 1947 enteigneten umfangreichen Grundbesitzes der Familie Schwarzenberg in Böhmen bemühen. Ausdrücklich verweist Heinrich im Testament an dieser Stelle auch auf die Fideikommiss-Errichtungsurkunde seiner Vorfahren vom 22. Oktober 1703. Einmal mehr zeigt sich, welche historische Kontinuität im Denken der Familie herrscht – und wie sehr dieses Denken den aktuellen Repräsentanten der Familie nur zu einem Glied in der Kette der Vor- und Nachfahren macht. Als zweite Auflage bat Heinrich seine Nachkommen, alles dafür zu tun, dass das Familienvermögen ungeteilt bleibt – auch über die kommenden Generationen hinaus. Auch hier spiegelt sich das Familiendenken wider: Die Einheit und Ungeteiltheit des Besitzes steht über allem. Notfalls sollte, wenn keine männlichen Nachfolger vorhanden sind, wieder per Adoption eines männlichen Nachfahren eine Zersplitterung verhindert werden. Dass eine Frau Erbin sein könnte, war für Heinrich noch kein Thema. Seine leibliche Tochter Elisabeth stand in der Erbfolge weit hinten – hinter Adoptivsohn Karl, beziehungsweise im Falle seines Vorversterbens hinter dessen ältesten ehelichen leiblichen Nachkommen im Mannesstamme. Heinrich war dennoch auf seine Art ein weit vorausblickender Mann, versuchte er doch in seinem Testament gleich mehrere Sicherheitsnetze einzuziehen, um einen Erbschaftszwist zu verhindern – fast so als hätte er geahnt, was später eintrat.

Nachdem Karl seine Adoptivschwester dem Testament seines Adoptivvaters entsprechend ausbezahlt hatte – sie bekam die unter dem Begriff »Herrschaft Gusterheim und Reifenstein und Frauenburg« zusammengefassten Liegenschaften nahe der obersteirischen Stadt Judenburg, rund 5000 Hektar groß, und einen Viertelanteil des Reinnachlasses, was laut Testamentserfüllungsnachweis vom 21. April 1967 immerhin 26 Millionen Schilling ausmachte –, übernahm Karl Schwarzenberg ein solides, aber vorsichtig konservativ geführtes Unternehmen. Der Reichtum der Schwarzenberg beruhte damals wie heute eher auf maßvoll bewirtschaftetem Besitz, nicht auf dynamischem Unternehmertum. Es ging um profane Verwaltung und Mehrung des Vermögens, nicht um spektakuläre Börsencoups. Dadurch unterscheiden sich die Schwarzenberg in ihrer Unternehmensphilosophie nicht sehr von anderen eingesessenen Adelsfamilien. Die meisten von ihnen hatten zweimal – nach dem Ersten und nach dem Zweiten Weltkrieg – große Teile ihres Vermögens verloren. Die Verbundenheit mit dem ererbten Grund und Boden führt zu einer inneren Immobilität, die auch als außerordentliches Verantwortungsbewusstein verstanden werden kann. In jedem Fall wird die Bewahrung des alten Besitzes vor eine Expansion in Neuland gestellt. Forstwirtschaft und Holzexport als Haupteinnahmequellen dominieren.

So herrschte auch bei den Schwarzenberg immer ein krasses Missverhältnis zwischen Vermögen und aktuellem Gewinn. Der Betrieb war und ist, trotz des berühmten Namens, im Grunde nicht mehr als ein klassisches Mittelstandsunternehmen – abgesehen von der Kapitalausstattung. Ein Mittelstandsunternehmen noch dazu, das aufgrund der Familientradition mit paternalistischer Versorgungstradition geführt wird. Natürlich hätte man das Kapital mit mehr Rendite investieren können, tat es aber nicht, weil es nicht der Familienauffassung entsprach.

Auch Schwarzenberg verstand sich weniger als Entrepreneur denn als Politiker. Unternehmerisches Denken gehörte nicht unbedingt zu seinen ausgeprägten Stärken, seine Interessen lagen ohne Zweifel woanders. Mehr als für das Benchmarking interessierte er sich beispielsweise für die Restaurierung der Meierei in Murau. Für das Stöckl, ein jahrhundertealtes Nebengebäude, das seinerzeit Lusthaus des Pfarrers, dann Kaplanstöckl und später ein Gefängnis gewesen war, suchte er persönlich ein sattes Goldgelb aus und wachte darüber, dass die Adaption zum Barockambiente des Schlosses Murau passte. Auch die Vervollkommnung des Murauer Waldes lag ihm am Herzen. Der Fichten- und Lärchendominanz etwa versuchte er mit dem Import einer besonderen Buchenart aus Niederösterreich beizukommen und hielt die Förster auch an, verstärkt Tannen zu pflanzen. Die Tanne wird von den Hirschen – die zur Freude der Jäger, allen voran, Erbprinz Johannes, sehr zahlreich sind – allerdings stark verbissen. »Durchlaucht, mehr Tannen bringen wir nicht zusammen«, gab ein Oberförster zu bedenken. »Dann pflanzen Sie halt so viele, dass die Hirsche sie nicht auffressen können«, war seine Antwort.

Schwarzenbergs Zugang ist fast altmodisch romantisch: Sein Wald soll komplett im Sinne der Artenvielfalt und schön sein – dass sich mit der schnell wachsenden Fichte am meisten Geld machen lässt, spielt keine so große Rolle. »Ich bin kein großer Wirtschafter, was ein großer Fehler ist. Gut macht man das, was man will und was einen interessiert«, meint Schwarzenberg über den Unternehmer Schwarzenberg.

Ein Zug, der mitunter auch zu Meinungsverschiedenheiten mit seinem Sohn Johannes führt, der, in England und den USA ausgebildet, eher gängigen Managementlehren denn einer patriarchalischen Auffassung von Wirtschaftstreiben anhängt. Er wollte in den jahrhundertealten, Geschichte atmenden Verwaltungsräumen in Murau, die auch heute noch mit Kachelöfen geheizt werden und eher einem Jagdmuseum als einer Betriebszentrale gleichen, Großraumbüros einrichten. Und auch die Silberkammer der Familie könnte man nach seinem Geschmack durchaus »lichten«. Johannes war es auch, der im Jahr 2002 die Aufgabe übernahm, das steirische Schloss Murau zu verkaufen. Wohlfeiler Preis: 2,5 Millionen Euro. Innerhalb der Belegschaft war man schockiert, dass der Erbprinz offenbar bereit war sich von einem »Erbstück« der Familie zu trennen. »Keine Angst, das wird schon keiner wegtragen«, hatte sein Vater damals gesagt. In der Tat gelang der Verkauf nicht, auch weil Elisabeth Pezold, Karls Adoptivschwester, mit Inseraten in lokalen Zeitungen Investoren gewarnt hatte: nicht Karl, sondern sie sei rechtmäßige Erbin und werde ihre Ansprüche auch beim neuen Besitzer geltend machen.

Karl Schwarzenbergs Tochter Lila verwirklichte ihre Interessen abseits des Familienbetriebes: Sie studierte Kunstgeschichte, ging dann für ein Jahr nach New York, um die Filmemacherei zu lernen, arbeitete als freie Werbefilmerin – und sorgte mit Partys, bei denen sie auf Rollschuhen über den edlen Parkettboden des Palais Schwarzenberg flitzte, für Aufsehen. Das Verhältnis zum Vater ist innig und er respektiert ihre Rasanz. Als sie sich mit 18 Jahren einmal Karl Schwarzenbergs nagelneuen feuerroten Porsche ausborgte und nach drei Minuten verbeulte, warf sie sich weinend in seine Arme. Er verlor kein Wort über den Unfall. Anders als bei ihrem Bruder stellte sich für Lila nie die Frage, ob sie in die Fußstapfen ihres Vaters würde treten müssen oder nicht, was sicher vieles einfacher macht.

Auch wenn Schwarzenberg nicht offensiv als Entrepreneur auftrat, konnten ihn Unternehmer doch immer wieder für das eine oder andere wirtschaftliche Projekt interessieren. 1971 etwa ließ er sich vom österreichischen Unternehmer Horst Jeschek gemeinsam mit anderen Adeligen wie Leopold Goess, Ariprand Thurn-Valsassina und Heinrich Orsini-Rosenberg dazu überreden, Kapital für das »Teppichland« bereitzustellen. Jeschek erweiterte das Teppichland-Imperium um »Holz-Steiner« und »Fliesencity«; nach zweistelligen Millionenverlusten trennte sich der Adel jedoch vom »Hans Dampf in zu vielen Gassen« (der österreichische Unternehmer Fritz Quester) nach Dissonanzen im Jahr 1989. Im Jahr 1977 trat Schwarzenberg als Gesellschafter der Firma »Kabelsignal« auf, die gemeinsam mit der Raiffeisenbank, Radio Luxemburg und Siemens als technischer Partner die Einführung von Kabelfernsehen in der Steiermark forcierte. Im Sommer 1980 übernahm Siemens die »Kabelsignal«, Schwarzenberg stieg gemeinsam mit Ex-ORF-Direktor Helmut Lenhardt ins Medienconsulting ein und gründete die »Telebild Gesellschaft für Medienprojekte GesmbH«. Anfang der 1980er-Jahre gab es die Überlegung, gemeinsam mit der Papierdynastie Mayr-Melnhof eine Großsäge zu bauen, die Pläne zerschlugen sich aber wieder. Kurz darauf setzte die Krise in der Rohstoffindustrie voll ein und traf auch das Unternehmen Schwarzenberg. Im Jahr 1978 verkaufte Schwarzenberg die Liegenschaft am Neuen Markt Nr. 6 – ein ehemaliges stattliches Stadthaus – für 20 Millionen Schilling an die Grazer Wechselseitige, eine Versicherung. Der Marmorsteinbruch wurde Anfang der 1980er-Jahre, das Sägewerk Frauenburg 1986 eingestellt, das iso-span-Werk 1995 verkauft, Fischerei, Schweine- und Rinderzucht gesundgeschrumpft – geordneter Rückzug also.

Heute basiert die Herrschaft Schwarzenberg, wie der österreichische Betrieb Schwarzenberg-intern im Unterschied zur deutschen »Domäne« Schwarzenberg nobel genannt wird, auf dem Forstbetrieb mit knapp 80 Mitarbeitern, dem Steinbruch und Schotterwerk Katsch und dem Nobelhotel in Wien mit rund 90 Mitarbeitern. Am Salzburger Elektrizitätswerk Kendlbruck ist Schwarzenberg persönlich beteiligt, an den Kreischberger Seilbahnen die Familienstiftung. Dazu kommen noch zwei elegante Häuser in der Prinz-Eugen-Straße, in denen die Familie, so sie aus dem Palais Schwarzenberg auszieht, Unterschlupf finden kann. Auch das Hotel im Palais Schwarzenberg hat schon bessere Zeiten gesehen: Das Nachrichtenmagazin *profil* recherchierte im Jahr 2002, dass die Luxusherberge bei einem Jahresumsatz von 7,2 Millionen Euro pro Jahr rund 4,3 Millionen Euro Schulden angehäuft hat. Am lukrativsten erweist sich noch der Parkplatz vor dem Hotel, der bei minimalem Einsatz 460 000 Euro pro Jahr bringt. Genau aus diesem Grund trägt sich Johannes Schwarzenberg unverdrossen mit der Idee, eine Parkgarage unter dem Platz zu bauen. Genaue Zahlen, ob schwarze oder rote, veröffentlicht die Firma Schwarzenberg nicht, die Informationspolitik ist traditionell zurückhaltend.

Karl Schwarzenbergs gesellschaftspolitischem Gespür ist allerdings die Geburt eines Medienproduktes zuzuschreiben, ohne das Österreich mit Sicherheit heute anders ausschauen würde: die Geburt des österreichischen Wirtschaftsmagazins *trend*. Medien haben Schwarzenberg immer interessiert, schließlich wollte er selbst einmal Journalist werden. Als 1969 Oscar Bronner, den er ja bereits gut kannte, mit der Idee eines neuartigen Magazins zu ihm kam, war er schnell überzeugt. Österreichs Medienlandschaft war damals noch im Hofjournalismus der Nachkriegszeit stecken geblieben, kritisch recherchierter Magazinjournalismus de facto nicht vorhanden, Pressekonferenzen liefen ab wie politische Neujahrsansprachen. »Schreiben Sie, Herr Redakteur« war die gängige Aufforderung zum Diktat, nachzufragen galt als frevelhaft. Karl Schwarzenberg hatte Bronner schon einmal geholfen, als er ihm in den 1960er-Jahren ein Exklusivinterview mit dem pressescheuen österreichischen Finanzminister Josef Klaus vermittelte. Bald darauf sorgte Bronner mit der Artikelserie »Die Richter sind unter uns« im Torberg'schen »Forum« für Aufsehen. Darin ging es um Richter mit Nazi-Vergangenheit. Bronner galt in der Branche als suspektes Genie, unter der Kollegenschaft kursierten Scherze wie der folgende: Frage: »Warum fährt ein Laster mit Lexika beim *Kurier* vor?« Antwort: »Der Bronner schreibt einen Einspalter.«

Suspekt war der angehende Zeitungsmacher offenbar auch Schwarzenbergs Steuerberatern. Als Schwarzenberg ihnen nämlich seine Idee referierte, Bronner mit einem Drei-Millionen-Schilling-Kredit Starthilfe zu geben, winkten diese ab. Das zeigt, dass Schwarzenberg, wiewohl »regierender Fürst«, damals noch nicht allmächtig handeln konnte. »Summen, die gering waren, habe ich auf meine Kappe genommen. Bei größeren Beträgen – über eine Million Schilling – wurden Leute eingeschaltet«, erklärt Schwarzenberg. Schließlich beteiligte sich Schwarzenberg an der Gründung der Bronner-Gesellschaft mit 50 000 Schilling und stellte zur Verfügung, wovon er reichlich hatte: Raum und guten Ruf. Bronner erinnert sich: »Die Gesellschaft war gegründet, aber sonst war kein Geld da. Ich sagte zu Kary: ›Pass auf, das wird eine Katastrophe, aber ich probiere es trotzdem. Bitte bleib als Gesellschafter, ich kaufe dich später raus. Wenn es heißt, du ziehst dich zurück, wäre das das Todesurteil.‹« Schwarzenberg hielt zu Bronner – gegen eine Reihe angeblich gut gemeinter Ratschläge von konservativer Seite, die ihm einzureden versuchten, er mache sich damit zum Handlanger der »Sozis«, also der linken Reichshälfte. Bronner: »Daher sehe ich ihn als Geburtshelfer. Die 50 000 Schilling waren eine quantité négligeable, aber er hat seinen guten Namen dem Projekt zur Verfügung gestellt.«

Die *trend*-Veteranen erzählen noch heute gerne die Geschichte von den Anfängen im Palais Schwarzenberg: Bronner hatte im September 1969 zuerst ein kleines Hinterhofzimmer im Westflügel bezogen, im Januar 1970 bekamen sie ein paar »Besenkammerln« im Oststeil dazu, wie sich der damalige Anzeigenleiter Peter Allmayer-Beck erinnert. Als Bronner nach dem wirtschaftsorientierten *trend* gleich ein politisches Magazin auf den Markt bringen wollte, beschloss Schwarzenberg sich finanziell zu trennen – nicht aber emotional. Schwarzenberg: »Wir trafen folgendes Agreement: Wenn es wirtschaftliche Probleme gibt, bist du dran. Wenn es politische gibt, stehe ich dahinter.« Kurz darauf, im Frühjahr 1972, als Wiens Bürgermeister

Felix Slavik das *profil* zweimal beschlagnahmen ließ, weil es eine kritische Geschichte über die Immobiliengeschäfte seines Schwagers veröffentlichte, war es so weit: Das junge rotzige, aufrührerische Magazin stand knapp vor der Einstellung, die meisten Redakteure hatten bereits Abwerbungsangebote. Bronner rief Schwarzenberg an, ob er in die Redaktion kommen und die Mitarbeiter beruhigen könne. Schwarzenberg gab coram publico eine Bestandsgarantie ab. »Ich stehe hinter dem *profil*«, sagte er wörtlich. Noch heute fühlt sich Schwarzenberg als Stiefvater des bis heute erscheinenden Nachrichtenmagazins. Manch junger Nachwuchsredakteur kam, sobald er eine Festanstellung hatte, in den Genuss, eine Art Antrittsabendessen im Palais Schwarzenberg zu absolvieren.

trend und *profil* blieben aber nicht Schwarzenbergs einzige Medienengagements. Im Jahr 1972 gehörte Schwarzenberg zu jenem bunten Haufen von Anwälten, Adeligen, Gewerbetreibenden und Politikern, die sich an der bürgerlichen Tageszeitung *Kurier* beteiligten, um diese vor einem Verkauf an das Konkurrenzprodukt *Krone* zu retten. Schwarzenberg legte damals 300 000 Schilling (rund 22 000 Euro) ein.

Auch in der Tschechoslowakei ist Schwarzenberg medial aktiv: In den 1990er-Jahren war er zeitweise am politischen Wochenmagazin *Tyden* beteiligt, weil er es »für ein interessantes Projekt« befunden hatte und »um es am Leben zu erhalten«. Besser lässt sich die Motivation des Investors Schwarzenberg nicht fassen: Er ist nicht an finanzieller, sondern an gesellschaftspolitischer Rendite interessiert – bisweilen sogar an patriotischer. 1997 beteiligte er sich gemeinsam mit der französischen Firma Pernod Ricard überraschend am tschechischen National-Likörheiligtum »Becherovka«. Aus demokratiepolitischen Gründen rettete er 1999 das kritische Wochenblatt *Respekt* vor dem Konkurs. Die fünf Millionen Kronen Schulden, die der Verlag bis dahin angehäuft hatte, zahlte Schwarzenberg »aus der Privatschatulle«, wie sich der damalige Chefredakteur Petr Holub erinnerte. Schwarzenberg hält heute 95 Prozent des Verlages, der Rest gehört den Gründungsredakteuren.

Gegründet wurde die Wochenzeitschrift *Respekt* in den bewegten Tagen des Dezember 1989. Damals versuchten einige Dissidenten, unterstützt von Studenten, mit dem »Unabhängigen Informationszentrum« eine Art Parallelinstitution zur amtlichen tschechoslowakischen Nachrichtenagentur ČTK aufzubauen. Dieses Informationszentrum gab regelmäßig ein Bulletin mit Berichten und kritischen Kommentaren heraus. Im Frühjahr 1990 benannte sich dieses Mitteilungsblatt dann in *Respekt* um und erschien seither als eigenständige Wochenzeitschrift. Die Funktion, die *Respekt* für die tschechoslowakische Gesellschaft der Nachwendezeit einnimmt, lässt sich durchaus mit jener des *profil* in den 1970er-Jahren vergleichen. Hier wie da ging es darum, publizistischer Wachhund zu sein. *Respekt* hat sich einen Namen mit dem Aufdecken von Politskandalen und Wirtschaftsmalversationen, in Tschechien auch »tunelovat« (tunnelieren) genannt, gemacht. Gerade in der sich überstürzenden Phase nach dem Jahr 1989, in dem Moral und Anstand bisweilen außer Funktion gesetzt schienen, erfüllte *Respekt* damit eine äußerst wichtige gesellschaftspolitische Aufgabe. Wie sehr das in einem Hinterhof in Studentenwohngemeinschaftsatmosphäre gemachte Produkt den Machthabern auf die Zehen trat, zeigte eine Klagsandrohung der gesamten tschechischen Regierung nach einem bissigen Kommentar zur schwachen Antikorruptionspolitik im November 2001, die nur ein Ziel hatte: die Zeitschrift in den wirtschaftlichen Ruin treiben. *Respekt* ist zwar publizistisch erfolgreich, wirtschaftlich darbt es dahin. »Schwarzenberg sagte mir damals, er stehe hinter uns. Die Unabhängigkeit der Presse ist für ihn ein absolutes Gut«, erinnert sich Holub.

Im Geheimen hatte sich Schwarzenberg wohl erhofft, *Respekt* würde noch mehr Aufmerksamkeit in Tschechien erhalten. »Er hat immer davon geträumt, dass es eine Prager Version der deutschen *Zeit* wird«, meint Holub. »*Respekt* liegt mit sehr am Herzen«, gibt Schwarzenberg zu. So sehr, dass er bislang zwar auf der Suche nach einem strategischen Partner ist, aber äußerst hohe verlegerische – oder geradezu unerfüllbar altmodische – Ansprüche an eine Kooperation hat. Tomáš Nemeček, Chefredakteur im Jahr 2003: »Schwarzenberg sagte klar, dass er *Respekt* nicht ganz aufgeben wolle, und er sagte ebenfalls, für den Fall, dass der künftige Partner nicht seinen Erwartungen entspreche, werde er *Respekt* bis an sein Lebensende herausgeben.« Die Einsicht, mit dem kritischen Wochenblatt nur begrenzt etwas bewegen zu können, motivierte Schwarzenberg unter anderem zu seiner Kandidatur als Senator: »Ich habe gesehen, dass ich mit *Respekt* wenig bewegen konnte. Ich wollte eine andere Plattform finden.«

Ende des Jahres 1988 machte sich Schwarzenberg daran, den großen Wunsch seines Onkels Heinrich zu erfüllen: die Unteilbarkeit des Familienbesitzes für die Zukunft zu sichern. Am 12. Dezember 1988 wurde das gesamte österreichische Vermögen in einer Familienstiftung in Liechtenstein eingebracht. Der zum Stichtag 31.12.1988 eingebrachte Einheitswert des Liegenschaftsvermögens betrug 40 423 154 Schilling (rund drei Millionen Euro), was allerdings nichts über den realen Wert dieser Parzellen aussagt. Der Einheitswert ist ein vom Fiskus festgesetzter fiktiver Grundstückswert, der weit unter dem Marktpreis liegt. Allein der Schwarzenberg'sche Waldbesitz in Österreich wird auf 250 Millionen Euro geschätzt, der Wert des denkmalgeschützten Palais mit mehr als sieben Hektar Grund lässt sich überhaupt schwer fassen. Die Aufzählung der Grundstücke in der Stiftungsurkunde füllt mehrere Seiten und zeigt, wie umfangreich der Grundbesitz der Familie ist. In der Forstdirektion auf Schloss Murau hängen Landkarten, auf denen der Besitz grün eingefärbt ist. Vom Murtal aus erstreckt sich ein beeindruckender grüner Fleckerlteppich nach Kärnten und bis nach Salzburg. Ebenfalls in die Stiftung eingebracht wurden der Betrieb in Murau, das Hotel im Palais Schwarzenberg, der Steinbruch Katsch und das iso.span-Baustoffwerk in Ramingstein und die beiden Miethäuser in der Prinz-Eugen-Straße. Das deutsche Vermögen wurde am 20. März 2002 in die Stiftung eingebracht. Weiters existieren eine Kunststiftung – in die unter anderem Rubens »Ganymed« eingebracht wurde – und eine Schwarzenberg'sche Privatstiftung nach österreichischem Recht, in der allerdings kein Vermögen geparkt ist. Sie dient nur als rechtliche Hülle.

Die Schwarzenberg sind nicht die einzige Aristokratendynastie, die ihr Vermögen – steuerschonend – in eine Stiftung eingebracht hat. In gewisser Weise entspricht die Stiftung der modernen Form des Majorats – Sinn und Zweck sind jedenfalls die gleichen: die Kontinuität und die Unteilbarkeit des Familienerbes zu sichern. Da das Schwarzenberg'sche Hausgesetz keine Rechtsgültigkeit mehr hat, außer eine moralische, hätten die Nachkommen trotz eiserner Familienpflicht das Vermögen auseinander reißen oder gar veräußern können. In der Stiftung kann das über Jahrhunderte gelebte Patriarchat auch im 21. Jahrhundert fortleben. Seit der Gründung der Stiftung sind auch die Zeiten der »Rechenschaftsberichte«, eine Art kameralistisches Konvolut, das die Betriebsführung Karl Schwarzenberg einmal jährlich überreichte, vorbei. Von nun an werden Unternehmensangelegenheiten im sechsköpfigen Stiftungsrat, der drei- bis viermal jährlich zusammentritt, entschieden. Schwarzenberg ist Vorsitzender des Stiftungsrates – was nach österreichischem Recht übrigens nicht möglich gewesen wäre. Die anderen Mitglieder sind der Vaduzer Unternehmens- und Finanzberater Alfred Hilbe, Stellvertretender Vorsitzender und als »Fürstlicher Rat« die zweitwichtigste Figur in diesem Gremium, weiters Schwarzenbergs Anwältin Christa Fries, der Rechtsanwalt Peter Sprenger, der Steuerberater Walter Kristen und Erbprinz Johannes Schwarzenberg. Der Rat ist mit einfacher Mehrheit beschlussfähig, der Vorsitz dirimiert bei Stimmengleichheit. Der Stiftungszweck ist in den Satzungen klar festgelegt: die Versorgung der Familienmitglieder, wobei unter diesen alle »eheleiblichen Verwandten des Stifters« zu verstehen sind, die »durch gemeinsame Stammeltern oder einen Stammelternteil verbunden« sind. Vererbt werden kann jetzt nur mehr der Ertrags- und Fruchtgenuss der Stiftung, und auch wie das zu erfolgen hat, ist genau geregelt. Rund 150 000 Euro pro Jahr gehen dem Stiftungsvorsitzenden zu, der Erbprinz ist ab dem 30. Lebensjahr vorsitzberechtigt und gelangt in den Genuss von zwei Dritteln der ausgeschütteten Mittel. Die Erbfolge ist klar festgelegt und sie bleibt auch weiter ausschließlich den männlichen Mitgliedern der Familie vorbehalten: Schwarzenbergs Sohn steht an erster Stelle.

Eine Auflage seines Vorfahren Heinrich hat Karl mit der Gründung der Stiftung zu Jahresende 1988 somit erfüllt, nur drei Jahre später sollte er die Möglichkeit bekommen, auch den zweiten großen Teil von dessen letztem Willen zu verwirklichen: die Restitution. Der Kampf um die Rückerstattung der Güter der Familie Schwarzenberg sollte sich als eine Art böhmische Büchse der Pandora erweisen. Sie war zum Teil erfolgreich, entfachte aber auch jenen Erbstreit, den Karls Adoptivonkel Heinrich in seinem Testament auf seltsame Art vorausgefühlt zu haben scheint und der das Familienleben der Schwarzenbergs seit mehr als einem Jahrzehnt belastet, um nicht zu sagen unmöglich macht. Gemeinsame Feste, bei denen Karl Schwarzenberg und seine Adoptivschwester Elisabeth, verheiratete Pezold, auftreten, sind rar. Elisabeths Ehemann Rüdiger, studierter Jurist und begeisterter, manche sagen, fanatischer Anwalt, ist auf Schloss Murau nur zu Gast, wenn er im Familienarchiv nach Akten für das gerade aktuelle Rechtsverfahren gräbt. »Wir verkehren nur mehr schriftlich«, meint Pezold, »und auch das nur, wenn es unbedingt erforderlich ist.«

Die Ausgangslage ist so kompliziert wie die Akteure emotionalisiert: Die Pezolds werfen Karl Schwarzenberg in einem im Jahr 2000 beim Bezirksgericht Leoben angeregten Verfahren vor, sich als Clanoberhaupt nicht genug um die Restitution der tschechischen Latifundien gekümmert und somit dem letzten Willen seines Adoptivvaters nicht entsprochen zu haben. Mehr noch: Schwarzenberg habe sie sogar behindert, argumentiert Pezold. Außerdem sei seine Adoption durch Onkel Heinrich nach tschechischem Recht ungültig. Des Anwalts juristische Schlussfolgerung: Aus diesem Grund habe Karl den Anspruch auf sein Erbe verwirkt und müsse sein Erbe deshalb an Elisabeth Pezold abtreten. Wohl um ihre Hoffnung auf Restitution zu unterstreichen, ließ sich Elisabeth Pezold am 25. Januar 1993 von ihrer Tante Amelie zu Schwarzenberg adoptieren. Karl Schwarzenberg erfuhr davon aus dem »Gotha«.

Restitution, Entschädigung, Wiedergutmachung – die Frage, wie ein staatliches Gemeinwesen erlittenes Unrecht, historische Schuld und persönlichen Verlust mit politischen Mitteln fassen kann, ist eine äußerst schwierige. Die Tschechoslowakei war im Vergleich zu den anderen kommunistischen Staaten das am eisernsten verstaatlichte Land, das Genossenschaftsprinzip funktionierte dennoch bis zuletzt nicht. Nur durch hohe Subventionen – 14 Prozent des Bruttoinlandsproduktes flossen jährlich in die Landwirtschaft – konnte das Ideal vom seligen Bauernkollektiv mehr schlecht als recht aufrechterhalten werden.

Als sich die tschechoslowakische Regierung nach der Wende daran machte, die ex-kommunistischen Genossenschaften zu entstaatlichen, versetzte sie viele westliche Anwaltskanzleien mit aristokratischer Kundschaft in Alarmbereitschaft. Das Signal war deutlich: Die wiedererstandene Tschechoslowakische Republik hatte einen ersten Schritt in Richtung Restitution gesetzt – weitere sollten alsbald folgen. Prompt gründete sich der Verein »Europa 2000«. Darin versammelt: drei Dutzend Sprösslinge mit klingenden Namen wie Colloredo-Mannsfeld, Kinsky, Lobkowitz, Czernin, Pálffy, Waldstein, Belcredi und mindestens 250 000 Hektar Landanspruch in Böhmen, Mähren und der Slowakei. Schwarzenberg schloss sich ihnen nicht an. Im November 1990 wurde vom tschechoslowakischen Parlament das Gesetz über die so genannte »Kleine Privatisierung« erlassen, welches kleinere Objekte wie Geschäfte, Restaurants, Hotels und diverse lokale Dienstleistungsbetriebe betraf. Rund 22 000 Objekte im Wert von etwa einer Milliarde Dollar wurden meist durch öffentliche Versteigerung verkauft. Die darauf folgende »Große Privatisierung« betraf cirka 4000 der größten staatlichen Firmen wie Finanzinstitute, Versicherungen, Staatsfarmen, Industriefirmen und Außenhandelsorganisationen. Im April 1991 rang sich die Regierung nach heftiger und sehr emotional geführter öffentlicher Debatte dazu durch, einen Termin für die Restitution zu nennen. Als Stichtag wurde der 25. Februar 1948, der Tag der kommunistischen Machtergreifung, festgesetzt. Anspruchsberechtigt sind nur Personen, die zum Stichtag die tschechoslowakische Staatsbürgerschaft hatten und heute in der Tschechoslowakei leben. Die Rückführung wurde mit »höchstens 150 Hektar Agrarland oder 250 Hektar Gesamtfläche« begrenzt. Ganz offensichtlich war die Sorge, die großen Ländereien von einst könnten wieder entstehen und darüber hinaus in ausländische Hände geraten, bei der Erstellung des Gesetzes groß. Enteignungen, die vor diesem Datum stattgefunden hatten, waren nicht restitutionsfähig, womit dieses Gesetz nur eine minimale Korrektur der Nachkriegsgeschehnisse vornahm.

Im Adel stieß diese Gesetzesnovelle auf grimmigen Zorn. Die meisten von ihnen hatten ihre Ländereien bereits vor 1948 in der noch legalen, jedoch unter wachsendem kommunistischem Druck agierenden Beneš-Republik eingebüßt. Am festgeschriebenen Stichtag waren die meisten entweder längst verarmt, geflüchtet oder brutal davongejagt. Die Regierung argumentierte anders. Zwischen 1945 und 1948 habe eine legale Regierung amtiert, erst die Russen hätten die Enteignung finalisiert. Später wurde dann doch ein Schlupfloch geschaffen. Nicht der 25. Februar 1948, sondern der Tag der »physisch« durchgeführten Enteignung werde anerkannt – die normalerweise nach dem Stichtag erfolgte – was somit eine Entschädigung nach dem Restitutionsgesetz möglich machte. Ein Jahr später, im März 1992, hob die tschechoslowakische Regierung die 250-Hektar-Obergrenze für die Rückgabe enteigneten Grundes auf. Dadurch vergrößerten sich die Ansprüche der Berechtigten von 960 000 Hektar auf 1,3 Millionen Hektar.

Für die Familie Schwarzenberg bedeutete das: Das gesamte Vermögen der einstigen Primogenitur musste als verloren angesehen werden. Der Besitz der Sekundogenitur, der Karl Schwarzenberg entstammt, fiel jedoch unter die durch das Gesetz vorgesehenen Bedingungen und hatte gute Chancen auf Rückkehr. Mehr noch: Das Gesetz, orakelten Medien damals, wirke wie »maßgeschneidert« für Schwarzenberg – schließlich war er schon 1948 tschechoslowakischer Staatsbürger und hatte seine Staatsbürgerschaft aufgrund eines bürokratischen Versehens auch nie verloren. Gegenüber Medien gab sich Schwarzenberg in Fragen der Rückerstattung allerdings immer äußerst zurückhaltend und spielte seine eigenen Ambitionen herunter oder schwieg ganz dazu. Das lag sicher in seiner exponierten Stellung als Kanzler am Hradschin begründet. Nicht wenige sagten ihm damals nach, er nützte seine Funktion bei Präsident Havel für persönliche Motive aus. Schwarzenberg aber wusste nicht einmal, dass das Gesetz schon verabschiedet war. Er erfuhr es von Havels Sprecher mit den Worten: »Weißt du, dass du gestern wesentlich reicher geworden bist? Du weißt doch, dass gestern im Parlament das große Restitutionsgesetz durchgegangen ist?« Auch als Abordnungen österreichischer Adeliger ihn um Hilfe beim Zurückholen von Wald, Wiesen und Schlössern baten, ließ er sie abblitzen. »Als die erste Diskussion über Besitzansprüche des österreichischen Adels in der Tschechoslowakei losbrach, baten viele von uns den Kary um Intervention. Aber das hat sich bald aufgehört, so zornig hat er darauf reagiert«, beklagte sich ein Schlossbesitzer aus Niederösterreich im Sommer 1991 in der *Wirtschaftswoche.* »Wenn man erster Staatsdiener ist, kann man nicht Lobbyist sein«, meint Schwarzenberg knapp.

Bei aller öffentlichen Zurückhaltung blieb Schwarzenbergs Kanzlei in Wien aber nicht untätig. Bereits im März 1991 beauftragte sie eine tschechische Anwaltskanzlei sich um die Restitution zu kümmern und stattete sie mit entsprechenden Vollmachten aus. Zeitgleich besichtigte Schwarzenberg auch seine ehemaligen Latifundien. »Die Wälder sind in einem katastrophalen Zustand, große Investitionen wären notwendig«, lautete sein pragmatisches Resümee. Auch bei seiner Frau Therese war wenig von Prager Goldgräberstimmung zu spüren. »Wenn wir das alles erhalten müssen, dann geht alles, was wir in Österreich verdienen, drauf.« Das traf es im Wesentlichen.

Zum Zeitpunkt, als die Ansprüche erstmals gerichtlich gestellt werden konnten, war Schwarzenberg auch bestens vorbereitet. Bereits 1980 war im Schwarzenberg'schen Almanach ein Artikel mit dem unverfänglichen Titel »Einfluss der böhmischen Forstwirtschaft auf die Waldbewirtschaftung in den Alpen im 18. und 19. Jahrhundert« erschienen. Geschrieben hatte ihn Oberforstmeister Friedrich Zecha, der sehr gut tschechisch spricht. Für die Recherchen bekam er, getarnt als Wissenschafter, Zuritt zu tschechischen Archiven, was damals nur über Ansuchen beim Ministerium ging, und auch da nur für Akten bis zum Jahr 1939. Franz Pišta, der letzte Forstdirektor des böhmischen Forstbetriebes der Schwarzenberg, der in der Tschechoslowakei geblieben war und jeden Grenzstein der Latifundien kannte, leistete ebenfalls tatkräftige Unterstützung. Gemeinsam gelang es den beiden, einen vollständigen Grundbuchstand zu erstellen, der auch Eingang in den wissenschaftlichen Aufsatz fand. Den tschechoslowakischen Behörden, die auf Belegexemplaren bestanden, blieb der wahre Grund der Nachforschungen offenbar verborgen.

Das sprachkundige Duo Pišta und Zecha sollte sich überhaupt als äußerst effektiv im bürokratischen Prozess der Restitution erweisen. Pišta, Schwarzenberger durch und durch, versorgte seine Kollegen in Murau mit maschinengeschriebenen »Aktenvermerken«, in denen er sie über den aktuellen Stand der Gesetzeswerdung auf dem Laufenden hielt. »Bis Ende April 1990 wird beim Landwirtschaftsministerium in Prag ein Vorschlag über die Regelungen der Besitzverhältnisse in der Land- und Forstwirtschaft vorbereitet. Er (Pišta, Anm.) schlägt vor, darüber S.D. (Seine Durchlaucht) zu informieren, damit rechtzeitig vielleicht seine eigenen Anschauungen deponiert werden und allenfalls auch Zeugenaussagen von ehemaligen fürstlichen Bediensteten, soweit sie noch leben, über die seinerzeit so beispielhafte Bewirtschaftung in der Schwarzenbergischen Domäne«, notiert Zecha etwa schon am 9. März 1990. In der Tat hatte die Wende in den ländlichen Gebieten nach der kommunistischen Misswirtschaft eine Sehnsucht nach den für ihre ausgezeichnete forstliche Bewirtschaftung berühmten Schwarzenbergern geweckt. Schwarzenbergs medialer Zurückhaltung, was die Restitution angeht, steht also die äußerst weit blickende und sehr engagierte Vorbereitungsarbeit seiner Verwaltungsspitze entgegen.

Zur Vorbereitung des Restitutionsansuchens brauchte Schwarzenberg Forstkarten und alte Grundbuchauszüge, um seine Ansprüche zu rechtfertigen. Alle Grundbuchunterlagen für Südböhmen befinden sich in Třeboň, sein Leiter hatte als Archivar für Karl VI., Schwarzenbergs Vater, gearbeitet, was die Arbeit natürlich erleichterte. Die beiden Damen in der Zentrale für Forsteinrichtungen der ČSR in Brandys überzeugte Zecha trotz vorgerückter Stunde – Dienstschluss war nach kommunistischem Vorbild um drei Uhr nachmittags –, die großformatigen Forstkarten auf einem Spezialkopierer zu vervielfältigen. Als Dank gab es, abgesehen von der damals für Einheimische unglaublich hohen Kopierrechnung von rund 2000 Kronen, zwei Flaschen Wein von Schwarzenbergs deutschem Weingut.

Die tatsächliche Restitution fiel mit Schwarzenbergs (und Havels) Abschied vom Hradschin zusammen. Im Juli 1992 nahm er von der Burg über Prag Abschied, ab sofort hatte er sich um seine eigenen Burgen zu kümmern: Ein Jahr später präsentierte sich Schwarzenberg schon als böhmischer Forst- und Landwirt und lud zur Eröffnung der Schwarzenberg'schen Gastwirtschaft »Beim Goldenen Löwen« in Kutná Hora. Ebenfalls eröffnet wurde das Wirtshaus »U Toryka« – nach Schwarzenbergs Lieblingsterrier Toryk – im ehemaligen Stall des Schlosses Orlík. Gerda Neudeck, die Leiterin der Schwarzenberg'schen Zentralkanzlei – und damit in etwa das, was Schwarzenberg für Havel gewesen war –, hatte sich im Schnellverfahren Tschechisch beigebracht und kümmerte sich mit der ihr eigenen unvergleichlichen Mischung aus Bestimmtheit, Engagement und unbedingter Hingabe um Orlík. Neudeck ist seit 1987 bei Schwarzenberg und die Einzige, die das Leben ihres Arbeitgebers, die Verpflichtungen als Politiker, Unternehmer, Weltreisender und Mensch nach Gesetzen von Flug- und Zugplänen, Terminkalendern und Feiertagen zu ordnen im Stande ist. Es gibt den Scherz, dass es nicht nur ein Glück war, dass Schwarzenberg Kanzler wurde, sondern auch dass die resolute Neudeck in dieser Zeit seine rechte Hand blieb – denn auch ihrem rigorosen Regime sei es zu verdanken, dass die Tschechoslowakei die turbulenten postrevolutionären Jahre überlebte. Wenn die Faxleitungen wieder einmal versagten, setzte sie sich ganz einfach ins Auto und brachte die benötigten Unterlagen über Nacht nach Prag. Schwarzenberg ist sich der Tatsache, dass hinter jedem erfolgreichen Mann eine Frau steht, die viel aushält, wohl bewusst. 1991 kürte er Neudeck, mit der er nach wie vor per Sie ist, im »trend« zu seiner »Frau des Jahres«. Intern trägt sie auch den Spitznamen »Generalin« – nicht zufällig in Anlehnung an Schwarzenbergs Mutter, die »General« genannt wurde.

Schwarzenbergs Restitutionsbilanz ist golden: Orlík, Čimelic, Staré Sedlo, zwei Zinshäuser, das Stadtpalais in der Prager Altstadt, dessen Dachgeschoß ihm heute als Prager Stadtwohnung dient. Der Rest ist vermietet, unter anderem an das Büro Václav Havels. (Wie auch in Österreich verliert das Staatsoberhaupt, einmal außer Dienst, seine Infrastruktur und muss sich privat um ein funktionierendes Sekretariat kümmern.) Dazu kommen fünfzig weitere kleinere Gebäude, 9500 Hektar Wald und Teiche. Die »Zentralkanzlei« in Prag und die Forstverwaltung in Orlík administrieren die Reviere Orlík, Kostelec und Hraběšín, in Čimelic gibt es eine Fischzucht und eine Fasanerie. Damit gehört Schwarzenberg auch in Tschechien zu den größten privaten Waldbesitzern. Seine Adoptivschwester Elisabeth hingegen kämpft bislang vergeblich um die Schlösser Frauenberg (Hluboká), Krumau (Krumlov) und Wittingau (Třeboň), um das Palais Schwarzenberg auf dem Hradschin, um etwa 55 000 Hektar Wald und Wiesen, aufgeteilt auf 80 000 Einzelparzellen in 23 böhmischen Bezirken, um eine Reihe von Industriebeteiligungen und um nicht weniger als zehn (mittlerweile privatisierte) Brauereien – allesamt 1940 durch die Gestapo beschlagnahmt und 1947 durch die »Lex Schwarzenberg« enteignet.

Die Berichterstattung über die Prozesse, die das Ehepaar Pezold gegen Tschechien führt, füllt ganze Bände. Die juristische Angelegenheit erstreckt sich längst nicht mehr auf Pezold vs. ČSR, sondern mindestens so leidenschaftlich auf Pezold vs. Schwarzenberg. In der Pezold'schen Lesart hätte Schwarzenberg in seiner Eigenschaft als Kanzler ihr Restitutionsbegehren zu behindern versucht oder zumindest nicht unterstützt. Bereits 1990, gleich nachdem Karl Schwarzenberg Kanzler Havels wurde, hätten sie ihn auf die Wichtigkeit der Restitution der Primogenitur aufmerksam gemacht, ihr Adoptivbruder hätte mit Rücksicht auf seine prominente politische Position aber um Zeit gebeten. Die erste Frist für die Geltendmachung von Ansprüchen am 31. Dezember 1992 hätte er ergebnislos verstreichen lassen, ebenso die kurzfristig bis zum 31. Januar verlängerte Deadline, also klagten sie in eigenem Namen. Im Sommer 1993 schrieb Elisabeth Pezold einen Brief an Ministerpräsident Klaus und an Präsident Havel, in dem sie für einen Vergleich zwischen ihr und der Tschechischen Republik warb und Havel aufforderte, die »Lex Schwarzenberg« zu annullieren. Zurück kam ein »beleidigender« (Pezold) Brief von Schwarzenbergs Nachfolger als Kanzler Luboš Dobrovsky. Klaus antwortete freundlicher und bot einen Termin an, der allerdings in letzter Minute abgesagt wurde. »Der Premierminister wird sich in diese Angelegenheit keinesfalls einmischen. Es liegt an den Gerichten, zu entscheiden. Wenn Sie gewinnen, ist es gut. Wenn Sie verlieren, hatten sie Pech«, ließ ein Kabinettsmitarbeiter von Klaus die Pezolds wissen.

In den Augen vor allem von Rüdiger Pezold, der als treibende Kraft hinter dem Erbstreit gilt, steht Schwarzenberg offenbar als mächtiger Strippenzieher im Zentrum einer bösartigen Verschwörung mit dem einzigen Ziel, seiner Frau Elisabeth die Restitution zu vereiteln. »Der Mann meiner Schwester ist der Motivator – dem dürfte ich gründlich auf den Wecker gehen. Dies ist in Wirklichkeit der wesentliche Grund«, meint Schwarzenberg zur Causa. Er hält das Pezold'sche Restitutionsbegehren derzeit für aussichtslos: »Die Frage der Frauenberger Restitution wird sich nicht stellen – das ist gegessen. Kein Zweifel, dass die Enteignung des Onkels eine Sauerei war. Im Moment kenne ich meine Landsleute und die Laune dort – da ist nichts zu machen. Recht ist auch von der Politik abhängig. Man muss die normative Kraft des Faktischen akzeptieren.«

Um die normative Kraft des Faktischen geht es beim Erbstreit allerdings schon längst nicht mehr, er hat sich verselbstständigt und ist zu einem erbitterten Kampf zwischen den noch lebenden Vertretern der Primogenitur und der Sekundogenitur geworden. Es ist genau das eingetreten, was Heinrich in seinem Testament durch diverse Klauseln und versiegelte Ratschläge hatte verhindern wollen. Der Enterbungsprozess, den die Pezolds nach zahlreichen erfolglosen Restitutionsversuchen in Böhmen vor dem Bezirksgericht Leoben gegen Karl Schwarzenberg anstrengten, entbehrt nicht skurriler Details und ist mittlerweile auch weit in der Vergangenheit der Familie angelangt.

So versuchte Elisabeth Pezold nachzuweisen, dass ihr Vater Heinrich von seinem Vetter, dem damals regierenden Fürsten der Primogenitur, Adolph, im Jahr 1940 rechtmäßig adoptiert wurde, was ihrer Meinung nach die Legitimität ihres Restitutionsanspruches stärken würde. Es gab tatsächlich den Versuch einer Adoption bei einem Notar in Budweis, die Gestapo untersagte sie jedoch und im Bezirksgericht Budweis findet sich dazu kein amtliches Schriftstück mehr. Heinrich selbst erwähnte in einem Brief einmal »seine missglückte Adoption«. Rüdiger Pezold ließ sich davon nicht beirren. Äußerst einfallsreich, machte er sich auf die Suche nach dem einst zuständigen Richter aus Budweis und fand den mittlerweile greisen Juristen tatsächlich. Er suchte ihn auf und bat ihn eine eidesstattliche Erklärung zu unterzeichnen, dass die Adoption doch durchgeführt worden sei. Mit dieser ausgerüstet ließ er die Geburtsurkunde und andere Dokumente Heinrichs adaptieren. Unter anderem tauchte auch im »Gotha« des Jahrgangs 1997 Heinrich plötzlich als »adoptiert« auf. Pezold hatte dem Verlag die neuen Unterlagen geschickt, diese hatten es verabsäumt, wie üblich den Clanchef, also Karl Schwarzenberg, dazu zu befragen.

Die Causa ist noch nicht ausgestanden. Den unfeinen Höhepunkt des Erbstreits bilden mehrere 2002 und 2003 veröffentlichte Anzeigen, in denen die Pezolds dazu aufrufen, mit den Schwarzenberg keine Geschäfte zu machen. Die offensichtlich geschäftsschädigende Absicht funktionierte: Nicht nur der zu diesem Zeitpunkt geplante Verkauf des Schlosses Murau, sondern auch ein Sanierungsprojekt in

Schloss Schwarzenberg in Scheinfeld, das mit öffentlichen Zuschüssen gefördert werden sollte, wurden massiv gefährdet.

Schwarzenberg begegnet diesem ganz und gar nicht noblen Erbschaftszwist bisweilen mit hintergründigem Humor. »Ich bin überzeugt, wenn ich zum Jüngsten Gericht komme, habe ich noch eine Berufung vorliegen.« Im Grunde schmerzt und ärgert ihn die Sache aber sehr. Sie ist nämlich alles andere als eines: schwarzenbergisch.

SCHLUSS

»Dřevič«, auf Deutsch »Grund«, ist ein Schloss wie aus einem Kinderbuch. Handlich und klein liegt es inmitten eines Waldes, eine kurze Autofahrt von Lány entfernt, wo der tschechische Staatspräsident seinen Wochenendsitz hat. Schwarzenberg war 1991 auf das Anwesen aufmerksam geworden, als ein Staatspolizist ihm erzählte, dass Ausländer es kaufen und daraus ein Stundenhotel machen wollten. Das sei ein mögliches Sicherheitsrisiko für den Präsidenten, meinte der Polizist und murmelte: »Schade. Das ist ein schönes Haus.« Schwarzenberg wurde hellhörig. Noch am gleichen Wochenende fuhr er hin. Obwohl es ein vernebelter, dunkler Spätjanuartag war, der dem Objekt nicht gerade schmeichelte, verliebte er sich auf Anhieb.

Noch am gleichen Abend dachte er in seiner Dienstwohnung bei einem Glas Whisky und einer Pfeife – seine beiden nicht fleischlichen Laster – über Dřevič nach. Nicht dass es ihm zu diesem Zeitpunkt an standesgemäßen Adressen gemangelt hätte. Das Palais Schwarzenberg in Wien, das Schloss in Murau, ein zweites in Scheinfeld, die dazugehörigen Forsthäuser nicht eingerechnet – sie alle standen jederzeit für ihn bereit. Nur in Prag, seiner Geburtsstadt, fehlte ihm zu diesem Zeitpunkt noch eine private Bleibe. Daraufhin traf er eine Entscheidung, die den bekennenden Träger mehrerer Patriotismen im Alter von 53 Jahren doch noch einmal binden sollte. »Ich dachte mir: Du willst hier im Land bleiben. Der Rest war dann kein Thema mehr.«

Mittlerweile sind zum renovierten Dřevič durch die Restitution noch das Stammschloss Orlík, das Schwarzenberg aber den Touristen überlässt, und eine geräumige Dachgeschoßwohnung im ehemaligen Stadthaus der Familie in der Prager Innenstadt dazugekommen, die Schwarzenberg etwas untertrieben seine »Junggesellenbleibe«

nennt. Sie ist von einer tschechischen Architektin eingerichtet, die aus dem Londoner Exil klare Linien und moderne Materialien nach Prag importierte. Für Schwarzenberg interpretierte sie das Prinzip der adeligen Repräsentationsräumlichkeiten neu: Die eine Dachhälfte ist als Loft gestaltet, offen und weitläufig mit einem ausladenden Glastisch und einer Schauküche aus Stahl – für Abendessen in größerem Rahmen ebenso geeignet wie für Stehempfänge; im anderen Teil der Wohnung befinden sich die Privaträume, Schlafzimmer und Bad.

Wenn es etwas im unsteten Leben des Handlungsreisenden in Sachen Politik gibt, das die Bezeichnung »Zuhause« verdient, dann ist es Dřevič. Dazu passt, dass Schwarzenberg, der von sich selbst sagt, eher ein »Fürstenberg« denn ein »Schwarzenberg« zu sein, im Nachhinein erfuhr, dass das Schloss einst der Familie seiner Mutter gehört hatte. Großvater Fürstenberg hatte es 1928 gekauft, aber nur kurz bewohnt. Dřevič ist heute Schwarzenbergs böhmischer Landsitz. Anders als das Palais Schwarzenberg in Wien, der Repräsentationsort des jungen Fürsten, und Schloss Murau, in dem Schwarzenberg seinen Lebensabschnitt als Familienvater zubrachte, ist Dřevič untrennbar mit seiner Zeit als Kanzler und nun als Senator in Tschechien verbunden.

Karl Schwarzenberg hat zeit seines Lebens immer mehrere Adressen gehabt. So wie er zwischen Wien, Murau, Zürich, Schwarzenberg in Franken, später Prag und Orlík pendelte, schwankten auch seine Interessen. Er begann als gemächlicher Student mit Begabung für Faulheit oder, vornehmer, Müßiggang. Zuerst stockkonservativ, ganz den Konventionen und Traditionen seiner Herkunft verpflichtet, öffnete er sich sehr bald intellektuell, lernte neue Milieus kennen – blieb vorerst aber dem Lebensentwurf eines Adeligen mit Hang zum Ausstieg auf Zeit verhaftet. Erstmals herausgerissen aus seinem programmierten Leben wurde er durch die Adoption und den frühen Tod seines Onkels Heinrich. Mit einem Mal Familienchef multiplizierten sich die Bittsteller – und Möglichkeiten.

Schwarzenberg beschloss, trotz oder gerade wegen des Widerstands in der eigenen politischen Heimat, das Kapital seiner Abstammung nicht brachliegen zu lassen, sondern zu verwerten. Er fand, es wäre wert, mehr zu sein als der Verwalter seiner eigenen Tradition, der Direktor »des Museums, dessen Inhalt ich selbst bin«, wie er 1982 sagte. Also ging er daran, eine zeitgemäße politische Interpretation des Schwarzenbergischen zu suchen.

Ahnen mit imposanten Auszeichnungen, Orden und Büsten als Vorbilder hatte er genug kennen gelernt. Das Schwarzenberg'sche Museum war, wenn man so will, gut bestückt – wenngleich etwas verstaubt. Karl Schwarzenberg hat sich von klein auf an ihnen abgearbeitet. Als Junge war er natürlich vom Feldmarschall Karl Philipp Schwarzenberg, der Napoleon besiegte, beeindruckt. Er, der Inbegriff des adeligen Dieners am Gemeinwesen, das damals die Monarchie darstellte, war in Orlík allgegenwärtig. Später haben Karl Schwarzenberg die Schriften von Friedrich Schwarzenberg, genannt der Lanzknecht, geprägt. Er ist der Gegenentwurf zum pflichtbewussten, dem Kaiser ergebenen Marschall. Friedrich reiste, schrieb Geschichten darüber, war ein gescheiter Beobachter und sehr originell in seinen Zugängen. Ein früher Dissident gewissermaßen.

Karl Schwarzenberg hatte erlebt, wie die Generation seiner Großeltern, der vor dem Ersten Weltkrieg Geborenen, geprägt noch vom Verpflichtungsgefühl dem Kaiser gegenüber, mit ihrer Herkunft und der Verpflichtung, die sie daraus ableiteten, gerungen hat. An seinen Eltern hat er gesehen, wie sie durch den Zweiten Weltkrieg aus der Bahn geworfen wurden. Sie alle mussten sich damit abfinden, dass die Welt ihrer Kindheit, vor 1918, verloren war. Sein Vater reagierte darauf mit dem Rückzug in seine wissenschaftliche Welt, seine Mutter, indem sie ihm erst recht jenes Pflichtgefühl vorlebte, das sie als des Standes würdig empfand. Pflichtgefühl ist dann auch Karl Schwarzenbergs Antwort auf die Frage nach dem Warum in seinem Leben. Adel war und ist für Schwarzenberg immer Verpflichtung gewesen – in diesem Punkt ist er, wiewohl überzeugter Demokrat, Monarchist geblieben. Er hat daher die Abkehr seiner Standesgenossen vom öffentlichen Leben stets kritisiert. »In dem Moment, wo die p.t. Standesgenossen das Offizium nicht mehr ernst nehmen, hört vieles auf.« Wenn die echte Grundlage einer Minorität, wie sie der Adel ist, Besitz, gemeinsame Ideologie oder Ähnliches, einmal verloren ist, bleibt die Tradition oder die Nichttradition. »Aussterben werden wir nicht. Aber wir werden bis zur Unkenntlichkeit assimiliert«, meinte er Mitte der 1980er-Jahre düster.

Schwarzenberg hat seinen Beitrag zum Offizium geleistet. Er ist im Laufe seines Lebens vom »Bohemien zum Menschen, vom politischen Kokettierer zum Lotsenmann zwischen Ost und West« gewachsen, wie der *trend* einmal schrieb. Ein Ehrenplatz im Museum Schwarzenberg ist ihm sicher.

DANKSAGUNG

Bei den Recherchen für dieses Buch haben mir sehr viele Menschen geholfen, die mir ihre Erinnerungen, persönliche Dokumente, Zeit und Gedanken geschenkt haben. Besonders danken möchte ich der Leiterin der Schwarzenberg'schen Zentralkanzlei, Gerda Neudeck, sowie Wolfgang Wieland und Heike Kellner vom Schwarzenberg'schen Familienarchiv in Murau und Vilém Prečan vom Tschechoslowakischen Dokumentationszentrum. Bruno Aigner, Erhard Busek, Oscar Bronner, Barbara Coudenhove-Kalergi, Jiří Dienstbier, Georg Fürstenberg, Heinz Fischer, Jiří Grusa, Václav Havel, Fritz Hoess, Petr Holub, Margaretha Kopeinig, Josef Krainer, Eva Kunert, Ernst Gideon Laudon, Kristof Michalski, Alois Mock, Frederic Morton, Gerhard Nagler, Anton Pelinka, Georg-Philipp Pezold, Johanna Radzyner, Hans Rauscher, Josef Riegler, John Sailer, Rudolf Schuster, Gerfried Sperl, Michael Stavaric, Michael Sterneck, Johannes Schwarzenberg, Friedrich Schwarzenberg, Therese Schwarzenberg, Fritz Panzer und Friedrich Zecha haben mir wertvolle Eindrücke gespendet.

Mein Vater Ladislaus und meine Mutter Hana haben mir beim Korrekturlesen des Manuskripts sehr geholfen, Andrea Körtvelyessy mit Interesse und Kritik, Stefan Pöttler, wie immer, mit allem.

Karl Schwarzenberg schließlich danke ich für die Bereitschaft, die Geduld und das Vertrauen, mir über ein Jahr lang immer wieder für Gespräche zur Verfügung gestanden zu sein.

LITERATURVERZEICHNIS

Ash, Timothy Garton, Zeit der Freiheit, München 1999.

Blaschko, Franz, Das Züricher Bürgerrecht der Schwarzenberge, in: Schwarzenbergisches Jahrbuch, Wien 1953, S. 201–246.

Blaschko, Franz, Die böhmischen Besitzungen, in: Schwarzenbergisches Jahrbuch, Wien 1950, S. 267–308.

Blaschko, Franz, Die Besitzungen der Sekundogenitur, in: Schwarzenbergisches Jahrbuch, Wien 1950, S. 309–322.

Brandeis, Marie, Wir kamen von anderswo, Prag 2003.

Brandstaller, Trautl, Quo vadis, SPÖ? Ein Versuch aus Anlass zweier Bücher führender Sozialdemokraten, in: Europäische Rundschau 2/2004, S. 67–79.

Bronner, Gerhard, Spiegel vorm Gesicht, München 2004.

Bundeszentrale für politische Bildung, Tschechien (Heft 276), Bonn 2002.

Busek, Erhard, Mitteleuropa. Eine Spurensicherung, Wien 1997.

Comission on Security and Cooperation in Europe, Human Rights and Democratization in the Czech Republic, Washington 1994.

Dienstbier, Jiří, Träumen von Europa, Berlin 1991.

Dočekal, Boris, Osud českých šlechticů, Jihlava 2002.

Falk, Barbara J., The Dilemmas of Dissidence in East-Central Europa. Citizen Intellectuals and Philosopher Kings, Budapest–New York 2003.

Fialik, Maria, »Strohkoffer«-Gespräche, H. C. Artmann und die Literatur aus dem Keller, Wien 1998.

Fiorioli, Elisabeth, Die Salonkultur der Wiener Aristokratie in der ersten Hälfte des 19. Jahrhunderts am Beispiel der Fürstin Maria Anna Schwarzenberg, Graz 1991.

Frank, Michael, Nepomuken, die auf die Brücken spucken. Prager Hintergedanken, Wien 1999.

Genscher, Hans-Dietrich, Erinnerungen, Berlin 1995.

Havel, Václav, Gewissen und Politik. Reden und Ansprachen 1984–1990, München 1990.

Havlicek, F. X., Der letzte Fürst vom Frauenberg, Leben und Wirken des Fürsten Adolph II. zu Schwarzenberg, Berlin 1998.

Hvížďála, Karel, Knížecí život, Praha 1997.

Keane, John, Vaclav Havel. Biographie eines tragischen Helden, München 2000.

Klaus, Josef, Macht und Ohnmacht in Österreich. Konfrontationen und Versuche, Wien–München–Zürich 1971.
Klostermann, Karel, Böhmerwaldskizzen, Berlin 1987.
Klusáková, Jana , Nadoraz. Jana Klusáková a Karel Schwarzenberg rozmlouvají o životě v zámku a v podzámčí, Praha 1993.
Maier, Dieter A., Die Entwicklung des Menschenrechtsregimes der KSZE/OSZE von Helsinki bis Budapest. Regimeanalytisch betrachtet. Diplomarbeit, Wien 1996.
Morton, Frederic, Die Rothschilds, Wien 2004.
Putna, Martin C., Predbezny nácrt díla Karla VI. Schwarzenberga na zaklade jeho pozustalosti, in: Souvislostni 4/2004, S.125–142.
Posset, Johanna, Tschechische Samizdat-Periodika 1968–1988, Diplomarbeit. Wien 1990.
Prečan, Vilém, Acta Persecutionis. A document from Czechoslovakia, San Francisco 1975.
Prečan, Vilem, Die sieben Jahre von Prag 1969–1976. Briefe und Dokumente aus der Zeit der »Normalisierung«, Frankfurt am Main 1978.
Prečan, Vilém, Acta Creationis. Unabhängige Geschichtsschreibung in der Tschechoslowakei 1969–1980, Bukarest 1980.
Prečan, Vilém, Svet ceského a slovenského samizdatu, in: Samizdat. Výzkumy ústav pro východní Evropu, Univerzita Brémy, Praha 2002, S.11–13.
Rauchensteiner, Manfried, Die Zwei, Die große Koalition in Österreich 1945–1966, Wien 1987.
Raue, Maria Cornelia, Doppelpunkt hinter der Geschichte: Die Prager Deutschlandpolitik 1990–1997, Dissertation, Berlin 2001.
Ryback, Timothy W., Injustice by Law, In: Transitions 2/1997, S. 56–61.
Skilling, H. Gordon, Ceskoslovenske dokumentatcni stredisko – minulost a soucastnost Archiv svobody, in: Rocenka Československeho dokumentacniho strediska 2003, S. 191–216.
Schwarzenberg, Karl Fürst, Feldmarschall Fürst Schwarzenberg, der Sieger von Leipzig, Wien 1964.
Schwarzenberg, Karl Fürst, Adler und Drache. Der Weltherrschaftsgedanke, Wien 1958.
Schwarzenberg, Karl Fürst, Geschichte des reichsständischen Hauses Schwarzenberg, Neustadt a.d. Aisch 1963.
Schwarzenberg, Karl von, Obrana svobod, Praha 1991.
Schwarzenberg, Karl von, Der Hradschin. Die Prager Burg und ihre Kunstschätze, Wien 1992.
Schwarzenberg, Karl von, Fepolinski revisited. Fritz Molden zum 75. Geburtstag, Wien 1999.

Schwarzenberg, Karl von, Vom Stacheldraht zum Brückenschlag. Weichenstellungen in Europa, St. Pölten 2001.
Schwarzenberg, Therese, Mein Weg zurück ins Leben. Bericht einer Ärztin, Wien 1995.
Simmons, Michael, Václav Havel. Staatsmann mit Idealen. Eine Biographie. Zürich 1992.
Stekl, Hannes, Österreichs Aristokratie im Vormärz, Wien 1973.
Vladislav, Jan et. al (Hrsg.), A besieged Cultur, Czechoslovakia Ten Years after Helsinki, Stockholm–Vienna 1985.
Uhde, Milan, Im Dienst der gemeinsamen Sache. Wolfgang Scheur und Prag 1981–1986, Brünn 2001.
Vodopivec, Alexander, Der verspielte Ballhausplatz. Vom schwarzen zum roten Österreich, Wien–München–Zürich 1970.
Weizsäcker, Richard, Vier Zeiten. Erinnerungen, Berlin 1997.
Záloha, Jiří, Die Beschlagnahme des Besitzes der Frauenberger Linie der Schwarzenberg durch die Gestapo im Jahr 1940, in: Schwarzenbergischer Almanach 1997, S. 435–460.
Záloha, Jiří, Die Liquidierung des seinerzeitigen schwarzenbergischen Besitzes in Böhmen, in: Schwarzenbergischer Almanach 1997, S. 461–482.
Záloha, Jiří, Die Liquidierung des Besitzes der Orlíker Linie der Familie Schwarzenberg nach dem Zweiten Weltkrieg, in: Schwarzenbergischer Almanach 1997, S. 483–508.

REGISTER

BILDNACHWEIS

Hayo, Rolf: 55 (unten)
HBF/Srodic: 63 (unten)
Mari, Arturo: 56 (oben)
Némec, Tomki/Agentur Anzenberger: 58, 59, 61 (oben), 62 (unten), 64
Paul, Alexandr: 49, 50 (unten)
Philipp, Peter: 54 (oben)
Pfaundler, Wolfgang: 54 (Mitte)
Pospesch, Carl: 53
Rocholl, Karin: 61 (unten)
Schuster-Merlicek, Nora: 57 (unten)
Schwarzenbergsches Archiv, Murau: 50 (oben), 51, 52, 54 (unten), 56 (unten), 57 (oben), 62 (oben), 63 (oben)
Skáche, Oldřich: 60 (oben)
Štecha, Pavel: 60 (unten)
Votava, Bildagentur: 55 (oben, Mitte)